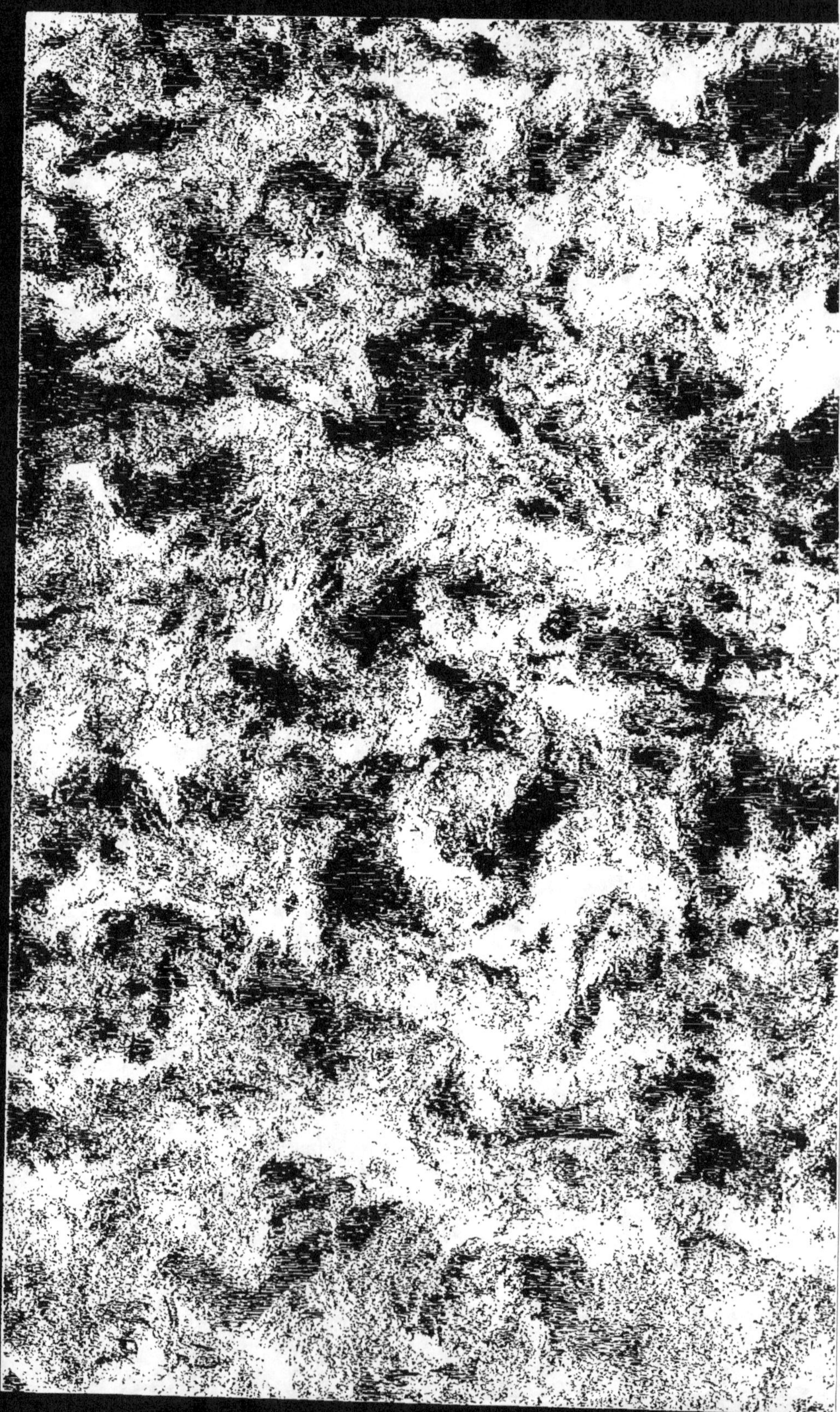

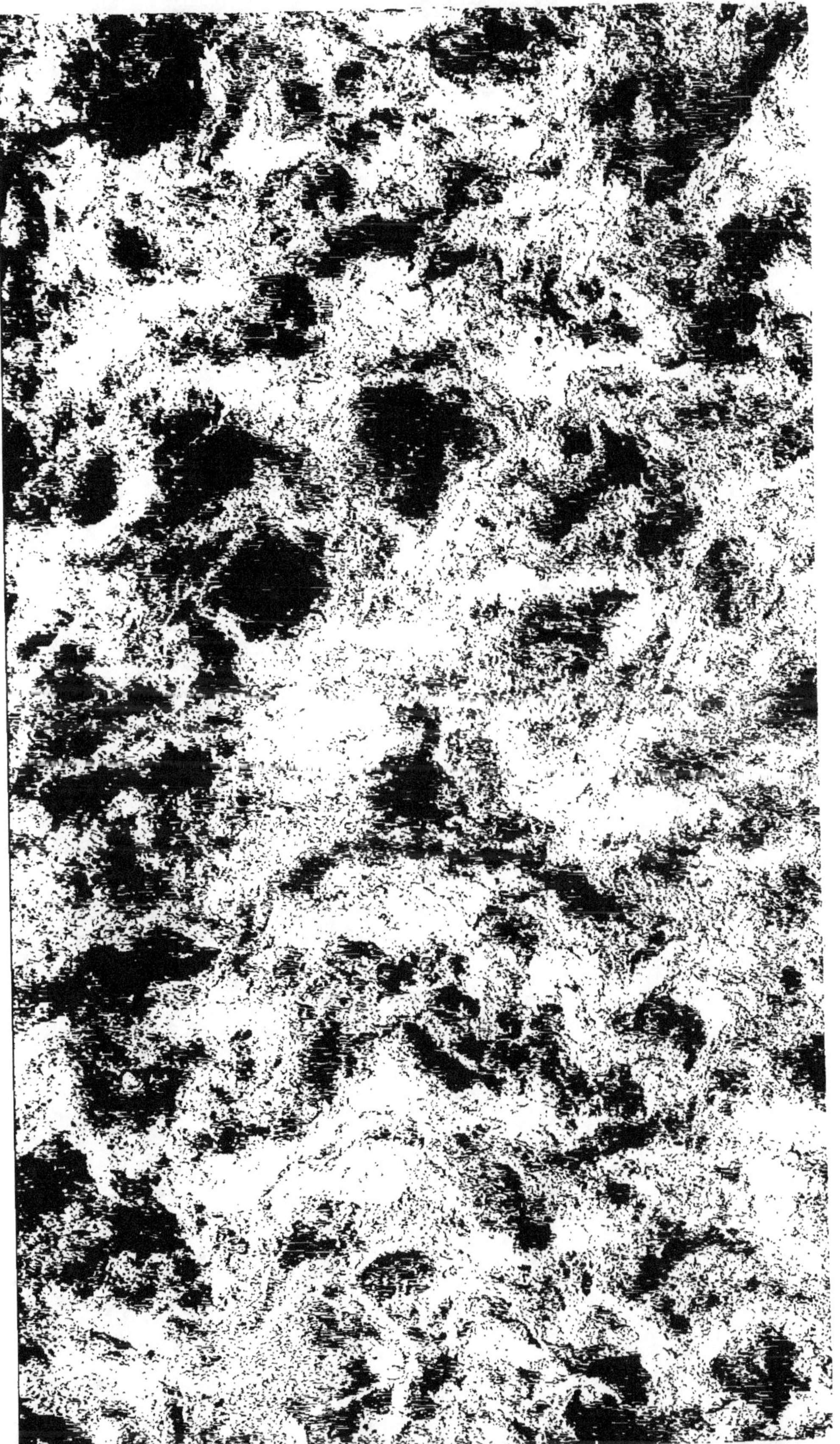

IX

HOCHE

ET

LA LUTTE POUR L'ALSACE

(1793-1794)

PARIS

LÉON CHAILLEY, ÉDITEUR

8, RUE SAINT-JOSEPH, 8

TRANSFÉRÉ

31, RUE DE RICHELIEU, 31

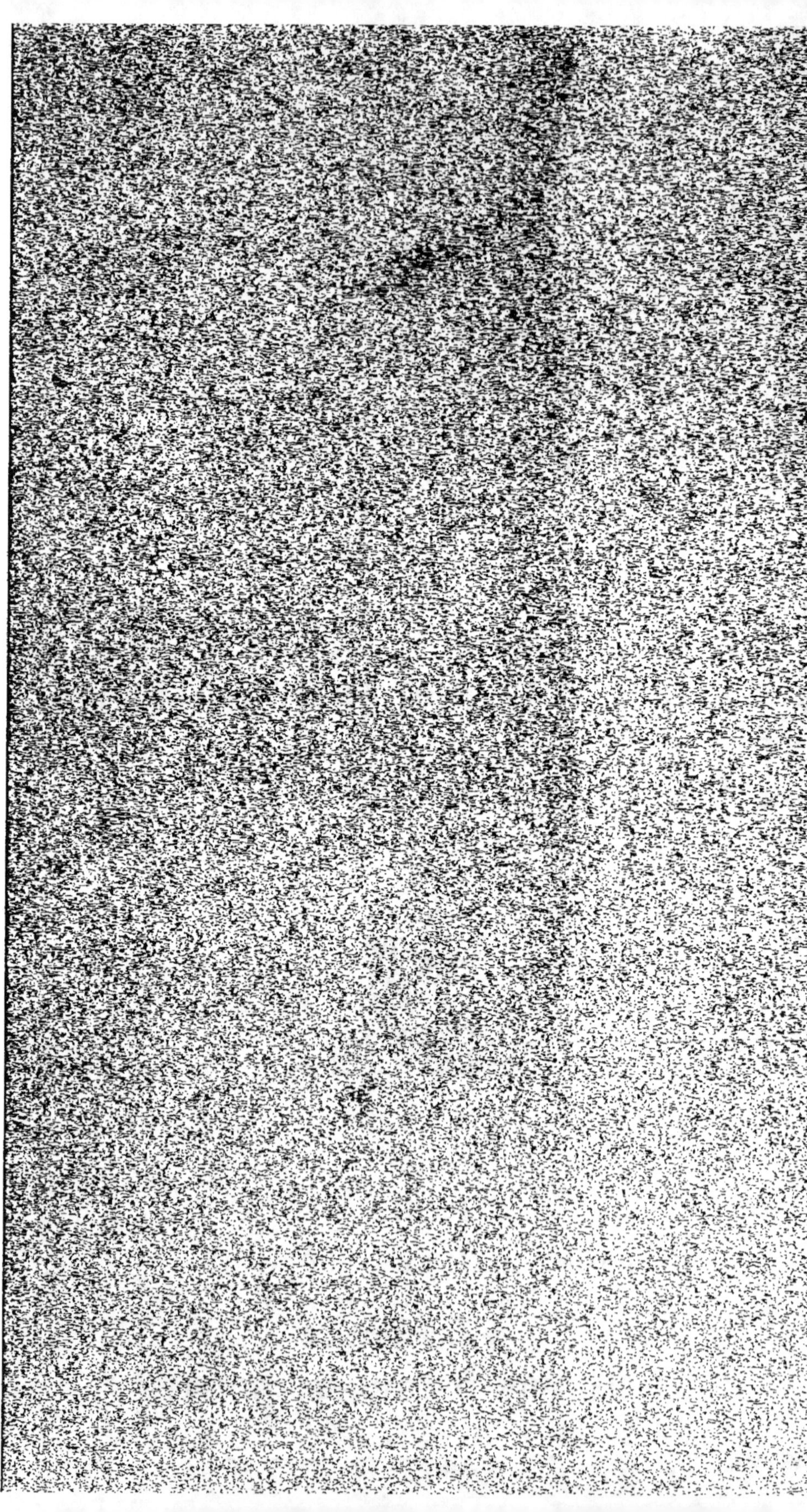

IX

HOCHE

ET

LA LUTTE POUR L'ALSACE

(1793-1794)

LES GUERRES DE LA RÉVOLUTION

PAR

ARTHUR CHUQUET

IX

HOCHE

ET

LA LUTTE POUR L'ALSACE

(1793-1794)

PARIS

LÉON CHAILLEY, ÉDITEUR

8, RUE SAINT-JOSEPH, 8

—

PRÉFACE

Wissembourg retraçait la défaite des armées du
Rhin et de la Moselle. On raconte dans les pages
suivantes comment elles reconquirent la victoire
sous les ordres de Hoche, comment elles débloquè-
rent Landau et délivrèrent l'Alsace.

CHAPITRE IER

SAVERNE

Situation des deux armées du Rhin et de la Moselle à la fin d'octobre. — Wurmser en Alsace. — Haine de la population contre les Autrichiens. — Positions de l'armée du Rhin. — L'aile gauche au Kochersberg et à Saverne. — Le détachement du duc de Weimar. — Le général Hotze. — Attaque de Saint-Jean-des-Choux. — Heureux combat du 24 octobre, livré par Burcy et Ferino. — Le canon de la chapelle de Saint-Michel. — Les alliés pensent à entrer dans leurs cantonnements. — Quartiers d'hiver de Wurmser. — Objections de Brunswick.

A la fin du mois d'octobre 1793, les deux armées que la République française opposait aux coalisés sur les frontières de l'est, l'armée de la Moselle et l'armée du Rhin, semblaient incapables d'une longue et vigoureuse résistance.

L'armée de la Moselle, commandée par Schauenburg, puis par Delaunay, s'était réfugiée derrière la Sarre, et il ne tenait qu'aux Prussiens de la culbuter et de la rejeter sur Thionville et Metz. Mais la Prusse ne se regardait plus que comme auxiliaire dans une lutte où, l'année précédente, elle était principale partie. Elle craignait les agrandissements de l'Autriche et ne la secourait plus que très mollement. « Nous avons ce que nous voulons, disaient les politiques, nous avons notre *arrondissement* de Pologne ; que l'Autriche continue seule la guerre ; elle est notre éternelle ennemie ; qu'elle s'affaiblisse ; sa faiblesse nous rendra puissants. » Brunswick avait encore des forces imposantes ; il assurait qu'il pouvait passer la Sarre, débusquer aisément l'armée de la Moselle, et il offrait de faire au moins des diversions, de courtes expéditions dans l'intérêt des Impériaux. On lui lia les mains. Il eut l'ordre précis de ne pas accabler les Français, de ne pas profiter de leurs fautes, et, s'ils se découvraient et donnaient prise sur eux, de ne pas même leur pousser une botte. « Le roi, avouait-il à Hohenlohe-Ingelfingen, ne veut pas s'engager dans de nouvelles opérations, afin de pouvoir disposer de ses troupes sitôt qu'il lui plaira [1]. »

L'armée du Rhin, battue sur les bords de la Lauter, chassée des lignes de Wissembourg, qui passaient pour inexpugnables, s'était retirée dans un indicible désordre sous le canon de Strasbourg, et, selon le mot d'un contemporain, si Strasbourg avait été à quarante lieues plus au sud, elle eût fui quarante lieues plus loin. Trente mille Autrichiens et émigrés se répandaient dans la Basse-Alsace. Haguenau accueillait les Condéens avec enthousiasme. Wurmser établissait son quartier-général à Brumath, et le 26 octobre, un de ses lieutenants, le prince de Waldeck, s'emparait de la Wantzenau. Des soldats de toutes armes criant à la trahison, des

---

[1] *Wissembourg*, 180 ; Wagner, *Der Feldzug der preussischen Armee im Jahre 1793*. 1831, p. 154 et 165 ; Zeissberg, *Quellen zur Geschichte der Politik Œsterreichs während der Revolutionskriege*. 1882, I, p. 358 ; d'Ecquevilly, *Campagnes du corps de Condé*. 1818, I, p. 213 ; Massenbach, *Mém.*, I, 238.

paysans épouvantés traînant leurs charrettes et leur
bétail, des bourgeois effarés se pressaient aux portes de
Strasbourg. On démolissait à la hâte les villas et les
guinguettes de la banlieue à 250 toises du glacis ; on
coupait les arbres fruitiers de haute tige ; on détruisait
la belle allée de peupliers qui menait à la Robertsau et la
promenade du Contades ; on abattait au Schiessrain la
maison des tireurs et son tilleul séculaire ; on proposait sérieusement de raser une grande partie de Schiltigheim. « Quelle sombre, sombre perspective ! *Was für
Aussichten, finstere, finstere!* » écrivait un brave citadin
dans son journal [1].

Mais Wurmser ne sut pas exploiter la terreur qu'inspiraient ses premiers succès. Avec un peu plus de dili-
gence, il pouvait tailler en pièces l'arrière-garde des républicains, prendre leur bagage et leur canon, entrer à
Strasbourg où l'attendaient les royalistes. Il perdit du
temps [2] : il rétablissait partout l'ancien régime ; il ordonnait l'arrestation immédiate de tout Alsacien qui porte-
rait, même à l'église, la cocarde tricolore ou un emblème
de la Révolution ; il faisait chanter un *Te Deum* en l'honneur de sa victoire de Wissembourg et célébrer une messe
solennelle pour le repos de l'âme de Marie-Antoinette.
D'ailleurs le service de ses charrois était si mal orga-
nisé et son administration des subsistances si négligente

---

[1] *Wissembourg*, 218 ; notes de Legrand (A. G.) ; Strobel-Engel-
hardt, *Vaterländische Geschichte des Elsasses*. 1849. VI, p. 228 ;
Spach, *Hist. de la Basse-Alsace*. 1860, p. 304 ; Rod. Reuss, *Vieux
noms et rues nouvelles de Strasbourg*. 1883, p. 245, et *La cathédrale de
Strasbourg pendant la Révolution*. 1888, p. 406 ; Bourguignon, *Bischwiller depuis cent ans*. 1875, p. 177 (journal du barbier et chirurgien Blum).

[2] « Les Autrichiens en perdent toujours », dit mélancoliquement
l'émigré Langeron, dans un mémoire sur cette campagne. (A. E.)

que sa cavalerie manqua d'avoine pendant quatre jours
et que les Condéens accusaient les préposés de se laisser infecter par le « poison jacobite[1] ».

Les contre-révolutionnaires n'osèrent donc se montrer
dans Strasbourg. Et vainement un *Avis* du 15 octobre
démentit les excès des Croates. Vainement Wurmser
promit son appui à tous ceux qui chercheraient dans
son armée un asile contre l'oppression. Vainement il
assura les Alsaciens de son affection et les engagea, dans
un manifeste du 14 novembre, à rentrer sous une domi-
nation que la conformité du langage et des mœurs leur
faisait sans doute regretter. La population avait horreur
de l'invasion étrangère, de la livrée impériale des postil-
lons, de l'aigle à deux têtes fixée sur les poteaux des
routes. Elle regardait les émigrés non pas comme des li-
bérateurs, mais comme des stipendiaires de l'Autriche.
Le village de Dettwiller manifestait hautement ses sentiments patriotiques et demandait au quartier-général de
l'armée du Rhin une garnison de deux cents hommes.
Dans toute la Basse-Alsace on se racontait avec indignation les cruautés commises à Seltz par les « Turcs »; les
maisons de Brumath pillées en règle parce qu'on avait
tiré de leurs fenêtres sur les troupes de Meszaros ; Bischwiller frappé de réquisitions énormes qui montaient à
près de deux cent mille livres, sa caisse communale mise
à sac et ses pasteurs maltraités; Eckwersheim con-
sumé par les flammes et les soldats autrichiens re-
poussant les habitants qui voulaient éteindre le feu,
tranchant à coups de sabre les tuyaux de la pompe à
incendie. On répétait que les *manteaux rouges* recevaient
un ducat par tête de Français et que pour toucher leur

[1] D'Ecquevilly, I, 199, 203, 211, 224, 226, 232 ; cf. *Wissembourg*,
226.

prime ils décapitaient tous les paysans qu'ils rencontraient ; « les Valaques, Croates et autres, écrivait un officier prussien, ne tiennent pas devant le canon, mais ils font la guerre comme les sauvages, brûlent tout, saccagent tout et inspirent au peuple des campagnes une haine profonde contre les troupes impériales [1] ».

L'armée du Rhin avait pris du reste de bonnes positions. La droite était entre Hœnheim et le Jardin d'Angleterre, à l'extrémité de la Robertsau, sur un terrain marécageux, coupé de fossés, fortifié de redoutes, et l'ennemi ne pouvait, sans courir les plus grands dangers, s'enfoncer dans ce coude entre la place et le Rhin.

Le centre occupait Hœnheim, Souffelweyersheim, Griesheim, Ittenheim.

La cavalerie, menée par Diettmann et Lafarelle, s'était postée entre Oberhausbergen et Offenheim, pour défendre la route de Strasbourg à Saverne et agir soit sur la droite soit sur la gauche.

La gauche comprenait deux corps : la division du Kochersberg et la division de Saverne. La première, conduite par Ferino, s'était établie, dès le 16 octobre, sur les ruines du vieux château de Kochersberg, et sur les collines avoisinantes, à Schnierheim et à Waltenheim. La seconde, confiée au général de brigade Sautter, tenait les gorges de Saverne. Il y avait entre les deux divisions

---

[1] Heitz, *La contrerévolution en Alsace*, 1865, p. 303 ; d'Ecquevilly, I, 195, 205, 208, 224 ; Saint-Cyr, *Mém. sur les camp. des armées du Rhin*. 1829, I, 144 ; Soult, *Mém.* 1854, I, 68 ; Lavallette, *Mém. et souvenirs*. 1831, I, 131 ; Bourguignon, *Bischwiller depuis cent ans*, 179 ; Baquol-Ristelhuber, *Diction. du Haut et du Bas-Rhin*. 1865, p. 124, art. *Eckwersheim* (le village fut brûlé le 27 octobre) ; Laukhard, *Leben und Schichsale*. 1796, III, 483 et IV, 186 (un lieutenant autrichien avoue qu'on a « es ein bissel zu arg gemacht ») ; Valentini, *Erinnerungen eines alten preussischen Offiziers*. 1833, p. 66 ; Häusser, *Deutsche Geschichte*. 1869, 4e éd., II, 521. *Wissembourg*, 227-228.

une trouée de deux lieues masquée par de petits détachements. Mais la position, garnie d'ouvrages de campagne, était, dit Desaix, très magnifique : les hauteurs
de Kochersberg et de Saverne découvraient parfaitement tout le pays, et l'envahisseur n'aurait pu pénétrer
dans ce rentrant sans être pris en flanc des deux côtés[1].

Pourtant Wurmser tenta de chasser de ces hauteurs
avantageuses la gauche de l'armée du Rhin. Il savait que
les Prussiens lui feraient faux bond. S'ils avaient poussé
jusqu'à Mattstall et à Wœrth, et contribué par cette
manœuvre à la prise des lignes de Wissembourg, ils
n'avaient pas bougé depuis le 14 octobre. Brunswick disait qu'il ne dépasserait Wœrth sous aucun prétexte.
Lorsque le général autrichien le suppliait d'emporter
par un coup de main Lichtenberg et la Petite-Pierre, il
se contentait d'envoyer en reconnaissance vers ces deux
châteaux un parti d'infanterie et de cavalerie, et le duc
de Weimar, qui commandait cette troupe, annonçait au
retour de sa promenade que l'un et l'autre forts étaient
pourvus d'approvisionnements de toute espèce et défen-
dus chacun par cinq cents hommes. Wurmser sentait
donc qu'en agissant seul sur le sol de l'Alsace, il imposait à ses bataillons « beaucoup de devoirs et de travaux ». Il étendait ses soins de tous côtés ; il assiégeait
Fort-Louis ; il observait Strasbourg ; pouvait-il détacher
sur Saverne un corps assez considérable pour s'emparer
du passage des Vosges ? Mais se rendre maître de Saverne, n'était-ce pas obliger l'armée du Rhin à se jeter
dans la Haute-Alsace, intercepter ses communications
avec l'armée de la Moselle, la couper des places de Phalsbourg, de Lichtenberg, de la Petite-Pierre, la couper de

---

[1] Note de Legrand ; Rapport de Desaix (A. G.) ; Saint-Cyr, I, 135.

la Lorraine qui lui fournissait ses subsistances ? S'il
prenait Saverne, il assurait ses quartiers d'hiver dans le
département du Bas-Rhin et avait chance, après un court
blocus, d'enlever Strasbourg qui manquait de vivres et
de munitions[1].

Il n'hésita donc pas à lancer sur Bouxwiller une division composée de 6 bataillons et de 8 escadrons dont il
donna le commandement au général baron Hotze, un de
ses meilleurs lieutenants. Hotze avait ordre de surveiller Lichtenberg et la Petite-Pierre, de pousser vers
Saverne et de forcer les défilés de Phalsbourg. Il vint se
poster sur les hauteurs de Dossenheim et de Neuwiller.
Le corps de Condé qui le suivait de près, occupa Mommenheim, Schwindratzheim, Hochfelden pour établir la
communication de Hotze avec Wurmser[2].

Le 22 octobre, Hotze attaqua vigoureusement la gorge
de Saint-Jean-des-Choux. Le général Sautter n'avait que
des pièces de 4 à lui opposer ; il dut reculer. Mais le lendemain Ferino accourait à son secours avec une partie
de sa division. Il trouva dans le parc du château de
Saverne trois bataillons désordonnés, éperdus, tout prêts
à se débander. Les Autrichiens passaient la Zorn et
envahissaient les jardins. Ferino plaça ses canons dans
les allées et fit tirer plusieurs coups à mitraille ; puis il
chargea les Impériaux, et réussit à les chasser jusqu'à
Steinbourg. Douze pièces braquées au cimetière arrêtèrent sa marche. Il mit quelques canons à l'angle du
parc et riposta vivement. Mais la journée était perdue[3].

<hr>

[1] Wagner, 153 ; Zeissberg, I, 330-331 ; Saint-Cyr, I, 140 ; *Wissembourg*, 230.

[2] Gebler, *Œsterreichische militärische Zeitschrift*. 1834, IV, p. 137 ;
Wagner, 161 et 171.

[3] Journal du Cabinet topographique, notes de Legrand ; lettre de
Sautter, 28 oct. (A. G.) ; *Moniteur* du 5 nov.

Heureusement, le 24 octobre, un renfort efficace et sérieux arrivait de l'armée de la Moselle. C'étaient six bataillons, commandés par le général Burcy et, comme disait Delaunay, sans ces six bataillons, la gauche de l'armée du Rhin eût été « absolument repliée », et l'Alsace, abandonnée aux ennemis, à l'exception des places de guerre. A peine les troupes de Burcy avaient-elles rejoint Sautter et Ferino qu'elles se mirent en bataille. Les soldats jurèrent qu'ils ne reculeraient pas d'une semelle. Ils se formèrent en colonnes serrées. Des canons furent chargés à mitraille et masqués par un détachement d'infanterie. Puis Burcy s'avança bravement. La cavalerie autrichienne court au-devant de lui ; mais à vingt-cinq ou trente pas elle essuie plusieurs décharges d'artillerie et tourne bride. Aussitôt les Français s'élancent la baïonnette en avant. On reprend les positions perdues ; on regagne le terrain que les Impériaux jonchent de leurs morts. « Mes compagnons d'armes, écrivait Burcy, se sont battus comme des enragés », et un contemporain déclare que l'arrivée de ce général avait relevé les courages [1].

Hotze fit sa retraite sur Bouxwiller, et n'osa plus rien entreprendre contre Saverne. Le poste de Saint-Jean-des-Choux passait pour inexpugnable. On avait, à force

---

[1] Hédouville au Comité, 15 oct.; Delaunay à Bouchotte, 24 oct.; Burcy à Delaunay, 26 oct.; notes de Legrand (A. G.); Soult, *Mém.*, I, 72. Soult, alors attaché à la brigade Sautter, rapporte qu'il eut un mouvement de joie lorsqu'il vit arriver la troupe de Burcy où servaient son frère et son cousin qu'il n'avait pas vus depuis plusieurs années. « Nous profitions d'un instant de repos pour nous embrasser, lorsque nos bataillons se portèrent de nouveau en avant; nous courûmes à nos postes en nous promettant de nous revoir après l'affaire. Mon cousin fut tué, mon frère fut blessé. Je fus assez heureux pour secourir mon frère, mais je ne pus que rendre les derniers devoirs à un parent avec lequel j'étais intimement uni. »

de bras, établi sur un rocher escarpé, près de l'antique
chapelle de Saint-Michel, une pièce de 8. Lorsqu'elle tirait
à portée ordinaire, ses coups étaient trop plongeants et
ne produisaient nul effet ; lorsqu'elle tirait à toute volée,
ses coups étaient incertains et ne faisaient aucun mal.
Mais elle dominait la plaine au nord de Saverne et les
ennemis ne pouvaient la démonter ni la tourner. Elle
leur imposa : longtemps après, les guides et les habitants de la région assuraient qu'on devait à cette pièce
ainsi placée une partie du succès [1].

La saison s'avançait. La pluie tombait avec violence
et défonçait les chemins [2]. Dès le 17 octobre, Brunswick
avait annoncé qn'il était sur le point d'entrer dans ses
cantonnements, qu'il n'avait plus d'autre tâche que de
couvrir le blocus de Landau et de veiller à la sûreté des
passages, qu'il allait sans doute appuyer son aile droite
à Kaiserslautern et son aile gauche à Spire. Wurmser,
renonçant à tout espoir de s'ouvrir l'accès de la Lorraine,
ne pensa plus, comme Brunswick, qu'à prendre ses
quartiers d'hiver et à protéger l'investissement de
Landau et le siège de Fort-Louis. Il déclara qu'il se
replierait sur la Moder en adossant sa gauche à Drusenheim et en poussant sa droite jusqu'à Ingwiller. Ses
avant-postes resteraient sur la Zorn pour soustraire les
royalistes du pays aux vengeances jacobines.

Brunswick blâmait justement une pareille extension.
Mais vainement il remontrait à Wurmser que sa ligne
était trop considérable et serait facilement percée sur un
point, qu'elle éparpillait ses troupes, qu'il ne pourrait

---

[1] Legrand ; cf. *Wissembourg*, 155, l'effet que produit la pièce
établie sur le Kappenstein.

[2] Elle ne cessa pas du 1ᵉʳ au 15 novembre et « commençait à
rendre les camps impraticables » (D'Ecquevilly, I, 230).

assembler promptement son armée et livrer une bataille
décisive. Vainement il lui proposait de choisir derrière la
Sauer des quartiers plus solides et plus sûrs, d'appuyer
sa droite à la hauteur imprenable du Liebfrauenberg ou
de Notre-Dame près de Gœrsdorf, de s'établir ainsi dans
une position concentrée et fort avantageuse. Wurmser
demeura sur la Zorn pour « ne pas dérober aux populations une sauvegarde qu'elles souhaitaient » et, dit-on,
pour profiter des revenus du vaste domaine qu'il possédait dans le Bas-Rhin [1].

Il goûtait d'autant moins les objections de Brunswick
qu'il s'était emparé de Fort-Louis. Ce facile succès l'af-
fermit dans son dessein de s'étendre en Alsace et de porter ses avant-gardes jusque sur la Zorn : Fort-Louis
assurait la gauche de ses cantonnements et la rendait
presque inattaquable.

---

[1] Zeissberg, 1, 329 ; Wagner, 165, 177, 182, 203. Cf. *Le Batave*,
nº 353, lettre du 10 janvier 1794 « son affection pour Haguenau et
pour l'Alsace, son pays natal qu'il voulait couvrir » ; mémoire de
Langeron (A. E. « son humanité ne lui permettait pas d'abandonner
les villages où il avait été accueilli comme un libérateur par des habitants que sa retraite dévouait à la mort ») ; Remling, I, 429 ; Baquol-
Ristelhuber, *Dict.*, p. 563, art. Vendenheim ; Häusser, 1, 519, note,
lettre de Köckeritz (« il m'a avoué que s'il était heureux en Alsace,
il toucherait chaque année 40,000 livres qu'il n'a plus, depuis que la
Révolution l'a dépossédé de ses biens ») ; *Reminiscenzen aus dem
Feldzuge am Rhein*, par un Prussien, 1802, p. 51. On joint ici
quelques détails inédits sur Wurmser et ses services en France (cf.
Wissembourg, 103). Dagobert-Sigismond de Wurmser, comte de Vendenheim et de Sundhausen, naquit à Strasbourg le 7 mai 1724. Il
était fils de messire François-Jacques Wurmser de Vendenheim et de
la dame Sophie-Frédérique de Landsperg. Cornette dans Royal-Al-
lemand cavalerie (12 oct. 1741), capitaine (13 mars 1743), réformé
(1749), puis remplacé (18 août 1751), mestre de camp (22 avril 1756),
lieutenant-colonel de Royal-Nassau (18 nov. 1756), brigadier et colonel en second des volontaires de Soubise (20 février 1760), colonel
d'un régiment de troupes légères (11 janvier 1762), il passa en 1762
au service de l'Autriche.

CHAPITRE II

BITCHE ET FORT-LOUIS

I. Fort-Louis, alors nommé Fort le Traître ou Fort Vauban, comprenait le fort d'Alsace qui formait la tête de pont sur la rive gauche du Rhin, la forteresse et la citadelle sur une île du fleuve. Il fut investi le 17 octobre par six bataillons et deux escadrons aux ordres du général Lauer. Le mauvais temps retarda l'établissement des batteries ; mais le 10 novembre vingt canons et seize mortiers et obusiers bombardaient le fort d'Alsace, pendant que huit canons et dix mortiers et obusiers tonnaient contre la place. Les quatre cavaliers du fort furent démontés. La ville, qui n'avait que des maisons de bois, devint la proie des flammes. Les habitants, au nombre de douze cents, durent se réfugier dans les souterrains. Le 13 novembre, le général Durand qui commandait Fort-Louis, pria Lauer de suspendre le feu et de lui laisser vingt-quatre heures de réflexion. Lauer n'accorda que quatre heures, et la capitulation fut signée le même jour. Le 16, la garnison sortait avec tous les honneurs de la guerre, mais elle resta prisonnière.

Les défenseurs ont essayé de justifier leur reddition précipitée. Suivant eux, les artilleurs étaient harassés ; l'incendie avait détruit les approvisionnements de la population qui retombait à la charge de la garnison ; on n'avait plus de pain que pour trente-six heures, et l'on ne pouvait espérer d'être secouru le surlendemain, puisque le bruit du canon s'éloignait constamment vers Strasbourg.

En réalité, Durand n'avait ni talents ni expérience. Brave, probe, républicain, il manquait de lumières et de sang-froid. Quartier-maître d'un régiment de chasseurs à cheval pendant vingt ans, il venait d'être nommé par le représentant Niou général de brigade et il n'entendait rien à la défense d'une place.

Le chef du génie, Chambarlhiac, était depuis longtemps dans la ville et il en connaissait mieux que personne le fort et le faible. Il avait fondé le club ; les habitants l'aimaient ; les soldats le respectaient. Mais il était exact sur la discipline et Niou doutait de son civisme. Chambarlhiac fut destitué de ses fonctions de commandant et ne conserva que celles d'ingénieur. Il se soumit et ne pensa qu'à son devoir. Bientôt son rôle devint difficile. On se méfiait de lui ; on le soupçonnait d'entretenir des intelligences avec l'assiégeant ; tous ses actes passaient pour des trahisons ; sitôt qu'il donnait un conseil, on se hâtait de faire le contraire. Il finit par garder le silence et se contenta d'exécuter passivement ce que Durand lui prescrivait.

A ces dissentiments entre le général et le chef du génie se joignait l'indiscipline inouïe de la garnison. Durand était à peine dans Fort-Louis — quelques jours avant le blocus — qu'un Comité de surveillance, formé d'officiers et de soldats, s'érigeait en maître de la ville et opposait ses résolutions à celles du Conseil de guerre. Les ordres se croisaient de toutes parts. Chacun voulait commander et nul n'obéissait. Il n'y eut jamais, rapporte un témoin, une garnison aussi républicaine, aussi remplie de patriotes prononcés ; mais jamais on ne vit dans une garnison autant de désordre et de brigandage. L'eau-de-vie coulait à flots dans les casernes et sur les remparts. Partout, des hommes ivres, jurant, vociférant. Au lieu de préserver les maisons de l'incendie, on les mettait au pillage. Un voleur est arrêté, mené au Conseil de guerre : Durand le relâche en déclarant qu'il le connaît et le tient pour bon jacobin. Plus de service régulier. Des sentinelles restaient tout le jour à leur poste sans être relevées. Si les Impériaux avaient tenté l'assaut, ils n'auraient pas trouvé de résistance. Les canonniers pointaient mal et tiraient au hasard. Un d'eux, naguère tambour-major, puis chirurgien au 37e régiment, visait le village de Reschwoog ; on lui reproche d'ajuster des Français : « J'en veux, répond-il, à la maison de cet aristocrate de cabaretier qui m'a vendu son vin au delà du maximum. » Un artilleur qui se nommait Moreau et appartenait à la compagnie Laval, servit sa pièce avec assiduité ; il ne la quittait pas, il couchait près d'elle, et à lui seul il fit plus de mal aux assiégeants que tous ses camarades ensemble ; les Autrichiens le reconnaissaient à la justesse de son tir, et lorsqu'ils entrèrent dans la place, le commandant de l'artillerie voulut le voir et l'embrasser. Les clubistes avaient crié les premiers qu'on devait parlementer ; dès qu'ils apprirent la capitulation, ils se hâtèrent de raser leurs grandes moustaches et de déchirer leurs drapeaux où ils avaient fait peindre une guillotine [1].

II. Pendant que les Autrichiens s'emparaient de Fort-Louis, les Prussiens essayaient d'emporter Bitche par surprise. Leur tentative échoua, mais elle était à la fois si audacieuse et si habile, qu'elle fit grand bruit en Europe. « L'attaque des géants, dit un contemporain, n'était probablement pas beaucoup plus périlleuse que cet assaut du château de Bitche, et les carreaux de Zeus ne furent guère plus dangereux que les pierres et les poutres que les défenseurs roulaient du haut des remparts [2]. »

Le château de Bitche tout entier, avec ses chemins couverts, ses bastions, ses escarpes et contrescarpes, ses vastes souterrains, a été taillé dans le roc, et son revêtement intérieur n'est qu'un placage qui préserve la pierre des dégradations de la gelée et de la pluie. Il a deux cents toises de longueur et vingt toises de largeur, et par conséquent ne peut servir de dépôt à une armée, ni donner asile à des troupes battues, ni contenir une de ces nombreuses garnisons qui harcèlent l'ennemi ou in-

---

[1] La garnison comprenait : le 1er bataillon du 37e rég. d'infanterie (300 hommes) ; le 1er bat. du 40e (600 h.), le 3e bat. des volontaires de Saône-et-Loire (600 h.) ; le 3e du Gard (600 h.) ; le 12e des Vosges (600 h.) ; le 1er bataillon des premières réquisitions de Strasbourg (300 h., « enfants de quinze à dix-huit ans au plus », dit Chambarlhiac) ; 200 hommes du 4e chasseurs à cheval ; 70 artilleurs, en tout 3,270 hommes. Cf. Journal de Chambarlhiac (Saint-Cyr, I, 320-323) ; Gebler, 140-141 ; notes de Legrand (A. G.) ; d'Ecquevilly, I, 231 ; Soult, *Mém.* 1854, I, 77 (« un commandant traître ou incapable avait remis Fort-Louis aux Autrichiens après un simulacre de siège). » Voir sur Chambarlhiac, *Wissembourg*, 14.

[2] *Kurze Uebersicht des Feldzuges im Jahre 1793 zwischen dem Rhein und der Saar* (par Massenbach). 1793, p. 38.

terceptent ses convois. Il comprend, outre des ouvrages
détachés et en grande partie contreminés, deux enceintes
dont la première domine la seconde de soixante-quinze
pieds. Le chemin couvert s'élève à quatre-vingts pieds
au-dessus de la vallée, et la pente du glacis, extrêmement difficile à gravir, est sous un angle de quarante-
cinq degrés. Le tracé des fortifications s'adapte merveil-
leusement au terrain. Aussi, dit-on d'ordinaire et comme
en proverbe, qu'il est impossible de prendre Bitche : un
commandant n'a qu'à mettre des sentinelles et à con-
sommer tranquillement ses vivres. Et pourtant, cet
inexpugnable château faillit tomber en deux heures de
temps au pouvoir d'un assaillant hardi. Mais une place,
si forte qu'elle soit, se défend-elle toute seule, et parce
que ses murailles passent pour inaccessibles, faut-il dis-
penser le gouverneur d'une surveillance active et la garnison du service exact et minutieux qu'impose le devoir
militaire[1] ?

Bitche était si près du camp prussien d'Eschweiler,
qu'un grand nombre d'officiers pensaient à s'en saisir
par un coup de main. Brunswick et son chef d'état-major
Grawert n'aimaient pas ces expéditions téméraires qui
dépendent trop souvent du hasard, et ils ne cessaient de
répéter : *Bitsch wird nicht gestürmt*, pas d'assaut contre
Bitche. Mais on savait que la forteresse n'avait d'autre
garnison que 64 canonniers et 675 volontaires du 2e bataillon du Cher. On y noua des intelligences. Un garde
de l'arsenal, du nom de Lang, promit, pour une grosse
somme, d'ouvrir les portes[2]. Un émigré, autrefois ingé-

---

[1] Note de Legrand sur le château tel qu'il était pendant les guerres
de la Révolution (A. G.).

[2] Cf. sur la trahison de Lang une lettre de Wurmser (Zeissberg,
I, 435) et Lecomte, *L'Observateur impartial*, p. 11.

nieur de la place, Brunet du Telin, proposa de diriger
l'attaque. Brunswick consentit à risquer l'entreprise.

Il choisit 1,700 hommes, les plus vigoureux, les plus
résolus de son armée et leur donna pour chefs le comte
de Wartensleben et le colonel Hirschfeld. Le 16 novembre
à sept heures du soir, ils sortent du camp. Ils laissent
leurs sacs, leurs gibernes, leurs sabres, et mettent chacun trente cartouches dans la poche de leur habit. Quelques-uns s'arment de leviers de fer ; d'autres se munis-
sent de marteaux et de pinces ; d'autres portent des
haches et des coins d'acier; pour se reconnaître dans
l'obscurité, ils nouent autour du bras une banderole de
toile blanche. Leur mot de ralliement est *Friedrich ;* les
amis qu'ils ont dans la place, doivent répondre : *Wil-
helm.* A minuit, après divers détours, ils arrivent au
pied du château.

La colonne se divise en trois détachements. Le premier, commandé par Wartensleben, monte vers la porte
principale du fort ou la Grande-Tête. Le deuxième, mené
par Hirschfeld et l'ingénieur Brunet du Telin, se dirige
sur la Petite-Tête. Le troisième détachement, sous les
ordres du major de Kalkreuth, doit forcer l'entrée de la
ville basse.

Kalkreuth avait la tâche la plus aisée. Il hacha les chevaux de frise, brisa les portes, se saisit de trois officiers,
entre autres du vieil adjudant-major de la place et de
soixante hommes.

Cependant Wartensleben et les siens se présentent à
la Grande-Tête, devant les barrières de la queue d'hy-
ronde. Ils enlèvent les sentinelles et, tournant cet ouvrage
avancé, ils poussent aussitôt vers le château ; ils escaladent le glacis à l'aide des échelles qu'ils ont apportées ;
ils trouvent le pont-levis baissé ; ils pénètrent par le

grand pont jusqu'à la porte principale, essaient de l'enfoncer à coups de hache. Mais le bruit éveille les soldats logés dans le bâtiment au-dessus de la porte. Ils sautent de leurs lits, sans perdre le temps à se vêtir : les uns volent à la porte qu'ils barricadent avec tout ce qui leur tombe sous la main et notamment avec des tonneaux de vin et de biscuits ; les autres courent aux fenêtres et font, par les croisées, un feu terrible sur le grand pont. Les assaillants prennent la fuite.

Hirschfeld et Brunet du Telin n'étaient pas plus heureux à l'attaque de la Petite-Tête. Tout alla bien d'abord. Les Prussiens s'avancent silencieusement ; ils égorgent deux des sentinelles qui gardent l'entrée du chemin couvert, et les autres, sans même décharger leur fusil, se dérobent et se cachent derrière des meules de foin ou des tas de bois. Ils descendent, par un pas de souris, le chemin couvert, brisent une porte épaisse de six pouces, arrivent à une voûte pratiquée sous le terre-plein, y trouvent aux extrémités deux portes solides et malaisées à rompre, mais à force de coups cassent les pierres de taille où sont scellés les gonds, et les voici dans le fossé du corps de place. Là, un escalier souterrain conduit au château ; ils mettent en pièces la porte qui ferme ce souterrain, et débouchent sur la caponnière voûtée sous le petit pont. Ils font sauter la porte d'entrée et se précipitent vers la dernière qui leur reste à fracturer, celle qui est au bout de la caponnière et qui donne sur la place du fort. Ils exultent de joie ; ils crient *victoire*; ils frappent avec ardeur ces madriers de six pouces qui les séparent encore de l'adversaire ; ils vont les enfoncer. Mais leurs clameurs imprudentes et le fracas de leurs outils ont réveillé la garnison. Des volontaires accourent. Ils braquent d'abord sur la porte des canons chargés à mitraille,

puis se tournent contre les agresseurs. Ils ne peuvent
leur tirer des coups de fusil, car les Prussiens s'entassent aussitôt sous l'escalier et dans la caponnière du
petit pont. Mais, du parapet de la place qui domine le
fossé de soixante-dix à quatre-vingts pieds, ils leur jettent des grenades, des obus, des artifices inflammables,
des barils de poudre, des pierres, des poêles, des mar-
mites, des bûches. En un instant, la porte voûtée que
les ennemis ont franchie pour entrer dans la caponnière,
est encombrée de cadavres et de projectiles de tout genre.
Cernés, n'osant reculer et traverser le fossé, les Prussiens
crièrent grâce. L'ingénieur Brunet du Telin, certain
d'être passé par les armes s'il était pris, s'opposait à
toute capitulation, mais ils lui dirent qu'il les avait
mis dans le guêpier et qu'il y resterait avec eux. Au
jour, les volontaires du Cher sortirent du château et
firent 251 prisonniers, dont 9 officiers. Brunet du Telin
fut incontinent fusillé.

Ainsi aboutit cette tentative qui causa d'amers regrets
à Brunswick. 1,280 soldats sur 1,800 et 35 officiers sur
59, revinrent sains et saufs au camp d'Eschweiler. Les
autres étaient tués, blessés ou prisonniers. Le régiment
de Brunswick perdait le tiers des hommes qu'il avait
fournis pour l'expédition. 120 de ces malheureux furent
enterrés le lendemain en un endroit qu'on appela depuis
le *Preussenhübel*, ou le tertre des Prussiens.

La légende a, comme toujours, entouré de détails
extraordinaires la surprise de Bitche. Les uns assurèrent
qu'un nommé Billet qui gardait les bœufs destinés à
l'approvisionnement du siège, couchait à côté de ses
bêtes dans une étable souterraine près du Grand-Pont,
qu'il entendit du bruit, qu'il aperçut les Prussiens par
une ouverture grillée et donna l'alarme. Les autres pré-

tendirent qu'un pauvre bourgeois de Bitche avait mis le feu à sa maison pour avertir les sentinelles et faciliter dans les ténèbres le tir du château. D'autres affirmèrent que l'assaut du 17 novembre était une véritable bataille et que la garnison avait repoussé 10,000 Austro-Prussiens [1].

Saint-Cyr a justement remarqué qu'on ne pouvait dire ce qui était le plus surprenant dans cette action mémorable, ou la témérité de l'attaque ou la négligence d'un gouverneur qui, dans une place cernée depuis un mois, et par les plus longues nuits de l'année, laissait les soldats dormir déshabillés dans leurs lits comme en pleine paix, et oubliait le service des rondes et toutes les précautions exigées par les règlements. Les représentants Saint-Just et Le Bas firent arrêter Barba, le commandant du fort [2]. Mais la Convention décréta que le 2e bataillon du Cher avait bien mérité de la patrie, et le chef de ce bataillon, Édouard Huet [3], ainsi que le capitaine Au-

[1] Cf. sur la surprise de Bitche, outre la relation prussienne, la lettre du lieutenant-colonel Huet (*Mon.*, 3 déc. 1793) ; Saint-Cyr, I, 151-152 ; notes de Legrand et mémoire du lieutenant de roi Tombe, (A. G.); Massenbach, *Mém.*, I, 208-210 ; Irle, *Die Festung Bitsch*, 1888, p. 20-25.

[2] Reg. des arrêtés du Comité de Salut public (A. N., A. F. II, 46), 8 frimaire : amener Barba à Paris, en vertu de l'ordre de Saint-Just et de Le Bas.

[3] Edouard Huet, né à Bourges, le 17 mars 1751, d'un père conseiller à l'Election, servit dans la garde nationale de sa ville natale (8 juillet 1789-21 août 1792) et fut élu lieutenant-colonel du 2e bataillon du Cher, le 27 août 1792. Le Conseil exécutif provisoire le promut général de brigade, le 29 novembre 1793. Moreaux jugea qu'il « remplissait passablement » son nouvel emploi, et que s'il était « patriote zélé », il avait de « médiocres talents ». Aussi fut-il réformé le 15 messidor an II. Pourtant, on le nomma, le 23 floréal an IV, chef de bataillon à la 29e demi-brigade, et le 13 ventôse an VI, capitaine de gendarmerie à Bourges. Mais le 10 brumaire an X, il fut décidément réformé.

gier¹, furent nommés d'emblée et de prime-saut généraux de brigade.

¹ Jean-Baptiste Augier, né le 25 janvier 1769, à Bourges, et fils
d'un professeur à la Faculté de droit, volontaire au 2ᵉ bataillon du
Cher (25 juillet 1792), capitaine (25 août 1792), aide-de-camp du général Huet (18 frimaire an II), fut promu général de brigade (8 pluviôse an II) à la suite d'une lettre du bataillon qui vantait son courage, et lui-même disait que, pendant l'assaut de Bitche, il avait
donné les ordres, parce que la garnison soupçonnait de trahison le
commandant de la place. Blessé grièvement à l'armée des Ardennes
(15 prairial an II), réformé (25 prairial an III), pourvu d'une pension
de retraite (9 messidor an IV), remis en activité (8 fructidor an VII)
à Bourges, dans la 21ᵉ division militaire, sur la demande de la dépu-
tation du Cher, passé dans la 14ᵉ division (17 floréal an VIII), renvoyé dans la 21ᵉ (2 vend. an X), envoyé dans la 10ᵉ (10 juin 1808),
repassé dans la 21ᵉ (13 mars 1810) et maintenu (11 avril 1810), il servit à la 1ʳᵉ division de réserve de la Grande armée (3 juin 1812) et
revint dans le Cher (18 mai 1813). Membre du Corps législatif (1813),
puis de la Chambre des députés (1815), rétabli dans son commandement (31 mars 1816), admis au traitement d'activité (1ᵉʳ avril 1817),
envoyé dans le Loiret (30 avril 1817), puis de nouveau dans le Cher
(18 mars 1818), Augier mourut à Bourges, le 3 sept. 1819.

CHAPITRE III

SAINT-JUST ET LE BAS

I. Le premier Comité de salut public, élu le 6 avril, réélu le 10 mai et le 10 juin, a été justement nommé le Comité de Danton ; c'était Danton qui l'avait créé et qui lui donnait l'impulsion. Il exerçait alors son influence non seulement sur les affaires étrangères, mais sur la guerre. Le 29 juin, ses collègues le chargeaient, ainsi que Delmas, de contrôler les actes du ministre Bouchotte, d'imprimer aux opérations de l'administration militaire la plus grande activité, de veiller à l'exécution de tous les arrêtés et décrets relatifs aux armées. Mais Danton, découragé, fatigué, pris d'un de ces accès de nonchalance qui succédaient à ses emportements, incapable de poursuivre une politique de clémence et de paix après avoir prêché la terreur et la guerre, n'osant et ne pouvant saisir la dictature, se laissa déposséder de l'autorité. Le 10 juillet, il n'était pas réélu, et vainement, le 6 septembre, Gaston vanta ses talents et sa « tête révolutionnaire »; vainement, la Convention décida qu'il serait, malgré lui, adjoint au Comité; le tribun répondit par un refus au vote de l'assemblée.

Le second Comité, qu'on appelle le Comité de l'an II, fut le Comité de Robespierre. Il se composait d'abord de neuf personnes : Jeanbon Saint-André, Barère, Gasparin, Couthon, Thuriot, Saint-Just, Prieur de la Marne, Hérault de Séchelles et Robert Lindet. Le 27 juillet, Robespierre remplaçait Gasparin malade. Puis cinq autres conventionnels entraient au Comité : le 14 août, Carnot et Prieur de la Côte-d'Or, deux officiers du génie qui dirigeraient la guerre ; le 6 septembre, Billaud-Varennes, Collot-d'Herbois et Granet qui devaient surveiller le ministère. Thuriot et Granet donnèrent bientôt leur démission, et le Comité compta douze membres.

Il fut investi de l'omnipotence royale. Le 25 septembre, la Convention entière, se levant d'un mouvement spontané, proclama qu'il avait toute sa confiance et approuva par d'unanimes applaudissements les mesures qu'il avait prises. Le 10 octobre, après avoir soumis la constitution de 1793 à l'acceptation du peuple, il la suspendait et faisait décréter que le gouvernement serait *révolutionnaire* jusqu'à la paix. Le 4 décembre, il obtenait pleins pouvoirs.

Ce Comité arrêta net les négociations. Il n'avait plus, selon le mot de Barère, d'autre diplomatie que celle des canons et de la victoire. La guerre aux rois, guerre acharnée, implacable, barbare, tel était son programme.

« La guerre est un état violent, avait dit Carnot dès le
14 février, il faut la faire à outrance ou rentrer dans ses
foyers. » Plus d'esprit philanthropique, plus d'idées
philosophiques. On devait user de représailles envers
des ennemis qui n'étaient plus que des cannibales et des
anthropophages. Le 15 septembre, sur la proposition de
Jeanbon Saint-André, la Convention décrétait que les
généraux suivraient rigoureusement les lois de la
guerre dans les pays conquis, et trois jours plus tard, le
Comité leur envoyait ses instructions : lever des otages
parmi les notables, imposer des contributions aux riches, aux privilégiés et aux corporations religieuses,
vivre aux dépens de la contrée envahie, expédier sur les
derrières de l'armée chevaux et bestiaux, provisions et
fourrages, fers et cuirs, toiles et laines, saisir l'argent
des églises et les fonds du fisc, raser les places, détruire
les ponts et les canaux, dépaver les chemins. On suivait
les conseils de Merlin de Thionville qui revenait de
Mayence, aigri, exaspéré, criant qu'il fallait « rentrer
dans l'intérieur tout ce qui pourrait servir aux ennemis
de la République ». Un ami de la France n'écrivait-il pas
de Stuttgart au *Moniteur* : « Vous avez frotté d'absinthe
la coupe de la liberté, et la majorité des peuples n'en
veut plus ; restez chez vous ; faites un désert autour
de vos frontières [1] » ?

Tout fut mis en œuvre pour augmenter les troupes,
pour les animer de l'enthousiasme républicain, pour organiser leur victoire. Le Comité décida que les armées
du Rhin et de la Moselle ne prendraient pas leurs quartiers d'hiver et, comme dit un officier prussien, il réussit

---

[1] Cf. *Mayence*, 174 ; Sorel, *L'Europe et la Révol.*, III, 383 et 475 ;
Journal de la Montagne, n° 105.

à les faire passer de mode[1]. Il proclama la réquisition des forces nationales[2]. Il fit décréter que les citoyens de la première réquisition remplaceraient les trois quarts des garnisons qui rejoindraient au plus tôt les camps[3]. Il combattit énergiquement l'esprit de modérantisme qui, selon lui, paralysait le soldat, et il purgea les états-majors que Barère nommait le « bagage brillant du despotisme ». Les officiers des troupes de ligne qui n'avaient pas encore revêtu l'uniforme national ou qui conservaient quelques signes de l'ancien costume, comme les épaulettes blanches et le nom du régiment gravé sur les boutons, furent cassés sur-le-champ[4]. Tous ceux qui avaient été attachés à la maison militaire de Louis XVI et de ses frères, durent s'éloigner à vingt lieues des frontières[5]. L'adjoint Xavier Audouin avait fait le relevé des officiers nobles et en comptait neuf cents ; le Comité prescrivit à Bouchotte de les destituer. Il n'y aurait plus de ci-devant à la tête des armées ; plus de *scientifiques*, disait-on, mais des patriotes ; plus de savants, puisque la République a détruit les académies, mais des gens qui sauront se battre : « Il est beau, s'é-criait Tallien, de remplacer Monseigneur le duc de Biron par Rossignol[6] ! »

Il y avait à la fin d'octobre neuf commissaires de la Convention aux armées de la Moselle et du Rhin. Ils for-maient, suivant le mot de Barère, un congrès de repré-

---

[1] Valentini, 55.

[2] 23 août ; cf. *Wissembourg*, 113.

[3] 27 septembre.

[4] Décidé le 24 août par le Comité et décrété, le 29, par la Convention ; cf. *Wissembourg*, 87-88.

[5] 5 sept. ; cf. *Mon.* du 8 et *Wissembourg*, 84.

[6] Séance des Jacobins, 13 et 18 sept. ; séance de la Convention du 28 août, *Mon.* du 30 ; cf. *Wissembourg*, 69 73.

sentants. Sept d'entre eux, Ruamps, Soubrany, Milhaud,
Guyardin, Mallarmé, Borie et Cusset, furent rappelés le
5 novembre. Deux restèrent à leur poste : Ehrmann et
Jean-Baptiste Lacoste. Le Comité leur adjoignit Lémane
et Baudot.

Mais la mission des quatre commissaires Ehrmann,
Lémane, Lacoste et Baudot, s'effaçait devant la mission
extraordinaire de Saint-Just et de Le Bas : il a fallu, disait Robespierre, envoyer deux représentants du peuple
qui eussent à la fois de la tête et du cœur.

II. Le 17 octobre, à la nouvelle de l'échec de Wissembourg, Saint-Just et Le Bas avaient reçu du Comité l'ordre de se rendre sur-le-champ à l'armée du Rhin pour
faire une enquête sur les événements et prendre les
mesures de salut public qu'ils jugeraient convenables [1].
Ardents, exaltés, s'aiguillonnant l'un l'autre, fiers de
leur jeunesse et de leur autorité sans limites, résolus à
briser toute résistance par une rigueur inflexible, ils se
présentèrent comme les sauveurs de l'Alsace. Eux seuls
suffisaient à la tâche ; eux seuls allaient réparer le désastre, arrêter les envahisseurs, réveiller le courage de
l'armée, inspirer l'amour de la République aux tièdes
populations des départements du Rhin. A leurs yeux, les
commissaires Ruamps, Borie, Milhaud, Guyardin, Mallarmé, ne comptaient plus et devenaient inutiles ; ils
étaient mécontents les uns des autres ; ils ne pouvaient
faire le bien et sentaient eux-mêmes leur impuissance ;
on devait les employer ailleurs ou les rappeler à Paris.

---

[1] Quelques semaines plus tard, le 9 décembre, ils étaient revêtus
des mêmes pouvoirs près de l'armée de la Moselle, et le lendemain,
le Comité ordonnait à la Trésorerie nationale de leur délivrer 25,000
livres. (Registre du Comité.)

Saint-Just et Le Bas n'étaient-ils pas les représentants du peuple « envoyés extraordinairement aux armées du Rhin et de la Moselle », et la nature supérieure de leur mission qui les rendait, selon l'expression de Carnot, très prépondérants, ne les forçait-elle pas à s'isoler de leurs collègues [1] ?

Saint-Just appartenait au grand Comité ; il était le plus agissant, le plus énergique ; il a, écrivait Le Bas, « des talents que j'admire et d'excellentes qualités ». Déjà, dans un rapport du 10 octobre, il avait exposé les devoirs du représentant du peuple auprès des armées. Etre le père et l'ami des soldats, de ces pauvres soldats qui n'avaient à leur tête que des imbéciles et des fripons ; assister à leurs exercices ; les entendre à tout instant du jour et de la nuit ; savoir, pour ainsi dire, le nom de chacun ; coucher sous la tente ; vivre dans les camps, comme Annibal avant Capoue ; manger seul et frugalement ; ne pas se familiariser avec les généraux ; punir sans pitié les abus, telle est, assurait Saint-Just, l'existence d'un représentant.

Le 23 octobre, les deux conventionnels étaient à Saverne, au seuil de l'Alsace. Ils admirèrent en passant ces Vosges qu'ils voyaient pour la première fois ; jamais la nature ne leur avait semblé plus belle, plus majestueuse ; c'était « un enchaînement de montagnes élevées, une variété de sites qui charment l'esprit et le cœur ». Mais des soins plus graves absorbaient leur attention. Ils lancèrent aussitôt une proclamation à l'armée du Rhin :

---

[1] Cf. sur la mission de Saint-Just et de Le Bas, l'*Histoire de Saint-Just*, par Ernest Hamel ; Seinguerlet, *Strasbourg pendant la Révolution* (1881) ; Michelet ; Louis Blanc. On aboutit aux mêmes conclusions, mais sans parti pris et en s'appuyant sur des documents inconnus ou négligés jusqu'ici.

« Nous arrivons et nous jurons que l'ennemi sera vaincu. » Ils apportaient, disaient-ils, le glaive qui devait frapper les traîtres et ceux mêmes qui restaient indifférents à la cause du peuple ; ils venaient venger les soldats et leur donner des généraux qui les mèneraient à la victoire, chercher, récompenser, avancer le mérite, poursuivre tous les crimes, offrir des exemples de sévérité qu'on n'avait pas encore vus, et ils enjoignaient aux chefs, officiers et agents du gouvernement de satisfaire dans trois jours aux justes plaintes de leurs subordonnés.

Ils érigèrent en commission spéciale et révolutionnaire le tribunal militaire de l'armée du Rhin. Cette commission, composée de cinq membres, devait siéger au quartier général jusqu'à ce que fût repoussé l'envahisseur ; elle ne serait astreinte à aucune forme de procédure particulière ; elle jugerait tous les agents partisans de l'ennemi et les agents prévaricateurs des administrations de l'armée ; ceux qu'elle trouverait coupables, seraient fusillés à la tête des troupes ; ceux qui n'étaient que suspects, enfermés dans les maisons d'arrêt de Mirecourt [1].

Ils s'entretinrent avec Carlenc et virent aussitôt que le revers de Wissembourg venait du « défaut d'ordre et de discipline », ainsi que de la « mauvaise conduite des chefs ». Ils dépêchèrent un courrier à Pichegru qui devait remplacer Carlenc ; ils voulaient un général « vraiment républicain et qui crût à la victoire ». Ils écrivirent à Paris que les jeunes gens de la première réquisition ne seraient utiles que s'ils étaient incorporés dans les bataillons déjà formés. Ils prirent parmi ceux qui se

---

[1] Arrêté du 23 octobre.

trouvaient à Strasbourg, 150 garçons de bonne volonté qui furent destinés au service des charrois de l'artillerie. Ils décidèrent que chacune des deux compagnies d'ouvriers d'artillerie attachées à la place, se composerait de 120 hommes. Ils demandèrent des secours : douze bataillons de plus à Saverne et deux mille cavaliers à Strasbourg ; on devait, disaient-ils, terminer glorieusement la campagne et regagner le terrain jusqu'à Landau [1].

Ils chassèrent de l'armée la plupart des nobles qui restaient encore. « Nous nous occupons sans relâche, marquaient-ils, à épurer les officiers ; le nombre des patriotes est bien petit parmi eux. »

Ils firent eux-mêmes les exemples qu'ils avaient promis dans leur proclamation. Lacour, commandant du 1er bataillon des grenadiers de Saône-et-Loire, était ivre à l'attaque du pont de Kehl, il redevint simple fusilier. L'adjudant-général Perdieu fut dépouillé de son grade et envoyé pendant quinze jours à la garde du camp, parce qu'on l'avait surpris à la Comédie ; les chefs ne devaient-ils pas servir de modèle aux soldats, et des hommes assez lâches pour se rendre au théâtre lorsque l'armée bivaquait, lorsque l'ennemi était aux portes, méritaient-ils de commander à des Français ? Texier, capitaine des chasseurs du Rhin, eut la malchance de rencontrer Saint-Just dans la rue, à sept heures du soir, et de lui demander le chemin de la Comédie ; il fut aussitôt conduit en prison pour avoir quitté son poste qui était sur le Rhin. Pareil sort échut au commandant du

---

[1] Cf. la lettre de Saint-Just et de Le Bas, du 24 octobre ; Buchez et Roux, *Hist. parl.*, XXXI, 34 ; le *Livre bleu* ; le *Mon.*, du 17 nov. et le recueil inédit des ordres donnés à Dièche par les représentants (A. G.).

15ᵉ bataillon du Doubs qui négligeait son service et
semblait indifférent aux principes de la Révolution.
Jacques Mériguet, gendarme, désirait aller avec étape
pour lui et son cheval, à Poitiers où l'appelait le soin de
sa fortune qui s'élevait à 40,000 livres ; Saint-Just et Le
Bas décidèrent que ce traître, qui préférait son intérêt
particulier à l'intérêt de la patrie en danger, serait dé-
gradé sur la place publique et incarcéré jusqu'à la paix.
Un jour, le poste de la porte de Pierre ne reçut pas la
quantité nécessaire de cartouches, et vingt et un hommes
manquèrent à l'appel ; le commandant de la garde nationale de Strasbourg fut incontinent envoyé à Paris au
Comité de salut public. Les garde-magasins de l'ha-
billement traitaient les militaires avec insolence et les
retenaient à Strasbourg après la fermeture des portes ;
ils furent mis pour huit jours à la maison d'arrêt ; un
gendarme qui les suivait partout, les menait le matin à
leurs travaux et les ramenait au cachot à neuf heures
du soir.

Les arrêtés des représentants se succédaient et tous,
soit imprimés et distribués parmi les troupes, soit mis à
l'ordre du jour, étaient dictés par cette pensée : *il s'agit
de vaincre.*

Nul ne pourrait sortir du camp sans une permission du général. Les soldats surpris hors du camp,
sans permission, seraient regardés comme « ennemis de
l'honneur de l'armée » et punis de dix jours de prison.
L'officier qui, par négligence, laisserait ses hommes
s'éloigner, serait destitué et appréhendé sur-le-champ.
Les troupes s'exerceraient aux évolutions ; les soldats
demeureraient sous les armes pour se préparer à la victoire, et tous les chefs resteraient près des soldats. Les
officiers généraux coucheraient et mangeraient dans

leurs tentes, à la tête de leur division et de leur brigade. Les biens de quiconque aurait acheté les effets d'un défenseur de la République, seraient confisqués au profit de l'État. Tous ceux qui, sans remplir de fonctions militaires, se promèneraient sur les fortifications et les remparts de Strasbourg, seraient punis d'un emprisonnement de trois mois. Les portes de la ville seraient fermées à 3 heures 1/2 après-midi et ouvertes à 8 heures du matin. Personne de la garnison de Strasbourg ne sortirait de la place sans un ordre écrit et signé du général en chef. Tout militaire de l'armée qu'on trouverait caché dans la ville, en quelque endroit que ce fût, serait aussitôt fusillé. Quiconque s'introduirait à Strasbourg en se dissimulant dans un caisson, un fourgon, une voiture ou de tout autre manière, subirait la même peine. Aucun officier de corps, aucun officier général ne serait admis dans Strasbourg, à l'exclusion de Pichegru ou des militaires qui portaient ses ordres, et celui qui se présenterait aux portes, serait arrêté. Trois permissions d'aller en ville étaient accordées à chaque bataillon ; l'une au quartier-maître qui se chargeait des commissions, les deux autres aux soldats. Tout militaire qui venait à Strasbourg, remettait aux portes à l'officier de garde une carte d'entrée et recevait en échange une carte de sortie.

Dans son rapport du 10 octobre, Saint-Just s'était élevé contre la prolixité de la correspondance officielle ; il avait dit que les représentants et les généraux s'environnaient de bureaux, qu'on était dévoré du « démon d'écrire », que le ministère était un monde de papier et qu'il n'y a pas de gouvernement sans laconisme. Tous ses arrêtés furent conçus en un style brusque et nerveux, impérieux et cassant, si bref, si précis qu'on ne peut les analyser et qu'il faut les citer en leur entier. Cette concision avait parfois quelque chose de sinistre et d'effrayant. Mais parfois elle avait aussi je ne sais quoi de sonore, d'énergique, de vibrant qui réconfortait les âmes et leur donnait l'espoir de la revanche. Les deux conventionnels annonçaient un jour la défaite des Autrichiens dans le Nord et des royalistes en Vendée : « Soldats de l'armée du Rhin, ajoutaient-ils, méprisez l'ennemi que vous avez devant vous. Il ne vous a point vaincus ; il vous a trahis. De faux déserteurs vous ont tendu les bras ; vous les avez embrassés ; on n'embrasse pas les tyrans, on les tue. Soyez donc sur vos gardes. Aimez la discipline qui fait vaincre. Exercez-vous au maniement des armes, demeurez dans vos camps et préparez-vous à vaincre à votre tour. » Un parlementaire se présentait aux portes de Strasbourg. « La République française, lui répondaient Saint-Just et Le Bas, ne reçoit de ses ennemis et ne leur envoie que du plomb [1]. »

Il fallait, non seulement discipliner et stimuler les troupes, mais les approvisionner et pourvoir à leur bien-être. Les administrateurs des départements du Haut-Rhin, du Bas-Rhin, du Mont-Terrible, de la Meurthe, des Vosges, de la Haute-Saône, de la Haute-Marne, de la Côte-d'Or, durent donner dans les douze jours les blés et les seigles que les représentants avaient demandés le 20 août. Les citoyens de Strasbourg durent déposer leurs manteaux dans les magasins. Les riches durent, du jour au lendemain, livrer au quartier-général dix mille paires de souliers pour dix mille soldats qui étaient pieds nus, fournir deux mille lits aux hôpitaux pour deux mille malades et blessés qui seraient soignés « avec le respect dû à la vertu et aux défenseurs de la liberté », prêter

---

[1] *Mon.*, 5 nov. 1793.

dans les vingt-quatre heures neuf millions de livres qui seraient versées dans la caisse de l'armée ou employées soit à secourir les patriotes indigents de Strasbourg, soit à fortifier la place. Les citoyens aisés de Strasbourg, de Saverne, de Haguenau, de Landau, de Wissembourg et des cantons du Bas-Rhin furent invités à héberger durant l'hiver un soldat mutilé au service de la patrie. Leurs voitures furent mises en réquisition pour le transport des blessés et des chirurgiens.

Tout était du ressort des deux représentants. Ils ordonnèrent au tribunal criminel du Bas-Rhin de faire raser la maison de quiconque serait convaincu d'agioter ou de vendre à un prix au-dessus du maximum. Ils arrêtèrent qu'une école gratuite de langue française serait établie dans chaque commune ou chaque canton du Bas-Rhin, et que le département prendrait sur les fonds de l'emprunt imposé aux riches une somme de six cent mille livres pour organiser promptement ce nouveau mode d'instruction. Ils descendaient aux moindres détails : « Les citoyennes de Strasbourg, disaient-ils le 15 novembre, sont invitées à quitter les modes allemandes puisque leurs cœurs sont français », et les citoyennes s'empressaient de porter en holocauste, suivant une expression du temps, leurs coiffures germaniques ou *Schneppenhauben* au temple sacré des prêtres jacobins.

Les Impériaux avaient des intelligences à Strasbourg, où s'agitaient depuis le commencement de la guerre, des partisans de l'Autriche et des hommes désireux de réunir l'Alsace à l'empire [1]. Récemment quelques Strasbourgeois étaient venus faire des ouvertures à Wurmser et l'assurer qu'ils mettraient tout en œuvre pour

[1] Cf. une lettre de Levrault au ministre, 7 mai 1792 (A. G.).

chasser les Français à condition que leur cité devînt
ville libre impériale. Le général répondit qu'il n'avait
pas d'ordres de sa cour [1]. Mais, à la fin d'octobre, on saisissait aux avants-postes de la division Michaud une
lettre signée d'un marquis de Saint-Hilaire et adressée
à un habitant de Strasbourg par l'intermédiaire d'un
homme reconnaissable à son bégaiement et à ses lunettes. On y lisait que les émigrés, déguisés en gardes
nationaux, comptaient surprendre la place sous trois
jours au plus tard et que les honnêtes gens feraient bien,
pour échapper au massacre, d'arborer la cocarde blanche.
La lettre était fausse. Metz, pasteur de Gries, l'avait
fabriquée pour perdre un des administrateurs du département, Edelmann, son ennemi personnel, qui bégayait
et portait lunettes [2]. Saint-Just et Le Bas crurent la
lettre authentique [3]; ils déclarèrent qu'une conspiration
se tramait pour livrer l'Alsace aux étrangers ; ils cassè-
rent la municipalité de Strasbourg ainsi que l'administration du département et celle du district; ils firent
arrêter tous ceux qui étaient présidents et secrétaires
des sections au 31 mai et qui avaient été de connivence
manifeste avec les fédéralistes. Les jacobins protestèrent.
Saint-Just répliqua qu'il leur devait de l'amitié, non de
la faiblesse, et qu'il persistait dans ses mesures *jusqu'a-
près le péril*. « Vous pouvez avoir raison sur quelques-
uns, ajoutait-il, mais il existe un grand danger, et nous
ne savons où frapper ; eh bien, un aveugle qui cherche

[1] Zeissberg, I, 220.

[2] Metz fut condamné, le 26 brumaire, pour crime de faux, à quatre
ans de fer. Cf. le témoignage du maire Monet (Buchez et Roux,
XXXI, 31-32).

[3] Le 6 novembre 1793, l'adjudant-général Demont écrivait au Comité que « la tranquillité de l'ennemi était facile à concevoir d'après
la lettre infernale qui avait été interceptée » (A. G.).

une épingle dans un tas de poussière, saisit le tas de poussière. » Mais il était trop politique pour envoyer à la mort les administrateurs dont il suspectait les sentiments ; il se contenta de les reléguer dans l'intérieur en prescrivant de les « traiter avec les soins que réclame l'humanité [1] ».

« Plus on examine la conduite de Saint-Just, dit un officier, plus on se persuade que le profond Machiavel n'était qu'un enfant en comparaison de lui [2]. » Il fit congédier les propagandistes et arrêter Schneider. Les propagandistes ou *propagandaires* étaient venus du voisinage pour « franciliser » l'Alsace, « démuscadiner » le club, déraciner le fanatisme et implanter le culte de la Raison. Ils se ressemblaient tous, cheveux longs, fortes moustaches, grand manteau de couleur sombre, sabre de cavalerie traînant sur le pavé, et ils allaient prêchant la Révolution, passant les troupes en revue, se proclamant la crème des patriotes et les sauveurs du département, d'ailleurs faisant bonne chère et mettant en réquisition les vins les plus exquis. Saint-Just et Le Bas obtinrent de la Convention un décret qui leur ordonnait de déguerpir [3].

Schneider était un prêtre allemand, d'abord vicaire épiscopal, puis accusateur public, qui parcourait théâtralement la Basse-Alsace, suivi de gendarmes et de la

---

[1] Hamel, II, 295.

[2] Notes de Legrand (A. G.).

[3] Décret du 6 décembre, section III, art. 17 : « Tout congrès ou réunions centrales établies par les représentants du peuple, quelque dénomination qu'elles puissent avoir, sont révoquées », et décret du 17-18 décembre : « Il est enjoint aux accusateurs publics de poursuivre et faire punir tout commissaire, agent ou délégué des représentants qui, depuis la révocation de ses pouvoirs, aurait continué l'exercice de ses fonctions. »

guillotine. Le 14 décembre, il rentrait à Strasbourg, dans
une chaise de poste à six chevaux ; des cavaliers nationaux de Barr, l'épée au clair, lui faisaient escorte et
lorsqu'il passa, la garde de la porte battit aux champs et
lui rendit les honneurs militaires. Saint-Just saisit l'occasion de se débarrasser d'un homme que tout Strasbourg méprisait et qualifiait d'aventurier éhonté. Il faut,
disait Le Bas, réprimer les étrangers : « ne croyons pas
les charlatans cosmopolites et ne nous fions qu'à nous-
mêmes. » Schneider, « ce ci-devant prêtre, né sujet de
l'empereur » qui se présentait dans la ville « avec un
faste insolent », fut exposé le 15 décembre de dix heures
du matin à deux heures de l'après-midi, sur l'échafaud
de la guillotine, à la vue du peuple, pour « expier l'in-
sulte faite aux mœurs de la République naissante »,
puis conduit de brigade en brigade au Comité de salut
public.

Carnot, devenu le véritable ministre de la guerre, loua
l'énergie de Saint-Just et de Le Bas et leurs arrêtés
« parfaitement révolutionnaires » ; il les félicita de
frapper les aristocrates, d'expulser de l'armée les modérés, de ranimer le bon esprit parmi les troupes ; il
attendait tout de leur sagesse, de leur fermeté, et il concevait les plus belles espérances. Il leur annonça des
secours, promit de les aider de toutes ses forces, offrit
même de se joindre à eux, s'ils croyaient que sa présence serait utile au succès. Bouchotte avait déjà, dans
une lettre du 23 octobre, exposé ses vues particulières
aux deux représentants. L'armée de la Moselle, pensait-
il, devait débloquer Bitche, reprendre la position de Hornbach et se diriger par Annweiler sur Landau ; l'armée
du Rhin, interdire aux alliés l'entrée du département
de la Meurthe, les resserrer, les ramener à la frontière ;.

« par un effort incessant », les deux armées réussiraient
à délivrer Landau. Voilà, ajoutait Bouchotte, l'opération
qu'il fallait tenter ; il y en avait peut-être une autre,
plus avantageuse ; mais les représentants s'entendraient
avec les généraux ; « il y a toujours une grande différence de voir le terrain et les hommes, ou des états et
des cartes ». Carnot soumit à Saint-Just et à Le Bas ce
même plan de campagne que Robespierre jugeait vaste,
hardi, sage et le seul propre à atteindre le but. 30 à 40,000
hommes qui seraient tirés de l'armée de la Moselle, se
réuniraïent près de Saarwerden et de Bouquenom « dans
un lieu sûr », pour se porter sur Bitche et de là sur
Landau. C'était le meilleur moyen de sauver l'Alsace.
Puisqu'on ne pouvait passer sur le corps aux ennemis
qui pressaient vers Strasbourg l'armée du Rhin, on
devait les attaquer, non de front, mais sur les flancs et
les derrières. Une fois Landau dégagé, une fois cette
partie de l'extrême frontière reconquise, les Autrichiens,
bloqués eux-mêmes, pris entre deux feux, sans communications avec leur propre pays, se hâteraient de reculer
et s'ils étaient poursuivis avec vigueur, leur retraite
deviendrait très difficile. Saint-Just et Le Bas entrèrent
avec ardeur dans les idées de Bouchotte et de Carnot. Ils
voyaient déjà les armées françaises marcher de tous
côtés « comme le tonnerre », sans s'arrêter, sans laisser
à l'adversaire le temps de respirer ; ils les voyaient se
grossir des garnisons de Bitche et de Landau, dévorer le
Palatinat ; ils voyaient se jeter sur l'Allemagne cent mille
hommes qui « étaient nuls maintenant par la bassesse
de ceux qui avaient régi les affaires [1] ».

---

[1] Bouchotte à Saint-Just et Le Bas, 23 oct. ; Carnot à Saint-Just
et Le Bas, 27 et 29 oct., 2, 7, 14 nov. (A. G.) ; Wallon, *Les représentants en mission*, IV, 1890, p. 181 ; Hamel, *Hist. de Robespierre*,

Telle fut la mission de Saint-Just et de Le Bas [1]. Ils prirent les mesures les plus promptes, les plus vigoureuses, et, comme l'a dit le bon et sérieux Engelhardt, bien des choses qui paraissaient alors dures, arbitraires, tyranniques, doivent être regardées aujourd'hui comme un moyen nécessaire de salut. Brunswick se souvenait des deux représentants lorsqu'il écrivait à son roi que la France était conduite aux grandes actions par l'enthousiasme et la terreur des supplices. Lavallette, le futur directeur des postes, alors adjoint à l'état-major de l'armée du Rhin, tenait la Convention pour une assemblée turbulente et sans vues ; Saint-Just et Le Bas lui révélèrent, écrit-il, l'existence d'un gouvernement terrible par son énergie. L'officier d'artillerie Boulart avoue qu'il tremblait à l'aspect de Le Bas et qu'un représentant du peuple lui inspirait plus d'effroi qu'un général en chef. « Il était temps, mandait Gatcau, que Saint-Just vint auprès de cette malheureuse armée ; il a tout vivifié, animé, régénéré ; quel maître bougre que ce garçon-là ! » Un autre agent, Renkin, chargé de renseigner Bouchotte, s'excusait de ne pas marquer au ministre tout le bien que Saint-Just et Le Bas avaient fait dans les départements du Rhin : « Je me bornerai à te dire que ça n'allait pas et qu'à présent ça va. » Et ne lisons-nous pas dans les lettres de Le Bas qu'il courait,

1867, III, 174-175 ; Welschinger, *Le roman de Dumouriez*, 1890, p. 112.

[1] On a prétendu que la plupart des effets réquisitionnés furent rongés par les vers et les souris, et que les couvertures de laine et les manteaux entassés dans les magasins y restèrent et y pourrirent (d'après une lettre de Massé, *Livre bleu*). Il suffira de répondre que l'armée du Rhin manquait de vêtements et de souliers avant l'arrivée de Saint-Just et qu'après l'arrivée du conventionnel, elle fut vêtue et chaussée.

ainsi que Saint-Just, du matin au soir, pour exercer la surveillance la plus suivie, la plus rigide ? « Au moment où il s'y attend le moins, tel général nous voit arriver et lui demander compte ; nous avons vu beaucoup de fripons et de gueux, mais aussi beaucoup de braves gens [1]... »

Ces deux conventionnels qui juraient de vaincre et qui tenaient parole, n'étaient pas, a dit Legrand, des hommes ordinaires. Quelle habileté dans leur première proclamation à l'armée ! Ils la savaient démoralisée et composée de poltrons et de fuyards. Ils voulurent en faire une armée de héros et lui parlèrent comme à une armée de héros : « Courage, brave armée du Rhin, tu seras désormais heureuse et triomphante avec la liberté ! » Tout au contraire de Ruamps et de ses collègues, ils n'excitaient pas les soldats à pérorer au club et à prendre des leçons d'insubordination dans les sociétés populaires. Ils leur défendaient formellement de quitter le camp. Ils punissaient de mort quiconque abandonnait son poste pour « patriotiser » avec les frères et amis. Ils ne débitaient pas aux troupes de plates flagorneries ; ils ne leur prodiguaient pas les mots pompeux et vides ; ils leur parlaient de discipline, encore de discipline, toujours de discipline. Profondément imprégnés de l'esprit jacobin, ainsi que leurs devanciers, allant à leurs fins, sans s'embarrasser des procédés, déterminés à tout oser, persuadés qu'il fallait combattre le despotisme par les armes mêmes du despotisme, ils

---

[1] (Strobel) Engelhardt, VI, 259-260 ; Brunswick au roi, 6 janvier 1794 (Massenbach, *Mém.*, I, 365) ; Lavallette, *Mém.*, I, 133 ; Boulard, *Mém. milit.*, 8 (cf. le témoignage de Monet, Buchez et Roux, XXXI, 28) ; lettre de Renkin (*Mon.* du 17 déc.) ; Hamel, *Saint-Just*, II, 41, 44.

eurent l'art de paraître justes. Pas de fiel, pas de haine, pas d'emportement. Leurs moyens, bons ou mauvais, ne tendaient qu'à la délivrance du territoire. Legrand, qui s'est enquis avec soin de leurs faits et gestes, les regarde comme les plus grands révolutionnaires qui aient paru à l'armée du Rhin ; mais il ajoute qu'ils étaient plus abordables et plus humains que leurs collègues. Eux aussi traitaient sans pitié ceux qu'ils accusaient de pactiser avec l'envahisseur ; mais leurs soupçons n'étaient jamais sans fondement ; ils avaient, disent-ils, acquis le droit d'être soupçonneux, et le militaire franc, loyal, uniquement préoccupé de son devoir, n'eut rien à craindre de ces terribles proconsuls. Ils savaient distinguer la valeur et le mérite. On ne les voyait pas, comme d'autres, entourés d'un ramas d'intrigants et de vulgaires ambitieux. Leurs mœurs étaient pures et exemplaires ; ils conformaient leur conduite aux principes républicains ; ils semblaient inaccessibles aux passions ; pareils à des êtres supérieurs, ils descendaient des Vosges, la foudre en main, pour chasser les ennemis et rendre l'Alsace à la France [1].

Les représentants qui se trouvaient alors dans le Bas-Rhin, s'efforcèrent d'imiter Saint-Just et Le Bas, s'évertuèrent à renchérir sur eux. Ils se rendirent à la fois ridicules et odieux. Lémane et Baudot réquisitionnaient le vin des riches, les batteries de cuisine, chaudrons, poêlons, casseroles, baquets et objets de cuivre et de plomb. Ils déclaraient qu'une pétition ne devait contenir que dix lignes et que quiconque écrirait davantage, serait soupçonné de « mettre des longueurs à la Révolution ».

---

[1] Mémoire de Legrand (A. G.), qui, nous le répétons, rapporte très exactement les impressions de l'armée du Rhin ; cf. plus loin, le chapitre intitulé *Le Geisberg*.

Milhaud et Guyardin envoyaient dans les prisons de Dijon tout l'état-major de la garde nationale strasbourgeoise ; ils ordonnaient l'incarcération des banquiers, notaires, agents de change et autres *scélérats*, afin d' « alimenter la guillotine » et de « porter à la Convention tous leurs trésors ». Lacoste avait jusqu'alors souffert, sans oser la punir, l'insubordination des soldats, et depuis qu'il était aux armées, il encourageait l'indiscipline. Il devint le singe de Saint-Just ; il ne prononçait plus que le mot *discipline* et, comme à son ordinaire, ne le prononçait qu'avec fureur[1]. Il outra les sévérités de Saint-Just. Le 24 novembre, de Bouxwiller, il arrêtait que tout soldat, accusé d'avoir commis des pillages dans une maison, serait traduit devant la commission révolutionnaire et, si deux témoins constataient le délit, fusillé dans les vingt-quatre heures sur le front des troupes. Le 12 décembre, il prenait avec Lémane et Baudot un arrêté plus rigoureux encore ; le tribunal révolutionnaire se diviserait en trois sections : la première siègerait à Strasbourg ; la deuxième et la troisième suivraient, l'une, l'aile droite, l'autre, l'aile gauche de l'armée, en se partageant le centre ; chaque section se composerait de trois juges et d'un substitut de l'accusateur militaire ; les accusés seraient jugés sans formalités selon l'arrêté du 24 novembre ; tout fuyard, tout pillard serait puni de mort ; les soldats emprisonnés depuis la proclamation du 24 novembre seraient décimés, et les survivants, chassés de l'armée[2].

---

[1] Legrand dit de Lacoste : « Aussi débauché que Saint-Just était austère, aussi intempérant que Saint-Just était sobre, aussi verbeux que l'autre était laconique, aussi colère que l'autre se montrait flegmatique ; sa vanité n'était que puérile ; ses manières étaient ignobles » (A. G.).

[2] L'arrêté fut exécuté ; le 20 décembre, 26 soldats furent chassés et

Saint-Just et Le Bas se bornèrent à créer et à stimuler le tribunal militaire qu'ils avaient érigé le 23 octobre en commission spéciale et révolutionnaire. Ils crurent un instant qu'il *n'allait point au pas.* « Vos procédures languissent, lui écrivaient-ils le 2 décembre, vous êtes trop longtemps à entendre les prévenus et vous laissez pressentir vos jugements ; vous êtes institués pour être prompts, justes et sévères, mais souvenez-vous que la mort est sous le siège des juges iniques comme sous celui des coupables. » Le tribunal répondit avec dignité : sa tâche était considérable et difficile ; trente à quarante délinquants comparaissaient chaque jour devant lui ; il les interrogeait et les écoutait ; ne doit-on pas laisser tous les moyens de se justifier à l'homme qui va mourir? « Rendez-nous votre confiance, ajoutaient les membres de la commission, ou reprenez vos places ; nous serons peut-être meilleurs le sac au dos et le fusil sur l'épaule. » Saint-Just et Le Bas rendirent leur confiance au tribunal. Du 7 brumaire au 16 ventôse, c'est-à-dire du 28 octobre 1793 au 6 mars 1794, il prononça 670 jugements. 282 accusés furent acquittés ; 62, condamnés à mort et 34, aux fers ; 34, incarcérés ; 24, détenus jusqu'à la paix ; 36, dégradés ; 188, envoyés à l'intérieur pour être incorporés dans d'autres régiments [1].

Le tribunal avait traité les chefs plus sévèrement que les soldats, et appliqué le principe que l'accusateur militaire Bruat exposait dans une lettre à son substitut « un officier fait quelquefois la guerre par vanité, par

3 d'entre eux, Sebes, Lemaire, Rouget, condamnés à mort comme décimés; le 24 décembre, 9 autres étaient chassés, et le dixième, Jean Champenois, déciiné et fusillé (A. G.).

[1] *Mém.* de Legrand (A. G.).

ambition ou pour son plaisir ; le soldat, seul vrai sans-culotte, ne la fait que par sacrifice à sa patrie [1] ».

Un soldat avait, dans une patrouille, échangé quelques mots avec l'ennemi ; il était puni de vingt-quatre heures de prison. Un maréchal-des-logis avait souhaité le retour de l'ancien régime ; il allait servir à l'armée des Pyrénées-Orientales. Un chirurgien avait déserté ; on l'envoyait à l'hôpital d'Auxonne qui demandait un frater. Mais les chefs furent, pour la plupart, condamnés à mort.

Il importe à l'intérêt de l'armée, avait dit Saint-Just, qu'un général au moins soit fusillé. L'incapable Carlenc et l'inepte Munnier échappèrent. Carlenc trouva de puissants patrons dans les représentants Niou, Borie et Ruamps qui l'avaient nommé et qui protestaient que le « pauvre homme » possédait la confiance des troupes, qu'il les avait satisfaits par ses raisonnements, par son sang-froid, par son patriotisme ; il fut enfermé à l'Abbaye et bientôt relâché [2].

Munnier était suspect, si suspect, disait Mallarmé, qu'il devait subir selon toute apparence une peine capitale. On eut pitié de sa vieillesse. Le tribunal le tança, l'accusa de n'avoir ni civisme, ni intelligence, ni activité, et l'envoya dans les prisons de Mirecourt jusqu'à la paix [3].

---

[1] Bruat à Clément, 13 déc. (A. G.). Cf. le mot de Baudot : « La démocratie commande l'humanité pour le soldat et réserve la terreur pour les généraux. » (Discours du 16 mars 1794.)

[2] Dès le 22 octobre, le Comité ordonnait que Carlenc serait arrêté sur-le-champ et mené à l'Abbaye ; mais après une lettre de Lacoste et Mallarmé (29 oct. A. G.) et sur les sollicitations des anciens représentants près l'armée du Rhin, il décida, le 22 décembre, que Carlenc arrêté « par erreur de nom », serait mis sur-le-champ en liberté et employé de nouveau comme général de division (Reg. du Comité). Cf. *Wissembourg*, 193-195.

[3] Cf. sur Munnier, *Wissembourg*, 192, 197, 208 ; Mallarmé au Co-

Isambert paya pour Carlenc et Munnier. Il était brave ;
il avait fait les campagnes du Rhin depuis le début des
hostilités comme colonel, puis comme général de brigade, et Custine vantait ses talents, son zèle, son habitude du commandement. Mais Isambert manquait de
tête ; il avait dans la journée du 13 octobre, abandonné
le fortin de Saint-Rémy, sans brûler une amorce, à une
trentaine de hussards autrichiens : il fut condamné à
mort par la commission militaire et fusillé le 9 novembre dans la redoute de Hœnheim sous les yeux de
ses soldats[1].

D'autres officiers de marque subirent le même sort.
« On peut reprocher à tous, disait Saint-Just dans son
rapport du 10 octobre, l'inapplication au service ; ils
étudient peu l'art de vaincre ; ils se livrent à la débauche ; ils s'absentent des corps aux heures d'exercice
et de combat ; ils commandent avec hauteur et consé-
quemment avec faiblesse ; le vétéran rit sous les armes
de leur sottise, et voilà comment nous éprouvons des

mité, 29 oct. ; note de Legrand (A. G.). Selon Saint-Cyr (I, 136),
un gendarme conduisait à Paris Munnier et un chef d'escadron ;
celui-ci, arrivé à Saverne, suborna le gendarme et s'enfuit en Suisse
avec son gardien ; au lieu de s'échapper, Munnier revint à Strasbourg
se remettre entre les mains des représentants et leur demander ce
qu'il devait faire.

[1] Cf. Custine à Pache, 31 oct. 1722 (A. G.) et *Wissembourg*, 209.
Augustin-Joseph Isambert, né à Orléans le 22 mars 1733, avait été
successivement dragon au Régiment-Royal (13 février 1749), lieutenant (20 janvier 1756), capitaine (21 mars 1761, réformé (1763), re-
placé dans une compagnie du régiment de Bretagne-infanterie (11 mai
1769), capitaine-commandant (3 juin 1776). Il s'était retiré avec une
pension de huit cents livres (22 mars 1782). Le 6 octobre 1791, il fut
nommé lieutenant-colonel du 1er bataillon des volontaires d'Indre-et-
Loire. Depuis il était devenu lieutenant-colonel du 7e d'infanterie
(18 mai 1792), colonel du 36e (29 juin 1792) et maréchal de camp
(8 mars 1793). Il avait fait la campagne de 1760 et de 1761 en Allemagne, et assisté aux deux sièges de Mahon (1756 et 1782).

revers. » On fusilla Béril, commandant du 8e régiment de chasseurs à cheval, parce qu'il correspondait avec des émigrés [1]. On fusilla Tausia, chef de brigade du 1er régiment de cavalerie, parce qu'il avait persécuté les patriotes et tenu des propos qui semaient la mésintelligence dans l'armée. On fusilla Ravanet, capitaine des grenadiers du 1er bataillon du Doubs qui s'était conduit lâchement à l'entrée des Autrichiens dans le village de Brumath ; Louis Chalmann, capitaine du 12e cavalerie, qui dédaignait les assignats et souhaitait le retour des cocardes blanches ; un adjudant du même régiment, Guillaume Dubien, qui se vantait d'être aristocrate et désirait ouvertement la restauration de la royauté.

Les représentants Milhaud et Guyardin avaient fait, avant leur départ, quelques exemples. La cavalerie, disaient-ils, doit être « commandée par des sans-culottes d'un civisme bien prononcé » et ils avaient envoyé à vingt lieues des frontières Mervielle, chef de brigade du 19e cavalerie, et dans les prisons d'Auxerre, le général Lafarelle, Champeaux, colonel du 10e chasseurs, Grieux, colonel du 9e cavalerie, Marne, colonel du 2e cavalerie, Westermann, commandant des hussards de la liberté, et l'adjudant-général Bailly. Saint-Just et Le Bas arrêtèrent Bailly, et l'adjudant-général, accusé de désertion, fut condamné à mort par la commission militaire.

On ne ménagea pas les fournisseurs. « L'administration des armées, avait dit Saint-Just dans le rapport du 10 octobre, est pleine de brigands ; les bataillons manquent de canons ou de chevaux pour les traîner ; on n'y

---

[1] Voir *Wissembourg*, 226, et la part que Béril avait eue à l'échec de la Wantzenau. On l'accusa d'avoir tiré de sa poche une cocarde blanche et l'on trouva dans ses papiers une lettre qui portait ces mots : « Pensez à Dieu et au Roi. »

reconnaît point de subordination parce que tout le monde vole et se méprise. » Et il ajoutait que le gouvernement devait être révolutionnaire, non seulement contre l'aristocratie, mais contre ceux qui dépouillent le soldat et le dépravent par leur insolence. Cable, administrateur général, Perrin, capitaine en chef des charrois, Huot, conducteur des charrois, furent fusillés pour avoir commis des prévarications [1].

L'impression fut profonde. Avant la mission de Saint-Just, l'armée offrait le tableau du plus affreux désordre, et un témoin oculaire la compare à un rassemblement fortuit de désespérés qui se croient tout permis et pillent indistinctement amis et ennemis. Les officiers tenaient des propos inciviques ; ils quittaient leur bataillon pour mener joyeuse vie et restaient quelquefois plusieurs jours sans reparaître à leur corps. Boulart avoue qu'il passa la nuit du 20 octobre à Strasbourg avec trois de ses camarades « au risque de ce qui pourrait arriver au camp ». Les soldats se colletaient dans les auberges et ne payaient pas leur écot. Ils rentraient à leur poste en état d'ivresse ou refusaient de combattre. Les troupes, dit Saint-Just, « étaient sans discipline et sans chefs ; le spectacle, les lieux de débauche, les rues, pleines d'officiers ; les campagnes couvertes de soldats vagabonds » [2].

[1] L'entrepreneur des fortifications, Charpentier, accusé d'avoir passé avec Cable des marchés très onéreux à la République et distrait des rations à son profit, fut condamné à trois ans de fer. Les juifs Meyer, Wolff, Lévy, Lazard et Isaac Netter, accusés d'avoir profité des bénéfices que Charpentier faisait sur les fourrages, furent incarcérés à Mirecourt jusqu'à la paix.

[2] Notes de Taffin (Heitz, *Notes* sur la vie et les écrits d'Euloge Schneider, 1862, p. 130) ; *Mém.* militaires de Boulart, 7 ; Pichegru à Bouchotte, 13 nov. (A. G.) ; Saint-Just aux Jacobins de Strasbourg, 24 brumaire an II ; *Wissembourg*, 219 et 225.

Saint-Just et Le Bas rétablirent l'ordre. Les administrateurs et les fournisseurs pourvurent avec zèle à la subsistance de l'armée. Les traîtres osèrent à peine respirer. La discipline eut une vigueur et un ressort qu'elle n'avait pas encore eus. Les pillards les plus déterminés ne sortirent plus des rangs. Les aboyeurs des clubs, convaincus que les représentants ne se payaient plus de paroles et de motions, gardèrent le silence. Les faibles et les lâches allèrent en avant parce qu'ils voyaient la mort derrière eux et souvent marchèrent au feu du même pas que les plus braves. Des officiers, maudissant dans le secret de leur cœur le régime nouveau, cherchèrent à se faire tuer sur les champs de bataille et y trouvèrent, avec la gloire, les premiers grades [1].

Dès le mois de novembre, le général Dubois écrivait que Saint-Just et Le Bas avaient eu raison de fusiller les principaux coupables. « Cette mesure, disait-il, était absolument nécessaire pour ramener la confiance et la discipline. » Il assurait que l'esprit public se ranimait dans les campagnes : les objets se vendaient vingt sols et non plus six livres ; des soldats achetaient pour six liards de tabac avec un assignat de dix sols et le marchand leur rendait huit sous et demi en monnaie ; les assignats se changeaient au pair ; les paysans déclaraient qu'ils aimaient le papier autant que l'argent, et cela, ajoutait Dubois, parce qu'ils ne veulent pas aller à la guillotine [2].

[1] Plusieurs, écrit Legrand, me l'ont dit depuis. Cf. les mots de l'auteur de l'*Uebersicht*, II, 9 « Vor sich Tod und Ehre und hinter sich Tod und Schande ».

[2] Dubois à Jean de Bry, 10 nov. et à Saint-Just et à Le Bas, 8 nov. (A. G.) Cf. la lettre de l'accusateur militaire reproduite dans le *Mon.* du 26 nov.

Est-ce donc, se demande un des hommes les plus savants et les plus sagaces de l'armée du Rhin, que « la terreur employée à propos et le fanatisme dirigé avec adresse peuvent donner les mêmes résultats que l'héroïsme ? Cette réflexion n'est que trop vraie, quoiqu'elle ne soit pas à l'avantage de l'espèce humaine [1] ! »

[1] *Mémoire* de Legrand (A. G.).

CHAPITRE IV

KAISERSLAUTERN

I. Depuis plusieurs semaines, Schauenburg ne commandait plus l'armée de la Moselle. On rejetait sur lui la défaite de Pirmasens; le représentant Cusset l'accusait d'avoir autrefois approuvé les desseins coupables de Bouillé; lui-même demandait son rappel parce qu'il avait eu le malheur de naître dans une caste suspecte. Bouchotte le suspendit et le fit envoyer à l'Abbaye. Ehrmann, Richaud et Soubrany essayèrent de le justifier, protestèrent qu'il servait avec autant de probité que de talent et qu'il n'avait pris aucune part à l'assaut de Pirmasens; ils durent s'incliner et reconnaître que sa suspension était « la suite d'une mesure de bonne politique [1] ».

[1] Ordre de Bouchotte, 24 sept. et 4 oct.; Cusset à Bouchotte,

Les commissaires de la Convention avaient déjà proposé de remplacer Schauenburg par un jeune général de l'armée des Pyrénées-Orientales, d'Aoust : les circonstances militaires, disaient-ils, étaient plus pressantes aux bords de la Sarre qu'à la frontière d'Espagne. Sur le refus de Bouchotte, ils offrirent le commandement à René Moreaux ; mais Moreaux était malade et sa blessure se rouvrait : ils nommèrent Delaunay [1].

Delaunay objecta qu'il serait accablé par le fardeau, qu'il n'avait ni santé, ni talents, qu'il conduirait bien 6,000 hommes, mais non 25,000. Il fut obligé d'accepter. Heureusement Brunswick ne l'attaqua pas. L'armée de

10 sept. ; Ehrmann et Richaud à Bouchotte, 22 sept. (A. G.); cf. l'*Argos* de Schneider, 28 sept. 1793 (« es ist kein Segen da wo ein ci-devant ecinen Spuk treibt »). Schauenburg fut arrêté à Toul où il s'était retiré, suivant le décret, à vingt lieues de la frontière ; voir sur lui *Wissembourg*, p. 61.

[1] Cf. sur d'Aoust l'excellent ouvrage de Fervel, *Camp. de la Révol. franç. dans les Pyrénées-Orientales*. 1861, I. René Delaunay, ou comme il signe alors, Launay, était fils d'un docteur en médecine de Saint-Pierre-sur-Dives (Calvados), où il naquit le 24 avril 1738. Il servit d'abord dans les gendarmes écossais (27 déc. 1756–avril 1759), puis dans les dragons au régiment d'Orléans (25 avril 1760) où il devint maréchal des logis (sept. 1761) et porte-guidon (1er mars 1763). Il quitta au mois d'octobre 1766, rentra dans les gendarmes de la garde (avril 1767) et fut réformé (déc. 1775). Nommé capitaine à la suite de l'infanterie (29 mai 1778), attaché au régiment de Limousin (3 juin 1779), premier capitaine de remplacement (20 octobre 1784), réformé de nouveau (mai 1788), il fut élu le 25 août 1791, lieutenant-colonel du 4e bataillon des volontaires de la Moselle. Il avait des relations dans ce département, s'était marié à Sarrelouis, et il écrit au Comité qu'il a été l'un des fondateurs du club de Thionville et le président de la Société populaire de Saint-Avold (lettre du 9 nov. 1793). Promu général de brigade (30 juillet 1793), général de division (20 sept. 1793), commandant en chef (1er octobre 1793), il fut destitué par le Conseil exécutif le 25 brumaire an II, réintégré le 2 germinal an III, et après avoir commandé la citadelle de Strasbourg (10 messidor an III), retraité le 13 pluviôse an IV. Il est mort le 11 janvier 1825 à Ouville (Calvados).

la Moselle garda, pendant le généralat de Delaunay, c'est-à-dire pendant tout le mois d'octobre, les positions qu'elle avait prises à la fin de septembre. Mais elle était dans le désarroi le plus affreux, et de jour en jour sa situation empirait. Bouchotte prodiguait les destitutions ; il suspendait Tolozan, il suspendait Hédouville. Vainement Delaunay plaidait la cause de Tolozan : Tolozan n'appartenait à la caste proscrite que parce que son père était maître des requêtes ; il avait reçu deux blessures graves et gisait dans son lit ; c'était le seul officier de cavalerie qui lui restait. Bouchotte répondit que Tolozan devait être suspendu et que Delaunay trouverait de bons officiers de cavalerie dans les grades inférieurs. Mais, lorsque le ministre suspendit Hédouville, Delaunay se révolta : si quelqu'un, disait-il, signifiait à Hédouville sa suspension, ce serait le nouveau général qui pourrait indiquer des sujets capables de remplacer un chef d'état-major indispensable ; mais il jurait de conserver Hédouville tant qu'il exercerait le commandement. Lui-même sollicitait sans cesse les représentants de le décharger de ses fonctions. Il craignait d'être assailli par Brunswick ; il se plaignait de ses lieutenants qui n'avaient jamais manié de masses et ne savaient pas déployer une colonne ; il se défiait de son armée affaiblie et réduite à rien. Ne venait-il pas, après l'échec de Wissembourg, d'envoyer Burcy avec six bataillons dans les gorges de Saverne ? Aussi réclamait-il des renforts avec la plus vive instance [1].

Le 29 octobre il était, à son tour, suspendu par Bouchotte : Delaunay, avait écrit le commissaire du pouvoir exécutif Mourgoin, « est un ambitieux sans moyens,

---

[1] Delaunay à Bouchotte, 1, 7, 15, 17 oct. ; Bouchotte à Delaunay, 15 oct. (A. G.) ; cf. plus haut, p. 8.

sans caractère prononcé pour la Révolution »; et l'adjudant-général Sauveur Chénier le traitait d'intrigant, lui
reprochait de n'avoir ni principes, ni moralité, ni sentiments républicains, ni capacité morale et physique ;
l'armée, ajoutait Chénier, est dans les mains d'un ancien
espion de la police parisienne, et elle court le plus grand
danger. Pour la seconde fois, les représentants demandèrent le général d'Aoust. Mais Bouchotte et le Comité
avaient fait leur choix, et le brevet de Lazare Hoche était
signé [1].

II. Hoche eut honte un jour de la bassesse de son
origine et le 12 pluviôse an III, lorsque le Comité de
salut public lui demandait des renseignements sur ses
premières années, il répondit qu'il était fils d'un « militaire et négociant » et qu'avant de servir, il avait été
« élève militaire ». En réalité, il sortait de la plus
humble condition. Son père, ancien soldat, était garde
du chenil royal de Versailles, et sa tante qui lui servit
de mère, une pauvre marchande de légumes. A quinze
ans, il entra comme palefrenier surnuméraire aux écu-
ries du roi [2]. Vigoureux, ardent, batailleur, il avait rossé
plus d'une fois ses camarades dans la rue ; mais sur les
bancs de l'école il se montrait curieux et avide de savoir.
Il reçut d'un oncle, l'abbé Merlière, quelques notions de
latin. Après avoir lu des récits de voyages, il résolut de

---

[1] Mourgoin à Bouchotte, 10 oct.; Richaud et Ehrmann au Comité,
10 et 22 oct.; note écrite par Louis-Sauveur Chénier (A. G.). Un cor-
respondant, sans doute Alexandre Courtois, écrivait de l'armée de la
la Moselle au *Batave* (n° 237) : « Moreaux a eu raison de refuser le
commandement ; il faut un homme d'expérience et de lumières. Olivier sait bien conduire un bataillon et a quelque intelligence du
détail. Delaunay est sourd et les autres sont des *minus habens*. Il faut
raviver cette armée et la confier à un chef intelligent. »

[2] Il est né à Versailles, le 24 juin 1768.

courir les aventures. Le 19 octobre 1784, on lui propose
de s'engager dans un régiment qui part pour les Indes.
Mais le racoleur le trompe et l'enrôle aux gardes françaises. Hoche se résigne, apprend l'exercice, devient
grenadier (23 novembre 1785), caporal (16 mai 1789), et
dresse les recrues. Afin d'acheter des livres et de compléter son instruction, il bêche la terre, tire de l'eau, et,
le soir, il brode des vestes et des bonnets de police qu'il
vend dans un café du pont Saint-Michel. Non qu'il ait
fui ses camarades et se soit sevré des bruyants plaisirs
de son âge. Il eut des rixes et des duels. Il fut puni de
trois mois de cachot pour avoir mis au pillage une
maison de la banlieue où un de ses amis était mort dans
un guet-apens. En 1788, sur la neige, près des moulins
de Montmartre, il se battit au sabre avec un matamore
du régiment, le caporal Serre, le blessa gravement et fut
atteint au front. Comme ses frères d'armes, il se déclara
pour la Révolution. Mais il ne manqua pas à son devoir
militaire. Au 14 juillet il était de service à la caserne de
la rue Verte ; il ferma la grille à la foule qui demandait
des canons. Nommé le 1ᵉʳ septembre 1789, après le licen-
ciement des gardes françaises, sergent dans la garde
nationale soldée, il fut de ces grenadiers qui, au matin
du 6 octobre, sur l'ordre de Lafayette et à la voix de
Cadignan, défendirent le château de Versailles contre la
multitude. Ardent fayettiste, il fit un soir arrêter au
Théâtre Français le boucher Legendre qui refusait de
se découvrir pendant l'entr'acte selon la consigne. Legendre, outré de colère, provoqua le sergent qui menait,
disait-il, par la bride le cheval blanc de Lafayette. Mais,
sur le terrain, Danton, témoin de Legendre, empêcha le
combat et força les deux adversaires à s'embrasser. Le
1ᵉʳ janvier 1792 Hoche entrait comme adjudant sous-

officier au 104ᵉ régiment d'infanterie. Servan, son colonel, l'apprécia et durant son premier ministère, après
une revue aux Champs-Elysées où il remarqua la belle
tenue de Hoche et la précision de ses commandements,
lui remit un brevet de lieutenant au 58ᵉ régiment, ci-
devant Rouergue (18 mai 1792). Le jeune homme quitta
Paris au grand regret de ses camarades ; il a, disait le
conseil d'administration du 104ᵉ, « réuni aux connaissances et talents militaires autant de zèle que d'exactitude ; on ne peut ajouter à la manière distinguée avec
laquelle il s'est comporté, et son avancement dans le
régiment de Rouergue peut seul nous consoler de sa
perte. » Le 58ᵉ se trouvait à Thionville, et ce fut au siège
de cette place, dans le mois de septembre 1792, que
Hoche commença son apprentissage de la guerre : il
allait, ainsi que Sémélé, faire le coup de feu avec les ve-
dettes ennemies. Nommé capitaine (1ᵉʳ septembre 1792),
puis aide-de-camp du général Le Veneur (3 mars 1793),
il prit part à l'expédition de Belgique. Le Veneur lui
confia plusieurs missions importantes. Il le chargea, lors
de l'investissement de Maestricht, de ramener des vivres
et des fourrages, et, après l'échec d'Aldenhoven, de
sauver les provisions de poudre. Il l'envoya dénoncer à
la Convention la trahison de Dumouriez, et pendant son
séjour à Paris, Hoche se lia d'amitié avec Marat. Il avait
déjà, du camp de Bruille, écrit à son « cher Marat », à
l' « incorruptible défenseur des droits sacrés du peuple »,
pour accuser Valence qu'il regardait comme l'auteur de
tous les revers : Valence n'avait pas pris la peine de
surveiller les préparatifs du siège de Maestricht ; Valence n'avait pas occupé les hauteurs de Liège jusqu'à
l'évacuation complète des magasins ; Valence n'avait
donné des pièces de position à l'armée des Ardennes,

dans la bataille de Neerwinden, que vers cinq heures du soir ; Valence avait forcé Lamarche, qui pleurait de rage, de lâcher Oberwinden ; il avait confié l'administration des vivres au royaliste Soliva ; sûrement, Valence ne viendrait pas au secours de la République.

Hoche désirait le grade d'adjudant-général. Il mit tout en œuvre pour l'obtenir, et ce fut dans le journal de Marat, devant le public, qu'il exposa ses titres. Depuis son enfance, disait-il, il servait son pays ; depuis dix ans, il n'avait négligé aucune occasion de s'instruire de tous les détails de son métier. Il avait passé deux années aux gardes-françaises et deux autres années dans la garde nationale parisienne ; il avait commandé l'avant-garde « lorsqu'on fut chercher Capet à Versailles » ; il avait fait la guerre comme adjudant à l'état-major, sauvé les munitions devant Maestricht, rallié et conduit au feu dans le mois de mars plusieurs bataillons ; il était aide-de-camp de Le Veneur. Et on ne le nommait pas adjudant-général ! « O France, s'écriait-il, ô ma patrie, quels sont tes défenseurs ? Est-il vrai ou non que nous soyons régénérés ? Sommes-nous revenus au temps où la noblesse ou la parenté d'un général dispensaient du mérite ? » Et il accusait le Conseil exécutif de distribuer les fonctions au hasard et de n'appeler aux emplois supérieurs que les traîtres, les fripons, les intrigants, les suppôts de l'ancien régime, les êtres « bas et rampants » qui assiégeaient le cabinet ministériel et attrapaient les grades par l'importunité. Les patriotes qui les premiers, avaient abandonné Dumouriez et ramené par leur exemple l'armée française aux drapeaux de la République, n'étaient pas récompensés. Des jeunes gens qui n'avaient que quinze mois de services étaient promus adjudants-généraux au détriment des militaires expérimentés. « Il semblait que la place d'adjudant-général convint à tous ces danseurs et souteneurs de tripot. »

Enfin, le 15 mai 1793, grâce à Xavier Audouin, adjoint du ministre Bouchotte, Hoche reçut le grade d'adjudant-général chef de bataillon, et en remerciant Audouin, il jurait de consacrer sa vie à la République.

La générosité de son âme faillit briser son avenir. Il aimait tendrement Le Veneur et le nommait son père. Lorsqu'il apprenait l'arrestation du général dans les premiers jours d'avril, il écrivait à Danton : « Quel est son crime ? Où sont ses dénonciateurs ? Rendez-le à son armée dont il possède la confiance. C'est un acte de justice auquel vous ne pouvez vous refuser. Et puis, quelle jouissance que celle de mettre en liberté l'homme innocent et de le rendre à son épouse et à ses enfants ! » Le Veneur fut relâché et renvoyé à l'armée du Nord. Mais Hoche était mécontent. Quoi ! Le Veneur allait servir sous Dampierre qui n'était que colonel lorsqu'il était déjà général de division ! Et Hoche posait à Marat le dilemme suivant : ou Le Veneur a la confiance ou il ne l'a pas ; dans le premier cas, il doit prendre son rang ; dans le second, on ne peut l'employer. Sa colère éclata lorsqu'il sut que Le Veneur était arrêté de nouveau. « S'il existe, avait-il dit à Marat, trois généraux patriotes, Le Veneur en est un », et le 31 juillet, il s'écriait publiquement : « Il vaudrait mieux que Cobourg commande nos armées ; nos généraux seraient traités avec plus de douceur que par ces messieurs-là ! » On répéta le propos. Les représentants Delbrel, Le Tourneur et Cochon enjoignirent à Kilmaine de suspendre Hoche et de le traduire devant le tribunal révolutionnaire du Nord qui siégeait à Douai. Il comparut le 20 août ; mais les témoins rapportèrent diversement ses paroles ; ses amis louèrent son républicanisme et sa valeur ; il fut acquitté.

Il était sûr d'être absous. Dès le 8 août, jour de son arrestation, il écrivait à Audouin pour lui marquer sa surprise. Était-ce un crime de dire que Pitt soudoyait des hommes dans l'armée et que si Cobourg y donnait des ordres, les affaires n'iraient pas plus mal ? Hoche n'avait-il pas proclamé la vérité ? Le Conseil exécutif ne partageait-il pas son opinion puisqu'il avait destitué un grand nombre d'officiers suspects ? « C'est ainsi, ajoutait Hoche, qu'en se heurtant les patriotes se divisent. J'étais au poste de l'honneur. J'en suis tiré pour un propos que vous avoueriez. » Et il priait Audouin d'attester son civisme aux commissaires de la Convention et notamment à Cochon. Cette lettre émut les bureaux de la guerre et le 16 août le secrétaire-général Vincent mandait à Houchard qu'il fallait relâcher Hoche pour sa « faute prétendue ».

L'arrestation de Hoche lui fut donc plus utile que nuisible. Elle rappela l'attention sur lui, et il annonçait superbement à Audouin qu'il avait triomphé de l'intrigue : « prêchant la doctrine que j'ai toujours professée, je devais m'attirer naturellement la haine des hommes de boue contre lesquels je criais. Le tribunal a prononcé que je m'étais montré comme un franc et loyal patriote. L'acte d'accusation était aussi ridicule que le procès de mon pauvre Marat, ma défense fut pareille à la sienne et j'ose vous dire que je fus déchargé aussi honorablement. »

Sur l'ordre de Berthelmy, chef d'état-major de Houchard, il se jeta dans Dunkerque pour seconder Souham. Ses services furent si grands que Souham l'appela son bras droit. Il encourageait la garnison, semonçait les négligents, s'efforçait de *patrioliser* les esprits, ramenait au devoir les matelots insurgés ; il s'est comporté, disaient les commissaires de la Convention, avec une bravoure et une intelligence rares. Il eut aussitôt sa récompense. Les représentants Trullard et Berlier lui avaient, le 10 septembre, conféré le grade d'adjudant-général chef de brigade. Bouchotte, plus généreux, le nomma trois jours plus tard (13 septembre) général de brigade. Hoche se hâta de justifier la faveur du ministre. Il était à la prise de Furnes. Il mit le siège devant Nieuport et il sommait cette ville de se rendre aux armées victorieuses de la République française « à qui tout doit céder », lorsqu'il fut envoyé sur les rives de la Sarre.

Ses lettres et ses mémoires le signalaient depuis quelques semaines au Comité de salut public. Hoche écrivait que Dunkerque ne pourrait, sans un nombreux secours, résister longtemps aux alliés et il montrait l'extrême importance d'une place dont la chute entraînait la perte de Bergues et de Gravelines. Il exposait avec force une des idées favorites de Carnot, qui était de marcher sur Ostende pour fermer aux Anglais la porte de retour. Il traçait un plan d'opérations : « cessons de nous disséminer, réunissons-nous en masse et allons renouveler la scène de Fontenoy ! » Carnot lut ce mémoire et s'écria devant ses collègues du Comité : « voilà un officier qui fera du chemin ! »

Enfin, Hoche entrait en correspondance avec Robespierre. Il l'appelait le génie tutélaire de la France, lui affirmait la haute opinion qu'il avait conçue de ses talents et de ses vertus ; il combattrait toute sa vie et verserait son sang pour la cause que Robespierre illustrait. Et le conventionnel faisait allusion à Hoche lorsqu'il assurait aux Jacobins que l'armée du Nord avait des chefs patriotes qui lui redonneraient la victoire et que celle de la Moselle aurait un général qui s'était toujours montré sans-culotte.

On avait nommé Hoche chef de l'état-major de l'armée des Ardennes (22 septembre); on se ravisa. Le 1er brumaire ou 22 octobre, le Comité de salut public décidait que Hoche prendrait, en qualité de général de division, le commandement de l'armée de la Moselle. Audouin avait, cette fois encore, poussé Hoche et déterminé le choix de Bouchotte et de Carnot ; « si j'ai mérité ton estime, lui marquait son protégé, je suis jaloux de la conserver ; dis bien aux patriotes que le plus chaud et le plus fidèle défenseur du peuple est à la tête d'une des armées de la République, grâce à tes soins et à la confiance du ministre [1]. »

Ce général de vingt-cinq ans avait l'extérieur du commandement et la nature le marquait du sceau de l'autorité ; une taille de cinq pieds sept pouces, des épaules fortes et bien effacées, la poitrine un peu raide et bombée, une démarche imposante, des yeux noirs très perçants qui

---

[1] Cf. sur ces commencements ignorés ou peu connus de Hoche, l'ouvrage de Rousselin, en 2 volumes (*Vie de Lazare Hoche*, an VI), notamment II, 2, 5, 13, 14, 23, 70 ; Lafayette, *Mém.*, 1837, V, 429 ; *Retraite de Brunswick*, 240 ; *Trahison de Dumouriez*, 196 ; *Le Publiciste de la République française*, par Marat, l'ami du peuple, nos 164 et 194 ; Foucart et Finot, *La défense nationale dans le Nord*. 1890, I, 619-622 ; *Mon.*, du 13 sept. 1793 (lettre de Trullard et de Berlier), et du 25 juillet (qui publie les détails donnés à l'adjudant-général Hoche sur la reddition de Condé par le citoyen Fouqueteau, quartier-maître trésorier au 3e bataillon de la Charente) ; Ternaux, *Hist. de la Terreur*, VIII, 527-530 ; Hamel, *Robespierre*, III, 164 et 501 (cf. *Mon.*, du 11 oct. et du 24 nov.); *Réponse* de Carnot au rapport de Bailleul, 8 floréal an VI, p. 148, et les documents de la guerre. A consulter sur Hoche les livres de Bergounioux (1852), de Bonnechose (1867), d'Albert Duruy (1885), de Maze (1887) et du capitaine Cunéo d'Ornano qui reproduit en appendice les documents de Rousselin (1892).

discernaient les objets à une grande distance sans l'aide
d'une lorgnette, une figure qui respirait l'esprit avec je
ne sais quoi de sévère et de sombre qu'il tâchait vainement d'adoucir. La cicatrice qu'il avait gardée de son
duel avec le caporal Serre, rehaussait encore sa mine
martiale. On répandait le bruit dans le camp de Sarrebrück qu'il était fils d'apothicaire. Les soldats s'étonnè-
rent de voir un homme à l'air militaire et républicain. La
surprise augmenta lorsqu'ils eurent connaissance de ses
proclamations. Tout se tenait en Hoche : non seulement
l'attitude et le geste, mais le ton, la parole, la plume. Il
avait le ferme et viril accent de la conviction. Sa langue
était nette, vive, pleine de nerf et de vigueur, l'image
même de sa pensée. On le sentait animé du feu sacré. Dès
le premier entretien, l'adjoint Grigny, rédacteur du journal qui s'imprimait à l'armée, l'*Argus de la Moselle*, déclara qu'on sortirait bientôt de l'engourdissement :
« notre nouveau général m'a paru jeune comme la Révolution, robuste comme le peuple ; il n'a pas la vue myope
comme celui qu'il vient remplacer ; son regard est fier
et étendu comme celui d'un aigle ; espérons, mes amis ;
il nous conduira comme des Français doivent l'être [1] »

Mais le nouveau général manquait d'expérience. Il
avait l'ardeur imprudente et la fièvre de la jeunesse. Vif,
impétueux, trop confiant en lui-même, il ne doutait de
rien. Il disait à Pichegru qu'il tenait les ennemis à la
gorge et allait les saigner. Une autre fois, il annonçait

---

[1] *Die Franzosen im Saargau*, 180 ; Rousselin, I, 98 ; note de Legrand (A. G.) : « Il fallait, pour sauver l'armée, moins un homme à
grands talents (car il est difficile d'en avoir plus que Schauenburg)
qu'un homme d'un génie actif et entreprenant, parlant et agissant
dans le sens le plus exalté de la Révolution, sachant, par conséquent, tirer parti des choses et des hommes tels qu'ils étaient alors.
Cet homme arriva dans la personne de Hoche. »

de la façon la plus tranchante qu'il était mécontent de
l'artillerie, qu'il n'aurait plus de canons dans son armée,
que l'infanterie et la cavalerie suffisaient à la victoire,
et comme Debelle protestait, Hoche, par égard pour lui,
consentait à garder l'artillerie volante. Il avait les défauts
de l'officier de fortune, de la jactance, de la vulgarité.
Lorsqu'il éprouvait une contradiction violente, il mordait
avec force ses doigts sur les plis des secondes phalanges.
Il traitait les Austro-Prussiens d'esclaves, de vils satellites
des tyrans, de suppôts des brigands couronnés, de
monstres, et ne parlait de leurs *hordes* qu'avec mépris. Il
tutoyait Brunswick ; « je *te* propose », écrivait-il au duc,
en lui demandant l'échange des prisonniers. Il n'avait pas
encore dépouillé la rudesse jacobine et voulait plaire aux
montagnards qui l'avaient nommé, affectait la même négligence dans le costume, le même cynisme dans le parler. Sa correspondance de cette époque rappelle fréquemment
ment le *Père Duchesne*, tant elle renferme de jurons, d'expressions triviales qui sentent le bivouac. Mais il était
homme à s'amender. Sur les conseils du bon Le Veneur
qui le priait de ne plus prendre le mot d'ordre des bureaux
de la guerre et de renoncer à l'éloquence d'Hébert, et surtout pendant son séjour à la Conciergerie où il connut
de près la société de l'ancien régime, il se défit de cette
grossièreté de langage et de mœurs [1]. Sa juvénile outre-
cuidance disparut après la campagne d'Alsace. Les leçons
que Brunswick lui donna sur le champ de bataille et no-

---

[1] Cf. le portrait de Hoche quelques années plus tard (Arnault, *Souvenirs d'un sexag.*, II, 289) : « Je m'étonnais de trouver en lui de si
hautes qualités réunies aux avantages qui assuraient à un jeune
homme des succès de salon : un esprit facile et léger, un ton de petit
maître que justifiaient assez sa taille et sa tournure, dont une veste
de chasseur faisait ressortir l'élégance. »

tamment l'éclatante correction de Kaiserslautern le guérirent de sa présomption et de sa témérité. Il devint plus rassis, plus réfléchi. Quatre mois de marches et de combats, quatre mois où il dut prendre les soins les plus variés et pourvoir à tout sans cesse ni relâche, fortifièrent et mûrirent son jugement. Il avoua que sa « jeune tête l'avait trop souvent emporté ». Il apprit à ne plus médire de l'artillerie et à ne plus dédaigner l'adversaire. Il avait du tact, de l'énergie, le désir d'approfondir l'art de la guerre, et il était né pour mouvoir les armées : il sut être sévère à propos ; il sut inspirer le respect à ses lieutenants et entraîner les soldats ; il sut juger le terrain et en tirer parti pour l'attaque et la défense. Ses fautes mêmes le formèrent, et dès la fin de son expédition du Palatinat, il était passé maître en stratégie [1].

III. Hoche avait pris le commandement au 31 octobre. Il visita les positions et parcourut les cantonnements. L'armée était répandue çà et là sur une lisière de vingt lieues, « sans force, ni consistance, sans aucune règle militaire, connaissant à peine les chefs, abattue par les revers, absorbée de stupeur, frappée de son état de nullité, paralysée, manquant de tout, de chevaux, de fourrages, de souliers ». La plupart des officiers ne faisaient qu'intrigailler, et Hoche prévoyait qu'il aurait à lutter au dedans et au dehors.

Trois semaines lui suffirent pour réorganiser les troupes, les « retirer de la léthargie », leur assigner leur place dans l'ordre de bataille, les mettre en état de recommencer la campagne. Sa proclamation du 5 novembre, pleine de mots énergiques et de phrases saisissantes, est une des

[1] Saint-Cyr, I, 155, 208-209 ; IV, 143 ; lettre à Audouin (Rousselin, II, 70).

plus brûlantes de nos harangues guerrières : « De toutes
parts nos armées sont triomphantes. Nous sommes les
derniers à vaincre, mais nous vaincrons. Des patriotes
tels que vous, lorsqu'ils sont disciplinés, pour réussir
n'ont qu'à entreprendre. Nous allons propager la liberté.
Vous avez déjà fait de beaux sacrifices pour elle ; mais
que ne devez-vous pas faire encore ? Croyez que cette
fois nos conquêtes ne seront pas vaines. Vous battre et
profiter du triomphe est votre partage. Réjouissez-vous
donc aujourd'hui même, et entrons dans la terre promise,
mais, Français, pour ne plus la quitter [1] ! »

[1] Voici quel était l'ordre de bataille de l'armée de la Moselle au
5 novembre 1793 (archives de la guerre) : *Avant-garde :* (gén. de
div. Vincent ; gén. de brig. Ambert) : 3e hussards, 1er et 9e chasseurs, 1er dragons, détachement du 7e hussards, 50 hussards de
Jemappes, 44 chasseurs du 6e, caval. de la légion de la Moselle ;
2e et 3e comp. d'artillerie à cheval (Debelle et Détrès) ; deux tiers
de la comp. d'art. à cheval de Marescot ; 13e bat. d'inf. légère ; bat.
des chasseurs de Reims ; détach. du 89e inf. ; deux comp. de
chasseurs du 96e ; dépôt du 5e Bas-Rhin ; 250 tirailleurs de Jemappes ; 4e comp. du Louvre ; comp. franche de Metz ; 2e comp. des
Sans-culottes ; comp. franches de Gérard, de Saint-Maurice, de
Bellard, de Guillaume, des Bons-Tireurs ; 1re comp. franche du
Louvre ; 3e comp. des chasseurs du Louvre ; 1re comp. des chasseurs
de l'Observatoire ; infant. de la légion de la Moselle. — *2e division*
(gén. de div. Lequoy) : 2e carabiniers, 10e cavalerie, 28e comp.
d'artillerie à cheval de Beaufranchet ; *1re brigade* (Olivier) : 1er de
Saône-et-Loire ; 5e régiment, 1er de la République ; 1er du Lot,
17e rég., 4e Moselle ; *2e brigade* (Paillard) : 1er Rhône-et-Loire,
58e rég., 6e Vosges ; 2e Seine-et-Marne, 103e rég., 7e Meurthe. —
1re division (gén. de div. Huet) : 1er carabiniers, 4e cavalerie, 19e comp.
d'art. à cheval ; *1re brigade* (Lombard) : 1er rég. ; 3e Manche, 8e rég. ;
44e rég., 2e Haute-Marne, 71e rég. ; *2e brigade* (Morlot) : 6e Meurthe,
81e rég., 1er Ardennes ; 5e Meuse, 54e rég., 7e Rhône-et-Loire. —
Réserve : 4e Haute-Saône, 30e rég., 3e rég. de la République ;
4e Meurthe, 55e rég., 5e Orne ; 11e caval. ; 14e dragons. — Avant-
garde : 17,232 hommes ; 1re division : 9,105 fantassins, 903 caval. et
artill. à cheval ; 2e division : 9,277 fant., 936 caval. et artill. à
cheval ; 310 pionniers formant deux compagnies ; réserve : 5,098 ;
parc d'artillerie : 1,878 ; en tout : 34,673 hommes.

Il tenait un langage semblable aux officiers et aux généraux. Il les engageait à « surveiller sans cesse », à « observer scrupuleusement les lois », à recevoir avec bonté les plaintes des inférieurs. Il leur donnait des conseils pour un jour de bataille : mener prudemment les troupes, mais une fois qu'elles seraient lancées, ne s'arrêter qu'après avoir obtenu la victoire ; « éclairez-vous bien et frappez de même ; la baïonnette étant la seule arme qui convienne à la bravoure française, faites-en usage le plus possible. »

Ce vigoureux appel réveilla les âmes. Hoche y joignit la menace et la rigueur. Il annonça qu'il destituerait les chefs de corps qui s'échapperaient du camp pour coucher dans les villes ou les villages et les généraux qui ne rendraient pas compte de cette coupable conduite. Il destitua les chefs de brigade du 9ᵉ et du 13ᵉ régiment. Des exemples exercés sur les mutins et les pillards achevèrent de raffermir la discipline et de réprimer les excès. L'ordre se rétablit. Les soldats eurent confiance ; les officiers comprirent leurs devoirs. Tous les ressorts longtemps relâchés se tendirent ; la machine, comme disait Hoche, se monta et en un instant, sous une main puissante, elle marcha [1].

Cependant il préparait la défense de son arrondissement. Il mettait un bataillon avec une pièce de 8 et un obusier en avant de la Petite-Pierre dans les gorges de Saverne. Puis il se rendait à Phalsbourg. Les gens lui parurent « les plus froids du monde » et il jugea la contrée « horriblement fanatisée » : il se hâta de déclarer la ville en état de siège ; il fit réparer les remparts et abattre quelques bicoques qui nuisaient au service de la place ;

---

[1] Rousselin, II, 13, 16-17, 20-21, 24 ; ordre du 12 nov. (A. G.).

il nomma un commandant temporaire qui raviverait
l'esprit public.

Mais avant tout il devait, conformément aux ordres de
Bouchotte et de Carnot, marcher au secours de Landau
dont il recevait des nouvelles de plus en plus alarmantes.
Les ennemis projetaient évidemment d'affamer la forteresse et de la prendre sans brûler une amorce, d'hiverner
ensuite sur le territoire de la République « à la barbe des
deux armées » et de commencer la prochaine campagne,
soit en forçant les postes de la Sarre, soit en pénétrant
dans le département de la Meurthe par Saverne et Phalsbourg. Il fallait donc les chasser à tout prix ; il fallait les
rincer sans délai ni retard, et débloquer Landau [1].

Hédouville était encore chef de l'état-major. Hoche désirait le garder. Il l'avait apprécié dans sa tournée à travers les cantonnements et il l'employa plus tard en
Vendée. De tous les officiers de l'armée de la Moselle,
Hédouville était celui qui possédait le mieux les détails
du service. Représentants et généraux n'assuraient-ils
pas qu'on ne pouvait lui donner un successeur ? « Je
vous prie de me le laisser, disait Hoche à Bouchotte, je le
surveillerai de si près qu'au moindre mot il sera pincé. »
Mais le ministre et le Comité ne voulaient d'Hédouville
à aucun prix. Bouchotte ordonnait plus impérieusement
que jamais de mettre de vrais sans-culottes à la place
des officiers nobles. Le conventionnel Hentz écrivait
qu'on avait tort de s'engouer d'Hédouville et que cet
homme d'ancien régime communiquait aux ennemis ses
dispositions. Le Comité répétait qu'il avait suspendu
Hédouville parce que Hédouville ne méritait pas la confiance ; dans une République, ajoutait-il, l'obéissance à

[1] Rousselin, II, 16, 18.

la loi était le premier des devoirs, le général qui refusait
d'exécuter un ordre de suspension se rendait coupable,
et les représentants qui autorisaient ce refus, compro-
mettaient la patrie, dérangeaient toutes les mesures
de salut. Hoche fut un instant embarrassé. « Comment
faire, s'écriait-il ; ceux qui ont pour deux sous de talent
sont suspects et dénoncés par ceux qui sont totalement
incapables ! » Il eut l'air de sacrifier Hédouville ; « je n'ai
pas plus que toi confiance en Hédouville, marquait-il au
ministre, je déteste la caste ». Mais, avec la permission
de Richaud et de Soubrany, il conserva son chef d'état-
major quelques jours encore pour profiter de ses derniers
et bons offices dans l'entreprise qu'il méditait contre
Brunswick [1].

L'actif et intelligent Hédouville lui était d'autant plus
nécessaire que les généraux se faisaient rares. Le meilleur de tous, René Moreaux, allait, sur les conseils du
chirurgien Larrey et du consentement des commissaires,
rétablir sa santé è Thionville et commander tranquillement la frontière de Sarrelouis à Longwy. Hoche avait,
suivant son expression, « des affaires du diable » ; il res-

---

[1] Richaud et Soubrany au Comité, 6 nov. et réponse du Comité (en
marge) ; Hentz au Comité, 9 nov. ; Bouchotte au Comité, 14 nov.;
Hoche à Bouchotte, 5 et 14 nov. (A. G.). C'est l'Hédouville qui fut
ambassadeur de Napoléon en Russie. Gabriel-Marie-Théodore-Joseph
de Hédouville était né à Laon le 27 juillet 1755. Elève au collège
royal de la Flèche (1764) et à l'Ecole militaire de Paris (1769), sous-
lieutenant aux dragons de Languedoc, plus tard le 6e chasseurs à
cheval (6 juillet 1773), réformé (1776), sous-lieutenant au même régiment (23 mars 1778), lieutenant (10 mai 1788), adjoint aux adjudants-
généraux (1er juillet 1791), capitaine (25 janvier 1792), adjudant-
général lieutenant-colonel (2 juin 1792), adjudant-général colonel
(1er octobre 1792), général de brigade et chef de l'état-major de l'armée
de la Moselle (8 mars 1793), il avait été suspendu le 1er juin 1793 et
remis en activité le 8 août ; il fut suspendu de nouveau le 24 septembre, mais ne quitta l'armée qu'après Kaiserslautern.

pirait à peine ; il devait *tout mâcher* à ses lieutenants, et
« à la honte de l'humanité », il ne savait à qui confier sa
deuxième colonne. Il obtenait la destitution de Lequoy,
de ce Lequoy que Hentz déclarait inepte, imbécile, indigne de conduire de braves soldats et que Grigny nommait « une mâchoire dans toute l'étendue du terme ».
Mais le général de brigade qui devait remplacer Lequoy
ne s'avisait-il pas de décliner cet honneur [1] ?

Hoche ne se rebuta pas. « Je suis chargé d'une rude
tâche et peu secondé. Eh bien, je serai partout, trop
heureux de servir mon pays aux dépens d'un peu de
repos », et il affirmait son espoir dans le succès : « c'est
égal, cela ira comme ça et mieux, je l'espère [2] ».

Il fit le *rassemblement* à Sarralbe et non pas à Bouquenom qui était un « trou » [3]. Des renforts lui venaient :
15,000 hommes de l'armée du Rhin et 5,000 hommes de
l'armée des Ardennes [4]. L'armée de la Moselle, jusqu'a-

---

[1] *René Moreaux*, 67 et 289 ; Rousselin, II, 22 ; Richaud et Soubrany au Comité, 14 nov. ; Grigny aux Jacobins, 25 nov. ; Hoche à
Bouchotte, 11 nov. (A. G.). Ce fut le 13 nov. que Lequoy fut suspendu par un arrêt de Richaud et Soubrany. Il protesta (*à la Convention*, p. 2-4) en déclarant qu'il avait commandé le 2ᵉ bataillon de
Seine-et-Marne pendant deux années, qu'il assistait au siège de Thionville et qu'il était « ami fervent de l'égalité », un « sans-culotte qui,
depuis l'âge de quinze ans, n'avait pas quitté la lance ».

[2] Hoche à Bouchotte, 11 nov. (A. G.).

[3] *Id.*, 3 nov. (A. G.).

[4] Pichegru avait envoyé à Hoche 15,000 hommes destinés à renforcer le rassemblement de Bouquenom. Le 7 novembre, le Comité de
Salut public arrêta de porter sur des points plus menacés les forces
de l'armée du Nord, dont les opérations étaient interrompues par le
mauvais temps et la difficulté des chemins. 20,000 hommes d'infanterie iraient au secours de l'armée du Rhin, et la réunion se ferait
vers Sarreguemines, Saarwerden, Bouquenom, Sarralbe et Phalsbourg, sous les ordres de Hoche. Jourdan réclama ; par un arrêté
du 11 novembre, le Comité réduisit le renfort à 15,000 hommes qui

lors affaiblie par les détachements qu'elle avait envoyés à Saverne et en Flandre, comptait maintenant près de 40,000 soldats.

Mais, dès le début, Hoche commit une faute grave. Son but était précis et simple : débloquer Landau. Il devait donc lier étroitement ses dispositions avec celles de Pichegru. Que les deux armées de la Moselle et du Rhin mettent de l'ensemble dans leurs opérations ; que la droite de Hoche s'unisse à la gauche de Pichegru ; que les deux généraux pénètrent dans les Vosges et se jettent entre les Prussiens et les Autrichiens ; qu'ils saisissent le moment où les alliés gagnent leurs quartiers d'hiver et s'installent à peine dans leurs cantonnements ; qu'ils profitent de l'immense étendue des lignes ennemies pour frapper un grand coup ; qu'ils pèsent de toute la masse de leurs troupes sur un seul point, à Reichshoffen, à Lembach [1], et ils brisent la barrière que leur opposent les coalisés, ils rompent le cercle qui entoure Landau.

Hoche fit tout le contraire. Il était jaloux de son indé-

seraient tirés de l'armée des Ardennes et se rendraient à l'armée de la Moselle, pour remplacer, en pareil nombre, ceux qui se rendaient en même temps à l'armée du Rhin. Pichegru déclara que, sur ces 15,000 hommes, il n'en reprendrait que 10,000 et qu'il laissait les 5,000 autres à son collègue ; « je me suis dégarni, écrivait-il à Bouchotte, le 16 novembre, de 15,000 hommes pour les porter sur Bouquenom ; je crois pouvoir m'en resarcir sur ceux-ci et en prendre les deux tiers ». 5,000 hommes de l'armée des Ardennes partirent aussitôt et rejoignirent Hoche. Mais le 22 novembre le Comité, jugeant que l'armée de la Moselle obtenait de grands succès et qu'on pouvait diminuer sans inconvénient ses renforts, arrêtait que les 10,000 hommes de l'armée des Ardennes, qui n'étaient pas encore partis, resteraient provisoirement où ils se trouvaient. Ce ne fut que le 5 décembre que le Comité décida que les 10,000 hommes « passeraient à l'instant à l'armée de la Moselle sous les ordres de Hoche ».

[1] Wagner, 184.

pendance, et dans sa juvénile présomption, il crut qu'à lui seul, il déciderait du sort de la guerre ; il s'éloigna de Pichegru et descendit la Sarre pour tomber sur la droite des Prussiens.

Quatre routes conduisaient à Landau. Deux d'entre elles, partant de Bitche, aboutissaient à Wisssembourg : l'une par Niederbronn, Reichshoffen, Froeschwiller, Woerth et Soultz, l'autre, par Obersteinbach, Niedersteinbach, Lembach et Climbach. La troisième allait de Deux-Ponts à Pirmasens et traversait les gorges d'Annweiler. La quatrième, plus au nord, menait de Hombourg à Kaiserslautern par Landstuhl, et de Kaiserslautern par Hochspire, Weidenthal et Neustadt derrière Landau.

Le général prit, non pas la route de Wissembourg, mais celle de Pirmasens et de Kaiserslautern. Sans doute, Pichegru ne fit aucune objection à son collègue, et tous deux agirent « avec l'accord le plus parfait ». Sans doute Hoche dut chercher les Prussiens où ils étaient et les suivre à Kaiserslautern puisqu'ils allaient s'y retrancher. Sans doute, en s'assurant de Kaiserslautern, il enlevait d'un tour de main le Palatinat et terminait la campagne, puisque l'ennemi, resserré dans un espace très étroit et recogné, pour ainsi dire, entre deux armées, se hâterait de repasser le Rhin. Mais, avec les troupes dont il disposait, dans la montagneuse et si difficile région de Kaiserslautern, il ne pouvait qu'échouer contre un adversaire tel que Brunswick qui saurait prendre de sages et vigoureuses mesures de résistance. Comme l'a répété Saint-Cyr, il eût bien mieux fait de marcher sur la gauche de Pichegru [1].

<hr>

[1] Hoche à Bouchotte, 16 nov. (A. G.) ; *Tableau historique*, II, 285; Saint-Cyr, I, 155.

Après avoir manié et remanié son plan durant quelques jours, Hoche fixa la route de ses colonnes. Un corps de 6,000 hommes se posterait dans les gorges d'Annweiler, mais d'abord il resterait sous Bitche et, tenant ferme à son poste, il serait le pivot sur lequel tournerait l'armée. 36,000 hommes que Hoche commandait en personne et qu'il nommait l'*élite de la sans-culotterie*, refouleraient les Prussiens et les chasseraient de Blieskastel, de Hombourg, de Deux-Ponts pour se diriger ensuite sur Kaiserslautern et Neustadt. Quant à l'armée du Rhin, elle harcèlerait quotidiennement les Autrichiens, les tiendrait sans cesse en haleine par des attaques simulées, et lorsque Hoche serait entré dans le Palatinat, leur livrerait une bataille décisive [1].

III. Le 17 novembre l'armée de la Moselle se mit en marche. La veille, Hoche avait informé Bouchotte de ce mouvement. « Pichegru a pleinement approuvé mon dernier projet. Il attaque demain suivant ma proposition, et tu sens qu'ayant monté les troupes, il serait dangereux d'attendre. J'espère beaucoup. Je croyais n'être prêt que pour le 18. J'ai forcé la main aux administrations pour attaquer, et j'attaque aussi et vigoureusement, je t'assure. » Tous ses lieutenants avaient reçu les instructions les plus chaleureuses, les plus énergiques. « Fonds sur l'ennemi comme l'aigle sur sa proie, disait-il à Vincent, et frappe si vigoureusement qu'aucun de ceux qui s'échapperont ne soit tenté de revenir à la charge. » Et au général Leval : « Je ne puis faire reposer tes braves compagnons : dis-leur que je suis bien peiné de les fatiguer aussi cruellement, mais que la patrie est

---

[1] Dernier plan de Hoche, 14 nov. (A. G.).

là, et qu'elle est tout. » Il mandait au général Ambert :
« Ecoute, bougre de sans-culotte. Voulant profiter de
l'état de sécurité des ennemis, je me mets en marche
demain 17, au lieu d'attendre le 18 comme un j... f.....
pars donc le 17 aussi, mais à deux heures du matin,
prends tes mesures en conséquence. Tes braves troupes,
je le sais, sont fatiguées. Mais la patrie et l'honneur les
engagent à faire des sacrifices. Tu les conduis à la gloire,
et cela suffit pour enflammer les patriotes. Donne-leur
l'eau-de-vie ce soir et demain matin, et ça ira. Presse
ton attaque, avance le plus possible. Je compte sur toi.
N'arrête point que tu ne m'aies rencontré. Adieu. De la
vigueur, f....., de la vigueur ! » Il écrivait à Dubois et à
Paillard : « L'urgence, la gloire des armes de la République et la connaissance que j'ai du zèle et de la bravoure des généraux Dubois et Paillard, me font espérer
qu'ils frapperont de grands coups et que je serai secondé par eux dans le désir que j'ai de vaincre les ennemis. » Il apprenait que l'ennemi s'était fait *moucher*
à Bitche et il félicitait la garnison de la place : « Camarades, on m'a rendu compte de la manière dont vous
avez reçu les esclaves des tyrans ; la récompense d'une
bonne action est dans le cœur des républicains. De ce
côté aussi les républicains ont rempli leur devoir et ça
va [1] ! »

A peine avait-il ébranlé ses troupes qu'il voyait l'ennemi reculer de toutes parts. Hoche poussait un cri de
joie. Ils avaient donc peur, ces fameux Prussiens ! Ils
n'osaient l'attendre ! Ils redoutaient l'attaque de ses
colonnes ! Les satellites des rois connaissaient la pesan-

<hr>

[1] Rousselin, II, 25, 26, 27, 31-32. Cf. les mêmes lettres dans la
seconde partie du *Hoche* de Cunéo d'Ornano.

teur des bras républicains ! Brunswick comprenait qu'il n'était plus question de transiger !

En réalité les Prussiens allaient entrer dans leurs cantonnements et opéraient, suivant une expression de l'état-major, non pas une retraite, mais un changement de position. Tout annonçait depuis quelques semaines cette résolution de Brunswick. Le temps devenait affreux et le service des subsistances difficile. Devait-on demeurer sur la Sarre et ne valait-il pas mieux gagner l'Erbach et la Blies ? Delaunay ne prévoyait-il pas que les Prussiens ne resteraient plus longtemps dans le Deux-Ponts qu'ils avaient absolument mangé, et qu'ils ne tarderaient pas à prendre leurs quartiers d'hiver ? Ne mettait-il pas sa propre cavalerie en cantonnement ? N'ordonnait-il pas de faire baraquer toutes les troupes pour les garantir des intempéries de la saison ? Hoche ne disait-il pas que ses soldats étaient dans la boue jusqu'au cou et qu'ils préféraient marcher pour en finir, que, s'il avait la position de Hornbach, il ne pourrait la tenir par cette température, en un pays horrible et dans des chemins détestables [1] ?

Brunswick avait donc abandonné Woerth et réoccupé le camp d'Eschweiler où il était avant la prise des lignes, puis, après sa tentative inutile contre le fort de Bitche, il avait prescrit à ses lieutenants de quitter lentement les bords de la Sarre et de se rapprocher des magasins qu'il avait sur le Rhin.

Le 17 novembre, Knobelsdorf reculait sur Saint-Imbert et Kalkreuth sur Biesingen. Mais, dans cette même matinée du 17 novembre où les Prussiens commençaient

---

[1] Wagner, 190; *Reminiscenzen aus dem Feldzug am Rhein*, 33 ; Rousselin, II, 19 ; Delaunay et Hoche à Bouchotte, 29 oct. et 16 nov. (A. G.).

leur marche rétrograde, les Français débouchaient de tous côtés. Ambert s'avançait avec 8,000 hommes de Sarrelouis sur Tholey. Vincent, parti de Sarrebrück, se mettait aux trousses de Knobelsdorf. Taponier et Hoche, venant de Sarralbe et de Sarreguemines, s'attachaient à Kalkreuth.

Kalkreuth s'arrêta et livra combat. Il n'avait que 7,000 hommes; mais ces 7,000 hommes, bien exercés, pleins de sang-froid et inébranlables au feu, soutinrent sur tous les points durant une journée entière, sans broncher ni perdre un seul pouce de terrain, l'attaque de 20,000 ennemis. Trois bataillons repoussèrent la brigade du général Lombard qui fut fait prisonnier[1]. Six compagnies de Crousatz qui couvraient sur le monticule de Wolfersheim l'espace compris entre Biesingen et Blieskastel, furent assaillies vers le soir par plusieurs régiments de cavalerie, carabiniers, dragons, hussards d'Esterhazy. Les hussards avaient un habit bleu clair qui ressemblait à l'uniforme saxon; ils parlaient allemand et se donnèrent pour amis; ils abordèrent aisément les tirailleurs prussiens, puis chantant le *ça ira*, les mirent en fuite et, le sabre au poing, fondirent sur la petite troupe que commandait le colonel Kameke. Le major Strantz cria vainement aux artilleurs de décharger leurs pièces; ils se jetèrent à terre sous leurs canons et les charretiers se sauvèrent avec les chevaux. Strantz, qui refusait tout quartier, fut égorgé. Deux compagnies furent enfoncées. Mais ce qui restait du bataillon se

---

[1] La capture de ce Lombard, naguère capitaine, puis chef de bataillon du 5ᵉ régiment d'infanterie, et regardé par Schauenburg comme un excellent sujet (lettre du 5 juin A. G.), fit grand émoi en Allemagne; cf. *Meine Wanderung durch die Rhein-und Maingegenden*. 1794, p. 29 et 28.

forma rapidement en carré ; chaque fantassin tira dix à quinze balles et, dit un officier, ce feu de billebaude sans ordre et sans ensemble, inquiète plus les chevaux que le feu de salve. La cavalerie française tourna bride. Une seconde fois elle revint à la charge : elle fut refoulée de nouveau et laissa sur le lieu de l'action les canons qu'elle avait pris. Elle entraînait avec elle le colonel Kameke ; mais Kamcke avait perdu dans la mêlée son chapeau galonné et il portait un manteau bleu pareil à celui des carabiniers ; on ne le reconnut pas et il reparut à la fin de l'affaire sans la moindre blessure [1].

Le lendemain 18 novembre, suivant ses instructions, Kalkreuth se retirait sur Hombourg, et les républicains, se proclamant vainqueurs, entraient dans Blieskastel. « Les Prussiens, écrivaient les représentants, n'ont pas jugé à propos de nous attendre », et Hoche mandait qu'il les avait *frottés* et qu'il les *envoyait souper* à Hombourg et à Deux-Ponts. « Les sans-culottes, disait-il, ont repoussé les bien-vêtus. » Il ajoutait qu'on agissait révolutionnairement à Blieskastel et qu'on enlevait le luxe des temples. Les « bêtises romaines » étaient-elles agréables à l'Éternel ? Quel autre hommage exigeait-il que la pureté du cœur [2] ?

Brunswick était encore à Eschweiler. Lui aussi, comme Kalkreuth, rétrograda dans la journée du 18 novembre et gagna Deux-Ponts en appuyant son aile droite aux hauteurs de Bubenhaus. Mais le 19, Hoche faisant sa

---

[1] *Mon.*, 22 et 23 nov. ; *Gesch der Kriege*, I, 241-242 ; Strantz, (*Zeitschrift für Kunst, Wissenschaft und Geschichte des Krieges*. 1831, vol. XXIII, p. 124-129) ; Schüler von Senden (*Id.*, 1840, I, 87).

[2] Hoche à Bouchotte et au Comité, 18 et 19 nov. (A. G.) ; cf. *Mon.*, du 24.

jonction avec Vincent, engageait contre le Bubenhaus
une vive canonnade, et Taponier, marchant à droite, se
dirigeait sur le fameux camp de Hornbach. La canonnade du Bubenhaus fut une des plus violentes et des
plus inutiles de cette campagne de 1793 qu'on a nommée
la campagne des canonnades. Les Prussiens y perdirent
quelques chevaux d'artillerie. Mais pendant ce temps
Taponier chassait de Hornbach les troupes légères de
Brunswick et s'avançait, comme René Moreaux deux mois
auparavant, dans la direction de Pirmasens. Brunswick
fut pris d'inquiétude. Les Français allaient-ils s'emparer
de Pirmasens, s'emparer de la vallée d'Annweiler, s'emparer de la route de Trippstadt ? Faudrait-il alors lever
le siège de Landau, terminer honteusement la campagne et tromper les espérances de Wurmser qui repro-
cherait aux Prussiens de lui « ravir ses lauriers » ? Le duc
résolut d'abandonner le Bubenhaus et, au lieu de prendre
ses quartiers d'hiver derrière la Blies et l'Erbach, de se
retirer par Landstuhl et Pirmasens sur sa position favo-
rite de Kaiserslautern, au centre de toutes les communications du pays entre Rhin et Moselle.

Son état-major l'approuva. Quel but se proposaient les
Prussiens, sinon de couvrir le blocus de Landau? L'investissement de ce boulevard de l'Alsace n'était-il pas
« la boussole des opérations » ? Que serait toute autre
entreprise sinon une lubie, une chimère, une fantaisie
insensée ? Il est vrai, on pouvait tenir le Bubenhaus plusieurs jours encore et s'amuser à canonner les carmagnoles. Mais à quoi servait de défendre une montagne qui
n'était, somme toute, qu'une tête de pont sur l'Erbach ?
Trois partis, disaient les officiers, s'offrent à nous : 1° accepter la bataille sur le Bubenhaus ; 2° nous jeter sur
les Français ; 3° nous retirer. Mais recevoir la bataille,

c'était lutter dans une position où les ennemis avait tout l'avantage de leur côté ; c'était courir les chances d'une défaite dont les conséquences sont incalculables, et même si le duc de Brunswick remportait la victoire, la postérité ne lui pardonnerait jamais d'avoir livré combat sur un pareil terrain[1] ! Attaquer les patriotes ? Mais il faudrait assaillir de front les postes de Blieskastel et de Hornbach qu'on venait de lâcher ; il faudrait, ces postes enlevés et avec quelle peine ! marcher une seconde fois sur Bild-stock et Saint-Imbert ; il faudrait recommencer toutes les opérations et à la date du 21 novembre ouvrir une nou-velle campagne. Non, ajoutaient Grawert, Massenbach et les *théoristes*, il ne reste d'autre parti que de quitter l'Erbach et la Blies pour s'établir solidement derrière la Glan et la Lauter. Sans doute, on pourrait occuper sur l'Erbach la hauteur de Nonnenbusch et le Kreuzberg ; mais, dans ce cas, on devrait, pour ne pas être tourné, garnir aussi le Schöneberg ; on éparpillerait l'armée ; on ne serait nulle part assez fort pour accueillir vigoureu-sement l'agresseur ; on mettrait Deux-Ponts entre deux feux et la malheureuse ville serait sûrement réduite en cendres par les Français. Le duc prenait donc la mesure la plus sage qu'il pût prendre ; il savait commander aux événements et les façonner selon ses vues ; il savait mai-triser le hasard, peser sur la volonté de ses adversaires, se battre où et quand bon lui semblait. Telles étaient les raisons qui déterminaient alors les pédants militaires de la Prusse. Et tous, fiers de leurs combinaisons et de ces manœuvres savamment méditées, disaient en recu-lant de l'Erbach sur la Lauter « qu'aux yeux du soldat éclairé qui considère en philosophe les opérations des armées, le mouvement de Brunswick était le chef-

[1]. *Sic.*

d'œuvre de l'art militaire et le triomphe de la tactique [1] ».

Les Prussiens, que Hoche croyait à Pirmasens, se replièrent donc de leur plein gré plus loin encore, sur Kaiserslautern. Leur arrière-garde n'aperçut pas un ennemi, ne tira pas un coup de fusil. Elle défila néanmoins de colline en colline lentement, posément, cérémonieusement, selon toutes les règles de la méthode de Potsdam et Brunswick éclata lorsqu'il vit les derniers bataillons descendre un peu trop rapidement les hauteurs de Landstuhl. Il leur ordonna de remonter, comme si le vieux Saldern eût été présent [2].

Le 23 novembre, tandis que Knobelsdorf allait se mettre à la tête des troupes qui bloquaient Landau, Kalkreuth et Brunswick se postaient dans les environs de Kaiserslautern. Le prince de Hohenlohe cantonnait entre Annweiler et Bergzabern ; Courbière tenait Bundenthal ; le colonel de Götz s'établissait à Climbach et au Pigeonnier ; Hohenlohe, Courbière, Götz couvraient ainsi le blocus de Landau et assuraient les communications de l'armée prussienne avec Wurmser. Le colonel Wartensleben était à Trippstadt avec 5 bataillons et 7 escadrons pour relier Brunswick à Hohenlohe. Plus au nord, Kospoth, avec 6 bataillons et 10 escadrons, avait été détaché à Lauterecken pour observer la division française qui venait de Sarrelouis [3].

Cependant Hoche entrait à Deux-Ponts. Il avait tout réquisitionné sur son passage : chevaux et bestiaux, argenterie des églises, draps, toile, cuir, souliers ; aidé et « secondé à merveille » par le commissaire ordonnateur

[1] *Uebersicht*, I, 42-50 ; Massenbach, *Mém.*, I, 210-211.
[2] Massenbach, *Mém.*, I, 231-232.
[3] *Gesch. der Kriege*, I, 243-244 ; Strantz, 237.

Archier [1], qui saignait à blanc la contrée, il envoyait à l'intérieur les glaces, les pendules, les matelas, les meubles, les cloches et autres *pretintailles*. Les misérables sans-culottes devaient-ils « toujours travailler sans retirer aucun fruit » ? Non, ils auraient, outre la liberté, les culottes de velours, les vestes de satin, les habits à grandes manches des aristocrates. Il exigeait de Blieskastel trois cent mille livres et de Deux-Ponts deux millions en numéraire [2].

La retraite des Prussiens ne l'étonnait pas. S'ils évacuaient des postes qui lui semblaient de *rudes morceaux*, et Hombourg, et le Carlsberg, et la hauteur de Ramstein qu'ils avaient hérissée de redoutes, de fraises et de palissades, et leur célèbre Pirmasens, c'est, comme disaient les représentants Richaud et Soubrany [3], qu'ils avaient éprouvé le courage et l'ardeur des républicains ; c'est qu'ils se voyaient menacés de tous côtés par la

---

[1] Jean-Antoine Archier, fils d'un négociant, né à Saint-Chamas (Bouches-du-Rhône), le 6 juillet 1752, était cultivateur avant la Révolution. Après avoir été maire de Saint-Chamas (28 février 1790), administrateur des Bouches-du-Rhône (21 juillet 1790), député à la Législative (1er octobre 1791), il était devenu successivement commissaire des guerres (1er octobre 1792), commissaire ordonnateur (20 nov. 1792), ordonnateur en chef de l'armée de la Moselle (15 juin 1793). Hoche se plaignit bientôt de sa négligence : « Je lui envoie des ordres et il les envoie à ses subordonnés, sans y rien mettre du sien ; aussi, souvent le service manque-t-il. Il est plus patriote que commissaire général. » (Rousselin, II, 62-63.)

[2] Hoche à Bouchotte (21 nov. A. G.) ; Rousselin, II, 32 ; *Le Batave*, n° 289 : « Les hochets religieux commencent à tomber ; il y a quelques filles de Sion qui pleurent ; on séchera leurs larmes. »

[3] Richaud et Soubrany au Comité, 22 nov. (A. G., et *Mon.*, du 25). Ils avaient été rappelés à la Convention par un décret du 5 novembre ; mais Lacoste qui les remplaçait, n'avait fait que passer à Blieskastel pour gagner aussitôt l'armée du Rhin, et Ehrmann était malade à Sarrebrück ; Richaud et Soubrany jugèrent qu'il « était de leur devoir de rester à l'armée de la Moselle ».

marche combinée des colonnes françaises, et dans la crainte d'être enveloppés, ils abandonnaient des camps que la nature rendait inattaquables. A la vérité Kaiserslautern leur offrait de puissants moyens de résistance. Mais Hoche promettait d'*aller grand train* et jurait d'emporter la position ou de périr : « elle paraît formidable, mandait-il à Bouchotte, mais nos baïonnettes [1]... ! »

IV. Dès le 23 novembre, Brunswick s'était installé dans cette position de Kaiserslautern où il avait résolu d'attendre l'attaque des républicains. Il n'opposait que 27 bataillons et 45 escadrons, c'est-à-dire un peu plus de 20,000 hommes, aux 35,000 hommes de l'armée de la Moselle ; mais les mesures qu'il avait prises et la solidité de ses troupes lui promettaient la victoire.

La petite ville de Kaiserslautern, vieille, mal bâtie, ceinte de méchantes murailles, ne valait rien par elle-même. Elle n'était pas fortifiée, écrit Hoche dans un mémoire à Carnot, et « elle est peu susceptible de l'être, les montagnes qui l'environnent la dominent dans les deux tiers de sa circonférence ». Ce fut sur ces montagnes que se postèrent les Prussiens, sur le Galgenberg et le Kaiserberg, et, en avant du Kaiserberg, sur le plateau de Moorlautern et dans le vallon d'Erlenbach.

Le Galgenberg était gardé par quelques bataillons que commandait le duc de Weimar et par le détachement du colonel Wartensleben que Brunswick rappela de Trippstadt en toute hâte le 30 novembre. « La redoute très considérable du Galgenberg, dit Hoche, construite par Turpin au débouché de la gorge dans laquelle les che-

---

[1] Hoche à Bouchotte, 23 et 27 nov. (A. G.) ; cf. Rousselin, II, 30 et 35.

mins de Landstuhl et de Trippstadt se réunissent, est un chef-d'œuvre de l'art ; pour la construire, les ennemis avaient pris le point le plus élevé et l'avaient entouré d'un abatis large d'une demi-lieue. »

Une partie de l'infanterie tenait les pentes du Kaiserberg et derrière elle sur la cime la plus haute était une forte réserve de troupes prussiennes et saxonnes. Kalkreuth couvrait avec six bataillons le plateau de Moorautern qui se termine par la colline de l'Osterberg et se prolonge jusqu'au ravin où coule un affluent de la Lauter, le ruisseau de l'Otterbach. Sa cavalerie, composée de 10 escadrons, s'étendait à droite vers le vallon l'Erlenbach, et une poignée de tirailleurs occupait le village de ce nom.

Hoche, qui voulait « tenter un grand coup de vigueur », fit avec soin toutes ses dispositions. L'armée renfermait encore quelques *insouciants* dont il se méfiait; mais, disait-il, « je leur parle révolutionnairement, et lorsqu'ils sont menacés de la guillotine, ils marchent ». Il avait laissé Vincent [1] à Pirmasens pour observer les gorges l'Annweiler et arrêter les secours qui pourraient déboucher de la montagne. Taponier [2] eut ordre de se diriger

[1] Vincent (Rémy), né le 29 mai 1736 à Montiérender (Haute-Marne), avait servi dans la gendarmerie, compagnie de Bourgogne 15 avril 1756 - mars 1763), et fait les campagnes de Hanovre. Après avoir commandé la garde nationale de Montiérender, il fut élu chef lu 2e bataillon des volontaires de la Haute-Marne (7 août 1792) et levint général de brigade (30 juillet 1793) et général de division 20 septembre 1793). Il commanda les places de Sarrelouis et de Wissembourg, mais, bien qu'il « remplit fort bien ses fonctions », ne fut pas compris dans l'organisation des états-majors (25 prairial an III).

[2] Taponier (Alexandre-Camille), né, comme Championnet, à Vaence, dans la Drôme (2 février 1749), successivement garde-française 25 nov. 1767), sergent (29 avril 1780-14 juin 1789), capitaine aidemajor du 9e bataillon de la 5e division de la garde nationale soldée

sur Landstuhl et d'emporter la redoute du Galgenberg :
il attaquait ainsi la gauche des Prussiens. Ambert[1] avait
rejoint le gros de l'armée; il dut tourner l'adversaire par
la droite et en conséquence pousser vers la petite ville
d'Otterberg. Quant à Hoche, il se réservait la tâche la plus
malaisée et le point essentiel, le plateau de Moorlautern.

Il envoyait à ses lieutenants de nouvelles et pressantes
exhortations. « Ami, disait-il à Taponier, la République
fondée sur les débris du despotisme ne peut être affer-
mie que lorsque des ruisseaux de sang auront coulé. Les
vils suppôts des rois se flattent de conquérir nos terres.

(1er sept. 1789), capitaine au 103e rég. d'inf. (3 août 1791), adjudant-
général chef de bataillon (24 vendém. an II), général de division
(17 brumaire an II), réformé (25 pluviôse an V), remis en activité
(19 thermidor an VII) et employé à l'armée d'Angleterre, commandant
de la 13e division militaire à Pontivy, réformé définitivement (1er prairial an IX ou 21 mai 1801). Carnot le jugeait ainsi : « Point de
moyens, aimant beaucoup l'argent. »

[1] Ambert (Jean-Jacques), né à Saint-Céré, dans le Lot, le 30 septembre 1765, fils de Jacques Ambert, marchand, et de Marianne
Rouchon, avait servi comme volontaire sur les bâtiments de l'État,
sur le *Marseillais*, sur le *Pluton*, sur la *Couronne*, du 28 octobre 1780
au 22 juin 1783. Il fut élu lieutenant-colonel en second du 2e bataillon des volontaires du Lot, le 7 juillet 1792, et devint général de brigade le 22 septembre 1793, et général de division le 28 novembre suivant. Il fut arrêté après Kaiserslautern, mais employé le 13 juin 1795
à l'armée du Rhin-et-Moselle. « Il a, disait plus tard le représentant
Neveu, l'estime et l'amitié des soldats. » Moreaux jugea qu'il « remplissait fort bien l'emploi de général de division à l'armée, qu'il paraissait avoir assez de capacité pour être promu à un grade supérieur,
et qu'il était d'un patriotisme bien prononcé, de bonnes mœurs, de
talents militaires qui le mettaient à même de remplir ses devoirs avec
zèle et exactitude ». Legrand l'appréciait ainsi : « C'est un officier
plein de mérite. Trop de circonspection a quelquefois arrêté les succès qu'il était fait pour obtenir. Il avait beaucoup plus de mérite que
la plupart des autres généraux dont le plus grand nombre n'étaient
pas dans le cas de bien conduire une compagnie d'infanterie; mais il
n'avait ni le ton ni la tournure du jour, c'est-à-dire du sans-culot-
tisme. »

Quel est donc le Français assez infâme pour y accéder ?
Plutôt mille fois périr que de vivre dans l'ignominie.
Une partie des forces nationales est déposée entre les
mains ; tu sauras en faire usage. » Il écrivait au général
Ambert : « C'est aujourd'hui, camarade, qu'il faut déployer ton énergie républicaine. Rends-toi par le plus
court chemin et le plus promptement possible à Otterberg, à une lieue en avant de Kaiserslautern. Le but de
cette marche hardie est de couper toute retraite à nos
vils ennemis. Il n'est point d'obstacles, point de mauvais chemins. Il faut te créer des moyens et ne voir que
la patrie. J'attaque Kaiserslautern par la droite et Taponier par la gauche. Tu seras par derrière. Viens joindre
tes coups aux nôtres. Frappe ferme et que notre réunion
s'opère dans ce repaire des ennemis ! »

Le 28 novembre, après de petites escarmouches, com-
mence cette bataille de Kaiserslautern qui dura trois
jours[1]. Mais on peut déjà prévoir l'issue de l'affaire. Le
général en chef se plaint du manque de subsistances.
Le terrain lui semble coupé, difficile. Une de ses colonnes, enfournée dans un défilé, est contrainte de rétro-
grader. L'armée n'avance que très lentement, avec une
peine infinie. Taponier chasse les avant-postes prussiens de l'abatis de la Vogelweh, mais n'ose aborder le
Galgenberg et se contente de s'établir sur la hauteur de

---

[1] Rousselin, II, 33-34. Cf. sur la bataille de Kaiserslautern parmi
les documents allemands, la *Geschichte der Kriege*, I, 247-255 ;
Strantz, 238-255 ; Remling, I, 412-416 ; *Geschichte der vereinigten
Sachsen und Preussen*. 1795, 51-57 (une traduction de ce morceau,
par le sous-préfet de Spire, Petersen, existe aux Archives nationales,
A F ii 281), et parmi les documents français, les lettres malheureuse-
ment courtes et vagues de Hoche, de Taponier et des représentants,
le précieux fragment du *Journal* de Hoche, du 7 au 10 frimaire
(A. G.), l'inexacte relation d'Ambert, reproduite dans le 1er tome des
Mém. de Saint-Cyr et Lecomte, *L'Observateur impartial*, 21-28.

Hoheneck. Ambert s'attarde et perd du temps : il a dû, la veille, à trois reprises, doubler ses attelages pour gravir des côtes rapides ; il a dû partir de grand matin avec des troupes harassées, pour se porter sur Otterberg ; il a dû, avant de passer la Lauter, réparer un pont qui se trouve rompu, couper des bâtardeaux qui soutiennent des inondations, puis s'engager dans un chemin où s'embourbe l'artillerie et, après avoir atteint le village de Sembach, au lieu de pousser plus loin, suivant l'ordre de Hoche, et de marcher sur Otterberg, il s'expose au feu écrasant des batteries prussiennes et se rejette précipitamment derrière le ruisseau de l'Otterbach.

Pourtant Hoche ne désespère pas de la réussite. Il prescrit à Taponier d'agir avec plus de vigueur et ordonne derechef au général Ambert de tourner le flanc droit des ennemis. S'il juge, avec Richaud et Soubrany, que les Prussiens sont en force et qu'ils possèdent l'avantage du terrain, il fait quelques prisonniers. Il enlève une pièce de canon, la première qu'on emploiera, dit-il, à fondre la statue du peuple souverain[1], et il annonce que le *bal* recommencera le lendemain.

Le *bal* recommence en effet le 29 novembre. Hoche a résolu d'assaillir les positions prussiennes à Moorlautern et à Erlenbach. Déjà, pendant la nuit, il a fait établir sur la rive gauche, près de l'endroit où les troupes opèrent le passage de la Lauter, sur la hauteur du Kreuzhof, une batterie de gros canons qui doit appuyer l'attaque,

---

[1] Hoche à Bouchotte, Richaud et Soubrany au Comité, 28 nov. (A. G.). On sait que la Convention avait décrété le 17 novembre, sur la proposition de David, une statue colossale du peuple français qui aurait quinze mètres et serait placée à la pointe occidentale de l'île de Paris ; « la victoire, dit l'article IV du décret, fournira le bronze ».

couvrir la retraite, et qui fut « du plus grand secours ». A sept heures du matin ses colonnes se mettent en marche.

Kalkreuth s'était avancé jusqu'aux dernières pentes de l'Osterberg, à l'extrémité du plateau de Moorlautern. Mais criblé de projectiles sur son front par l'artillerie des colonnes républicaines et sur sa gauche par la batterie du Kreuzhof, il regagne les escarpements de Moorlautern en toute hâte. 16 bataillons français ont passé le ruisseau de l'Otterbach, passé deux marais et, à la faveur d'un mamelon planté d'ifs, arrivent au pied de la colline, se rangent en bataille et, la baïonnette au bout du fusil, chassent les tirailleurs prussiens d'un petit bois sur le revers de l'Osterberg. Deux compagnies d'artillerie légère, commandées par l'adjudant général Debelle, accourent au galop et entament de près une vive canonnade ; elles ont, disait Hoche, fait merveille.

Durant ce temps, nos colonnes se forment de nouveau. La division que conduit Pierre Huet, s'achemine à travers les bas-fonds de la Lauter en se couvrant de buissons et de bois. Les Prussiens avaient fait dans l'été sur les pentes du vallon les terrassements d'une batterie destinée à balayer le ravin dans toute sa longueur. Mais, soit qu'on les ait oubliés, soit qu'on les crût dégradés ou dominés par les canons français de la rive gauche, ces terrassements étaient restés inoccupés. Huet se glisse inaperçu dans la vallée, sans trouver le moindre obstacle, et soudain, vers une heure de l'après-midi, au grand étonnement de Kalkreuth, il apparaît sur le plateau de Moorlautern.

Mais le général prussien avait demandé des renforts et reçu de Brunswick trois bataillons et plusieurs pièces d'artillerie. La lutte, dit Hoche, est très opiniâtre et la mousqueterie très vive de part et d'autre. Les Français, fiers d'avoir surpris l'adversaire, entraînés par l'impétuosité de l'attaque, animés de l'espoir du succès, continuent d'avancer sous le feu le plus violent. Kalkreuth serait-il obligé d'abandonner le plateau de Moorlautern, comme il vient d'abandonner l'Osterberg ? Il enjoint à ses troupes de faire un énergique effort pour refouler l'agresseur. Ses bataillons cessent de tirer et toute la ligne de son infanterie marche à la rencontre des carmagnoles en croisant la baïonnette.

La cavalerie charge au même moment. Huit escadrons saxons fondent, le sabre à la main, sur l'aile gauche de la division Huet, la rompent, la rejettent dans le vallon. Mais à la vue de cette déroute, Hédouville, cet Hédouville suspendu par le Comité et rappelé à Paris, et qui par bonheur accompagnait le général en chef, Hédouville se met à la tête de deux régiments de hussards et du 1er régiment de carabiniers. Il s'élance de l'Osterberg, il heurte les escadrons saxons qui prêtent le flanc. Un combat de cavalerie s'engage, et sur ce terrain accidenté, il manque de vigueur; Hoche reconnaît que la charge est des deux côtés trop flottante et trop molle. Au bout de quelques minutes, Saxons et Français tournent bride. Néanmoins, la gauche de la division Huet, dégagée par Hédouville, a eu le temps de gagner les bois et de se dérober à la poursuite. La bataille n'est plus sur ce point qu'un duel d'artillerie. L'infanterie de Kalkreuth rentre dans sa position. Les batteries, masquées un instant par la mêlée des escadrons, vomissent leur feu et se canonnent inutilement jusqu'au soir.

A gauche, mêmes péripéties et même dénouement. Quatre bataillons français avaient, sur l'ordre de Hoche, chassé d'Erlenbach les tirailleurs prussiens. Mais pendant qu'ils se rangent en bataille pour s'élever vers la hauteur boisée du Bachberg qui domine le village, ils sont assaillis par les dragons de Voss et les carabiniers qui les dispersent et les repoussent vers Erlenbach. Le 9e régiment de chasseurs devrait arrêter cette cavalerie victorieuse ; il fait demi-tour et ne se rallie qu'assez loin, à l'abri d'une batterie. Les carabiniers poursuivent l'infanterie française. Vainement quelques compagnies forment le carré derrière des haies, à l'entrée d'Erlenbach ; avec une tranquille audace, les carabiniers mettent pied à terre, arrachent les haies sous les balles de l'adversaire, remontent à cheval, fondent sur le carré, et après une très vive résistance, tous les Français sont tués ou pris.

Telle fut la journée du 29 novembre. L'infanterie républicaine a déployé, selon le mot des relations allemandes, une bravoure obstinée ; elle montra, dit Hoche, la plus grande valeur et garda le calme et l'ordre le plus profond dans ses rangs ; chaque général combattit à la tête de ses troupes ; chacun fit son devoir. Mais, malgré les assauts de l'armée française, Kalkreuth ne s'était pas laissé entamer. Des bataillons avaient lâché pied dans le ravin d'Erlenbach et les chasseurs à cheval s'étaient honteusement débandés. Ambert, qui devait tourner l'ennemi par la droite et le déborder, avait marché durant trois lieues à travers bois pour gagner Otterberg. Enfin, Taponier n'avait pas donné vigoureusement. « Je n'ai, écrivait Hoche, aucune nouvelle de Taponier. Ambert n'a rien fait. L'artillerie de position venue trop tard à cause de la difficulté des chemins, n'a point servi. Je suis dans un pays affreux. Mais je crois ne pas devoir discontinuer. Je recommence demain en forces. »

Il avait résolu de diriger son principal effort, non plus contre Moorlautern qui lui semblait inexpugnable, mais contre le Galgenberg et Erlenbach. Cette fois, Ambert prendrait part à l'action ; il reçut l'ordre de quitter Otterberg et de marcher toute la nuit pour rejoindre l'armée.

Le 30 novembre, à la pointe du jour, 22 pièces tonnaient contre Moorlautern et faisaient pendant deux heures un feu incessant auquel les Prussiens répondaient avec la même violence et le même acharnement. Durant cette canonnade, une colonne d'infanterie, renforcée par une grande partie de la division Ambert, s'avançait dans le ravin d'Erlenbach et tentait de s'emparer de la hauteur du Bachberg au-dessus du village. Comme la veille, elle poussa vivement les tirailleurs ennemis et, malgré la résistance sérieuse qu'elle rencontrait, elle atteignit la lisière du bois qui couvre les pentes du Bachberg. Mais, comme la veille, Kalkreuth accourt au devant d'elle avec deux bataillons saxons, le bataillon de l'Electeur et le bataillon Antoine, et plusieurs escadrons de son aile droite. Insensiblement il regagne du terrain et, prenant à son tour l'offensive, chargeant avec vigueur nos bataillons fatigués, il ressaisit le village d'Erlenbach et arrive jusqu'aux bords du ruisseau de l'Otterbach. Un éclat d'obus le blesse à l'épaule ; mais ses troupes menacent, en se développant, de déborder la gauche des républicains postée sur l'Osterberg.

Heureusement Taponier avait, dans cette matinée, réparé, par une brillante et impétueuse attaque, son inaction de la veille. Sa division formait trois colonnes. Toutes trois assaillirent le duc de Weimar au Galgenberg. La première refoula le bataillon saxon des grenadiers Christiani jusqu'au faubourg de Kaiserslautern ;

mais un bataillon prussien, quelques escadrons et trois canons se portèrent au secours des Saxons, et les carmagnoles durent lâcher prise. La deuxième colonne s'engagea dans le Weiherthal, mais se replia sous les boulets d'une batterie qui la prit en flanc. La troisième essaya d'enlever la redoute du Galgenberg ; elle franchit les abatis, elle pénétra jusqu'au fossé, mais un feu meurtrier l'obligea de reculer et de se jeter dans les bois derrière la ferme dite Maison de Lorraine. Le général La Sabatie, blessé, remit le commandement à l'un des plus jeunes et des plus intrépides officiers de l'armée, Championnet, naguère lieutenant-colonel du 6e bataillon de la Drôme et depuis trois mois chef de brigade. Championnet laissait aux mains des Prussiens une pièce démontée, mais trois autres pièces, dit Taponier, furent sauvées par son intelligence [1].

---

[1] Taponier à Hoche, 30 nov. (A. G.); Saint-Albin, *Championnet*. 1860, p. 35 ; H. v. S., *Gesch der beiden sächs. Grenadier-Regimenter n° 100 et 101.* 1877, p. 123. Jean-Etienne Vachier, dit Championnet, est suffisamment connu et l'on n'insiste ici que sur ses débuts généralement ignorés. Il était fils naturel de Madeleine Vachier et d'Etienne Grand. Il naquit à Valence (Drôme), le 30 avril 1762, et déclare, dans des notes fournies par lui-même, qu'il était avant la Révolution « agriculteur, bourgeois faisant valoir ses petites possessions », que son père était maître de la poste aux chevaux, avocat au parlement de Grenoble, que lui-même a cinq pieds sept pouces. Grenadier dans la garde nationale de Valence (14 juillet 1789), sergent (1er déc. 1789), lieutenant (15 mars 1790), premier adjudant-général de ladite garde (1er sept. 1791), il fut élu le 20 août 1792, lieutenant-colonel en premier du 6e bataillon des volontaires de la Drôme et nommé, le 1er septembre 1793, chef de brigade, par le représentant Bassal qui le chargea de commander, outre son bataillon, le 2e bataillon de nouvelle levée du district de Besançon et celui de nouvelle levée du district d'Ornans. Le 6 février 1794, Lacoste et Baudot, « sur le témoignage rendu à son civisme et à ses talents militaires », lui conféraient le grade de général de brigade. Le 10 juin suivant, Gillet et Guyton le nommaient général de division. Il remplissait fort bien, disait Jourdan, les fonctions de son grade. (A. G.)

L'attaque de Taponier avait été si vive, si furieuse que Brunswick, saisi d'inquiétude, se rendit à son aile gauche et lui amena du Kaiserberg des renforts considérables de toutes armes. Mais au même instant Hoche arrêtait le combat. A neuf heures du matin, il avait appris que les munitions d'artillerie faisaient défaut et qu'il n'avait plus que la quantité nécessaire pour protéger sa retraite. Il fut transporté de colère. Depuis quatre jours, il ne cessait de demander au général Verrières, directeur du parc, des bombes et des boulets. « Vais-je rester en panne, s'écriait-il, et recevoir les bras croisés la mitraille des ennemis [1] ! »

A trois heures de l'après-midi, expiraient les derniers feux, et les hussards prussiens, envoyés en reconnaissance dans la matinée du lendemain, ne rencontrèrent pas un seul Français. Toute l'armée avait repassé la Lauter et défilé, disait Hoche, comme une troupe à la parade. Seul, Ambert, avec cinq bataillons, demeura jusqu'au soir du 1er décembre sur les hauteurs qui font face aux villages de Sembach et de Katzweiler pour couvrir la marche de l'artillerie et des équipages. Le 2 décembre, l'arrière-garde française traversait Ramstein

---

[1] Voir sur cette manie française de « tirailler » *Mayence*, 257. « Plus de munitions ! dit Legrand, cet accident est arrivé bien souvent depuis le commencement de la guerre, il est survenu plusieurs fois encore et a chaque fois occasionné la perte de la bataille; ç'a toujours été par suite d'une imprévoyance trop commune ; l'on fait au début un feu d'enfer qui ne produit souvent que du bruit, sans penser aux moyens qui resteraient pour finir. » Le général d'artillerie Ravel n'écrivait-il pas le 13 septembre : « Notre armée est dissipatrice des munitions dans toutes les guerres et le soldat français est bientôt abattu et découragé s'il ne voit des approvisionnements considérables ; on a beau lui faire sentir la nécessité de les ménager et de ne les employer qu'à propos; c'est inutilement ». (A. G.) Cf. sur Verrières *L'Observateur impartial* de Lecomte, 16-28 ; il fut suspendu de ses fonctions, puis réintégré.

et Landstuhl. Le 3, toutes les brigades bivaquaient à
Deux-Ponts et sur la rive gauche de la Blies et de l'Erbach.
La retraite, écrivait Hoche, s'était faite honorablement et
dans le plus grand ordre, sans que les ennemis eussent
pris une charrette. Il n'y eut que Taponier qui perdit,
par l'imprudence du commissaire des guerres Couturier,
la caisse de sa division.

Brunswick avait gagné, selon l'expression de Langeron, une des plus belles batailles qu'eussent livrées les
Prussiens. On l'a blâmé de n'avoir pas poursuivi les
Français avec vigueur et d'avoir manqué, comme en
1792, à Montcheutin, l'occasion de leur infliger un véritable désastre. « Il n'a pas mis, dit un critique, le point
sur l'*i* ; il s'est contenté de parer le coup et n'a même pas
tenté une riposte hardie. » Mais si l'on tient compte des
circonstances, si l'on se rappelle les routes défoncées, la
rigueur de la saison, la lassitude des troupes, on excu-
sera Brunswick. Après tout, Hoche était repoussé et non
entièrement battu. Il avait encore dix mille hommes de
plus que le vainqueur. La cavalerie prussienne allait-
elle s'engager à sa suite dans le défilé de l'Otterbach et
le vallon de la Lauter? La batterie du Kreuzhof ne l'au-
rait-elle pas écrasée? Le duc était-il certain que Hoche
renonçait à toute attaque contre Moorlautern et Érlen-
bach? N'avait-il pas dû renforcer son aile gauche et affaiblir son aile droite pour résister aux assauts de Taponier? Enfin, Hoche avait fait si lestement sa retraite,
que Brunswick pouvait croire que son infatigable adversaire courait à Landau par un autre chemin. Il eut donc
raison d'attendre l'événement : mieux valait donner
quelque repos à son armée dans les cantonnements
qu'il lui destinait de longue date, que de la disséminer

de nouveau et de l'exposer à des chances hasardeuses [1].

Hoche avait tort d'attribuer son échec au défaut total de munitions et à la supériorité numérique des ennemis. Il eût mieux fait de dire que la force du lieu, les difficultés du terrain, l'artillerie formidable qu'il fallait braver — et telles sont ses expressions — avaient causé l'insuccès. Il ne fut pas sans doute suffisamment secondé par ses lieutenants qui ne savaient pas encore leur métier. Mais il n'avait pas une connaissance exacte des localités. Il envoya le général Ambert sur la route d'Otterberg que les Prussiens n'auraient jamais prise, s'ils avaient été battus, puisqu'ils pouvaient faire leur retraite entre Neustadt et Dürkheim. Il engagea ses troupes dans des marais et en un pays inégal où il restait un jour entier sans recevoir de nouvelles de ses deux ailes. Il aurait dû porter son principal effort sur la gauche des ennemis et non sur leur droite; il trouvait un sol plus favorable; il tournait plus aisément la position; il interceptait aux Prussiens le chemin de Neustadt et leur communication avec le corps qui bloquait Landau. « Notre camp, écrit Massenbach, ressemble à un gilet tout brodé d'or par devant, mais dont le dos est de grosse toile d'emballage; il est imprenable de front et sur le flanc droit; mais si les Français marchent en deux colonnes qui se réunissent à Hochspire, ils tournent notre flanc gauche et nous coupent du Rhin. » Hoche était, selon le mot des *théoristes* prussiens, un audacieux naturaliste; il tâta l'ennemi de tous côtés, sans ordre ni plan déterminé; il ne fit que des efforts partiels et des charges décousues qui ne pouvaient avoir un résultat

---

[1] Valentini, 69 ; Lufft, *Der Feldzug am Mittelrhein*. 1881, p. 117–118 (cf. *Wissembourg*, 145) ; *Gesch. der Kriege,* I, 255 ; Blücher, *Campagne-Journal*, p. Knorr. 1866, p. 92.

décisif; comme disait Baudot, « on ne sut jamais arriver à une attaque générale, la moitié de l'armée ou plus était en mouvement, la précision manqua [1] ».

Néanmoins la bataille n'était pas inutile. Les Prussiens avaient 44 officiers et 785 soldats tués, blessés ou pris, et si le peuple nommait Kaiserslautern le *tombeau des Français*, si les républicains perdaient environ deux mille hommes dont sept cents prisonniers, s'ils laissaient aux mains des vainqueurs deux canons et un drapeau, s'ils abandonnaient le champ de bataille, ils montrèrent une admirable énergie. « La contenance des troupes, disait Hoche, est imposante et terrible ; le calme le plus profond règne dans les cœurs ; le seul désir de combattre est manifeste, mais fortement ; la plainte de l'efféminé ne se fait point entendre ; tous les visages sont sereins. » Les ennemis déclarèrent que, dans ces trois jours, les attaques de l'armée française avaient été aussi vives, aussi impétueuses qu'inopinées, qu'elle luttait avec une sorte de fanatisme et une rage sans exemple, qu'elle ne connaissait pas d'obstacles, ne se laissait arrêter ni par les montagnes les plus escarpées, ni par les forêts les plus épaisses, ni par les marais et les rivières. Ils louèrent la cavalerie qu'ils avaient jusqu'alors méprisée ; un de leurs officiers assure qu'elle se battait bien et il applaudit à la valeur du « beau » régiment des carabiniers. Brunswick comprit que la lutte aurait dorénavant un tout autre caractère, que les carmagnoles allaient passer de la timide défensive à une fière et menaçante offensive, qu'ils avaient à leur tête un homme qui savait relever leur moral et les mener à la guerre. Un gallophobe de l'époque avouait qu'ils avaient

---

[1] Hoche à Pichegru et à Bouchotte, 1er et 2 déc. (A. G.) ; Massenbach, *Mém.*, I, 234 ; Saint-Cyr, I, 155 ; *Mon.*, 15 janvier 1794.

assailli les Prussiens avec toute la furie qu'on pouvait attendre des Français, et pour expliquer cet acharnement, il prétendait que les sans-culottes n'avaient bu que de l'eau-de-vie durant trois jours et que cette boisson seule avait soutenu leurs forces et surexcité leur courage [1]

[1] Rousselin, .II, 34-35; Strantz, 127 et 130; *Die Franzosen im Saargau*, 208. Cf. *Le Batave*, n° 316 : « Le Comité, écrit-on de Francfort, a trouvé le secret de faire composer une boisson dans laquelle il entre, parmi plusieurs autres ingrédients, une plante qu'on nomme *belladonna*, qui inspire une espèce de fureur ; ce breuvage enivrant, fabriqué à Paris, est envoyé aux armées et distribué au moment d'une bataille. » Les Français disaient la même chose des Autrichiens : « Leur politique est de faire enivrer leurs esclaves avec un mélange de sulfate et de soufre ; il faut qu'ils aient perdu la raison pour nous combattre. » (*Journal de la Montagne*, n° 96).

CHAPITRE V

L'ARMÉE DU RHIN

I. Pendant que Hoche prenait le commandement de l'armée de la Moselle, Pichegru remplaçait Carlenc à la tête de l'armée du Rhin.

Jean-Charles Pichegru était né à Arbois, dans le Jura, le 16 février 1761, et, comme Hoche, il sortait du peuple. Grâce à des personnes charitables, il put faire ses études au collège de sa ville natale. Les Minimes, remarquant son goût pour les sciences exactes, l'envoyèrent à leur école de Brienne. Il acheva d'apprendre les mathématiques en les enseignant. Le 30 juin 1780, il s'enrôla dans le 2º régiment d'artillerie. Il devint appointé (21 septembre 1783), sergent (1er août 1785), sergent-major (5 juillet 1789), et ses chefs qu'il rencontra dans les rangs des émigrés, s'accordent à dire qu'il avait du mérite, des connaissances et une assez bonne façon de penser. La Révolution lui offrit, ainsi qu'à tant d'autres, l'occasion de se pousser et de franchir des bornes presque infranchissables sous l'ancien régime. Le 6 février 1792, il était nommé adjudant ; le 15 juin, premier lieutenant et adjudant-major. Il se trouvait alors à Besançon, et sa prestance, sa voix sonore, sa parole énergique et simple, son républicanisme lui avaient valu la présidence du club. Le 3ᵉ bataillon du Gard passa par la ville ; il n'avait pas de lieutenant-colonel; il choisit Pichegru (9 octobre 1792), et plus tard, lorsque leur commandant était général, les volontaires voulaient rejoindre celui qu'ils appelaient leur *père :* « Nous lui avons accordé notre confiance et notre amitié, écrivaient-ils au ministre, et dans le peu de temps qu'il a été à notre tête, il nous a prouvé par son caractère ferme et ses talents militaires qu'il est digne de commander à des hommes libres. » Un lieutenant-colonel de volontaires devenait aisément général, s'il avait un protecteur. Au mois d'août 1793, Pichegru se rendit à Paris. Il rencontra dans les bureaux de la guerre un homme qui, comme lui, sortait des rangs, le chef de bataillon Goffard, son ancien lieutenant au 2ᵉ régiment d'artillerie. Prôné par Goffard et présenté à Bouchotte, il fut nommé le 22 août général de brigade et le 23 août général de division; en deux jours, il enlevait dans le cabinet du ministre ces deux brevets que d'autres avaient tant de peine à conquérir sur les champs de bataille. En même temps Bouchotte le chargeait de commander le corps du Haut-Rhin [1]. L'éloge de

---

[1] Pichegru, resté dans l'artillerie, n'aurait plus avancé que péniblement. Il le savait, et lorsqu'il fut nommé capitaine, le 23 mars 1793, sans doute à l'ancienneté, il préféra rester à son bataillon du

Pichegru est dès lors dans toutes les bouches. Les représentants Bassal et Bernard de Saintes s'efforçaient de le garder à Besançon où il était, suivant eux, « du plus grand prix et d'une nécessité absolue ». Bouchotte assurait à tout venant qu'il était « un brave soldat rempli d'intelligence » et non « un de ces trembleurs qui propagent les alarmes et jettent le découragement pour anéantir l'énergie nationale ». Landremont avait de lui « bonne opinion ». Bacher ne tarissait pas sur son compte, et vantait son zèle, ses « rares et précieuses » qualités, la popularité dont il jouissait, et le tact qu'il montrait dans la difficile fonction de conduire des troupes républicaines. Il le vit au château de Blotzheim et lui exposa les relations de la France avec les Suisses et les ménagements qu'elle devait observer. « La pénétration de Pichegru, disait-il, et son habitude des affaires lui ont fait saisir sur-le-champ les choses sous leur véritable point de vue politique; il a jugé de tout en homme du métier et avec une perspicacité peu ordinaire. » Un autre de nos agents, Rivalz, mandait pareillement que Pichegru était le premier général français qui lui inspirait à tous les égards une confiance entière. Aussi, le 28 septembre, Bouchotte lui offrait-il la succession de Landremont et le priait de se rendre à Wissembourg pour « fortifier le courage abattu par certains généraux malveillants ». Pichegru refusa: il n'ignorait pas la situation désespérée de l'armée du Rhin et il craignait de compromettre sa renommée naissante. Mais à la nou-

Gard; c'est comme chef de bataillon du Gard qu'il reçoit ses brevets de brigadier et de divisionnaire. Cf. sur ses rapports avec Goffard les *Mém.* de Saint-Cyr, I, 109. Mais Saint-Cyr a tort de dire que Goffard — qui était lieutenant en 1778 et capitaine en 1792 —, fut le camarade de lit de Pichegru.

velle de la prise des lignes, Bouchotte lui envoya un courrier : Pichegru devait se dévouer à la patrie, et s'il avait accepté le commandement, le désastre n'aurait pas eu lieu. Cette fois, Pichegru n'osa se dérober. Il courut à Strasbourg recueillir et ranimer l'armée défaite [1].

Il était sans expérience de la guerre. Hoche avait vu l'ennemi dans le blanc des yeux ; il avait fait la campagne de Belgique et défendu Dunkerque ; il avait entendu le sifflement des balles et le bruit du canon. Pichegru avait aperçu de Huningue avec une lunette d'approche des postes autrichiens qui bivouaquaient sur les croupes de la Forêt Noire ou des patrouilles qui longeaient la rive du Rhin. Il possédait un esprit assez droit et assez juste pour rejeter les mauvaises opérations qu'on lui proposait ; il ne pouvait former un plan, dire entre deux projets sensés quel était le meilleur, ni discerner les raisons particulières qui devaient lui rendre tel avis préférable à tel autre. Même plus tard, il n'eut jamais que de très médiocres talents et, lorsqu'il ne prenait les conseils de personne, il commettait de lourdes fautes. Mais il succédait à Carlenc dont toute l'armée connaissait l'ineptie. Les étourdis avaient d'abord prononcé son nom avec un mépris moqueur. En quelques jours, il sut s'acquérir l'estime. Sa jeunesse, son regard plein de flamme, une figure sévère au premier

---

[1] *Hist.* de Pichegru. 1802, p. xiv-xvi ; Véridel, *Précis hist. de la vie milit. de Pichegru*, 1-2 ; Romain, II, 505 ; Saint-Cyr, I, 109 ; les volontaires du 3ᵉ du Gard à Bouchotte, 22 sept. ; Bassal et Bernard à Landremont, 8 sept.; Landremont à Bouchotte, 10 sept.; Bouchotte à Landremont, 3, 5, 16 sept. et à Pichegru, 28 sept. et 14 oct. (A. G.) ; arrêté du Comité de Salut public qui nomme provisoirement Pichegru en l'absence de Delmas, 3 oct. (A. N. A F 47); Kaulek, *Papiers de Barthélemy*, III, 88, 102, 162; documents de la guerre; cf. *Wissembourg*, 190.

abord et qui s'adoucissait peu à peu à mesure que s'avivait l'entretien, une tournure martiale lui gagnèrent la confiance. Aussi ambitieux que Hoche, aussi désireux de faire son chemin et avide du commandement, il était plus adroit, plus cauteleux que son jeune collègue; il savait mieux se posséder, jugeait les choses avec plus de sang-froid et agissait lentement, sans précipitation ni hâte fébrile; il avait tous les traits du paysan comtois, finassier, un peu sournois et indolent. Il flatta Saint-Just et Bouchotte, disant que « tout irait à l'aide de la guillotine » et promettant d'envoyer à l'échafaud les émigrés prisonniers. Il cacha facilement son inexpérience sous son calme imperturbable et passa pour un homme de guerre avisé, prudent, qui ne veut agir qu'après mûre réflexion et à coup sûr [1].

Pichegru fut d'ailleurs assez habile pour se laisser guider dans ses débuts à l'armée du Rhin par un officier qu'il avait apprécié sur le champ, par Desaix [2].

Successivement sous-lieutenant d'infanterie, commissaire des guerres, lieutenant et aide-de-camp de Victor de Broglie, capitaine, adjoint à l'état-major de l'armée du Rhin, Desaix s'était signalé depuis le commencement de la guerre par sa présence d'esprit et son intrépidité. A l'échauffourée de Rülzheim, il rallia son régiment, le 46e, ci-devant Bretagne, et fut nommé le surlendemain par les représentants adjudant-général avec grade de

---

[1] Saint-Cyr, I, 143, 201 ; II, 178, 266, 333 ; Soult, *Mém.*, I, 255 ; Lavallette, I, 132 ; Bouchotte à Pichegru, 13 nov. et Pichegru à Bouchotte, 23 nov. (A. G.); cf. Arnault, *Souv. d'un Sexag.* II, 288.

[2] Selon Legrand, Scherer fut aussi l'un des conseillers de Pichegru ; il commandait la division du Haut-Rhin, mais tout était tranquille sur la frontière suisse ; « il se rendit souvent à Strasbourg, et j'ai entendu dire à Pichegru que Scherer avait contribué autant que personne aux succès qui couronnèrent la fin de la campagne. » (A. G.)

lieutenant-colonel. Attaché à la division de droite ou
de Lauterbourg, il se distingua derechef dans l'affaire
du 20 août ; il reçut une balle qui lui traversa les deux
joues, mais il combattit jusqu'à la nuit et ne se laissa
panser qu'à la fin de l'action : aussi les commissaires de
la Convention lui donnèrent-ils sur le champ de bataille
le brevet provisoire de général de brigade. On le mit
alors à Bobenthal, malgré les plaintes du général Dubois
qui le jugeait « très nécessaire » et, dans ce poste,
il rendit de grands services. A la prise des lignes de
Wissembourg, ce fut lui qui dirigea la retraite de la division Ferey. Promu général de division le 20 octobre
par les représentants, il obtint le commandement de
l'avant-garde et le 26, pendant que Waldeck s'emparait
de la Wantzenau par un hardi coup de main, il refoulait
les Impériaux dans les bois de Reichstett après une
lutte meurtrière. De ce jour date véritablement sa gloire
militaire ; le soir même, pour éviter de nouvelles sur-
prises, il donnait l'ordre de faire feu sur quiconque
viendrait du camp autrichien et se présenterait la nuit
aux avant-postes [1].

Mais il était noble et se nommait naguère M. de Veygoux. La prévention qu'on avait contre les ci-devant ne
l'épargna pas et l'on conçut des soupçons sur lui. On se
souvenait que l'aide-de-camp de Victor de Broglie avait
été, au mois de septembre 1792, arrêté dans une bour-
gade des Vosges et détenu six semaines à Épinal [2]. Le

---

[1] Cf. outre Martha-Beker, *Desaix*. 1852, et Desprez, *Desaix*. 1884,
p. 12-19, Et. Charavay, *Les généraux morts pour la patrie*, 1893,
p. 79 ; une note de Legrand, une lettre de Dubois aux représentants,
14 sept. (A. G.) et *Wissembourg*, p. 19, 107, 199, 226.

[2] Voir sur cet épisode Bouvier, *Les Vosges pendant la Révolution*.
1885, p. 169 et 173.

Comité de Riom le dénonçait au Comité de Salut public : Desaix, disaient les Jacobins de Riom, avait dix-sept parents émigrés, dont deux frères qui servaient dans l'armée de Condé ; il était très lié avec son cousin, le général Beaufranchet d'Ayat récemment destitué ; il ne possédait pas dix mille livres et l'on pouvait craindre qu'il ne fût aisément séduit par l'or de Pitt et de Cobourg. Le 13 novembre, Bouchotte suspendait le combattant de Reichstett.

Pourtant Desaix aimait et défendait avec ardeur le nouvel ordre de choses. « Nous sommes nés, s'écriait-il, presque sans fortune et sans droits féodaux : élevés au milieu du peuple et avec lui, ayant pour amis, pour confidents d'enfance et de jeunesse de bons agriculteurs, accoutumés à leurs vertus, partageant leurs fêtes et leurs peines, ne sommes-nous pas de leur nombre ? » Il versait son sang pour le régime populaire et lui sacrifiait sa vie. « Ma blessure, mandait-il à sa sœur, est entièrement guérie ; je n'en attends plus que quelques autres, pourvu qu'elles soient glorieuses et utiles à mon pays. » Il n'avait qu'un désir : « faire triompher les armes de la République » et après avoir repoussé les « cruels ennemis » et les « barbares étrangers », revenir en Auvergne, sur le sol natal, à Veygoux, pour adoucir la vieillesse de sa mère et raconter ses souffrances et ses combats à celle qu'il nommait sa charmante petite sœur [1].

Heureusement Pichegru ne pouvait se passer des conseils de Desaix qui, suivant le mot de Saint-Cyr, avait pris sur lui l'influence la plus grande et comme enlevé sa confiance. Il écrivit à Bouchotte qu'il était « très

---

[1] Desaix ou plutôt Des Aix était né au château d'Ayat, dans le Puy-de-Dôme (17 août 1768) et c'est au village de Veygoux qu'il avait passé son enfance et les congés de sa jeunesse.

content » de Desaix, que le jeune général « se comportait fort bien », qu'on devait « retirer sa suspension ». Desaix garda son commandement [1].

Il avait la taille avantageuse, mais une physionomie bizarre, un visage haut en couleur, un nez attaché au sommet du front, des lèvres épaisses et défigurées depuis sa blessure du 20 août par un bec de lièvre. Son maintien était timide et embarrassé. Il se taisait volontiers et restait ordinairement sur la réserve. On sentait qu'il n'avait pas l'habitude du monde et un officier le compare à ces sauvages de l'Orénoque qui s'habillent à la française. Toutefois ses beaux yeux ardents, ses cheveux plats et noirs comme l'ébène, ses dents d'une blancheur éclatante rachetaient la singularité de sa mine et la gaucherie de son attitude. Il avait la voix douce et, s'il consentait à s'épancher, il charmait ceux qui l'écoutaient par l'aimable franchise de ses manières et par la variété de ses connaissances. On n'aurait pas cru qu'il avait passé sa vie dans les garnisons et les camps. Pas un mot grossier ne sortait de sa bouche et s'il entendait une expression indécente, ses joues se couvraient de rougeur. Non pas qu'il fût prude. Semblable, écrit un de ses intimes, au père indulgent qui pardonne les étourderies de ses enfants, il souriait en voyant ses aides-de-camp conter fleurettes aux jolies filles du Palatinat. Comme Moreau, comme Saint-Cyr, il revêtait rarement son uniforme de général et mettait presque toujours un habit bleu sans broderies et aux manches très courtes, le même, disait plaisamment son état-major, qu'il avait à sa première communion. Il ne portait pas d'épée, et un jour que des Impériaux le sur-

[1] Pichegru à Bouchotte, 3 et 5 déc. (A. G.) ; Saint-Cyr, I, 143.

prirent dans les vignes aux environs de Mayence, il dut saisir un échalas qu'il brandissait comme s'il avait tenu la Durandal de Roland. Nul ne l'égalait en bravoure. Il était surtout général de main, affectionnait les affaires d'avant-garde et les actions où les troupes légères jouent le rôle principal. Sa vaillance, sa candeur, la façon simple et modeste dont il remplissait les devoirs de son métier et donnait l'exemple des vertus militaires, l'avaient rendu populaire dans l'armée. Lorsqu'après le combat du 20 août, il reparut la tête enveloppée d'un bandeau, les soldats le saluèrent de leurs acclamations. Mais il n'était pas moins aimé des ennemis. Tous ont vanté son humanité ; tous ont senti qu'il personnifiait non seulement par la valeur et les talents, mais par la droiture et l'honneur ce que la Révolution avait de noble et de chevaleresque, On le nommait en Égypte le Sultan Juste et un historien allemand lui applique les vers de Virgile :

> . . . . *justissimus unus*
> *Qui fuit in Teucris et servantissimus æqui* [1].

Aidé des conseils de Desaix et fort du terrible appui que lui prêtaient les représentants, Pichegru consacra les premières semaines de novembre à l'organisation de

[1] Lavallette, I, 143 ; Saint-Cyr, III, 119 ; IV, 192; Schlosser, *Geschichte des* XVIII *Jahrhunderts*, V, 621, Michaud l'apprécia ainsi en fructidor an II : « son génie militaire et les preuves fréquentes de courage et de valeur qu'il a données me le font juger très propre au commandement d'une armée ». Carnot disait de lui : « Il a toujours commandé l'avant-garde avec le plus grand succès ; son caractère tient à l'audace; extrêmement jaloux de sa réputation, connaissant parfaitement l'art de captiver la confiance de la troupe, s'occupant beaucoup à connaître la position de l'ennemi, ses moyens et le caractère de ses généraux ; réunit beaucoup de talents avec le seul défaut de ne point s'occuper de la discipline. »

l'armée. « Je suis occupé, écrivait-il, à faire renaître la discipline et à rendre l'énergie que les trahisons et quelques revers ont affaiblie ; jusqu'à ce que j'ai réussi dans ces deux points, je me bornerai à attendre l'ennemi de pied ferme. » Il prit Bourcier pour chef d'état-major [1]. Il fit, comme Saint-Just et Le Bas, des *exemples de rigueur*. Après l'exécution d'Isambert, il déclara que quiconque battrait en retraite sans ordre du général en chef ou sans une instruction du général qui commandait la division, subirait la peine de mort. Enfin, lorsqu'il fut convaincu de la subordination et du courage de ses soldats, dont le nombre s'élevait à 33,000, il assaillit Wurmser. Le 48 novembre, à sept heures et demie du matin, les Autrichiens étaient attaqués sur tous les points : à la Wantzenau et à Reichstett par la droite de l'armée du Rhin, à Brumath par le centre, à Hochfelden et à Bouxwiller par la gauche. Les Français, avait dit la veille un déserteur à Wurmser, se proposaient de tout hasarder pour percer la ligne autrichienne [2].

---

[1] Bourcier (François-Antoine-Louis), né le 21 février 1760, à la Petite-Pierre, dragon dans la légion royale (2 mars 1772), brigadier aux chasseurs de Picardie (15 janvier 1780), fourrier (20 janv. 1784), adjudant (24 sept. 1784), porte-étendard (26 mai 1788), quartier-maître trésorier (10 sept. 1789), aide-de-camp du duc d'Aiguillon (7 juin 1792), adjudant-général chef de bataillon (8 mars 1793), général de brigade (nommé par Lacoste, Guyardin, Mallarmé et Niou, 20 oct. 1793), chef de l'état-major (22 oct. 1793), général de division, (nommé par Lacoste, le 9 juillet 1794), suspendu par Hentz et Goujon, retiré à Gray, réintégré (27 juillet 1794), confirmé général de division (10 août 1794), inspecteur général des troupes à cheval de l'armée de Mayence et en Helvétie (29 fructidor an VI). Carnot le jugeait ainsi « grand amateur de l'ordre et de la discipline, actif et zélé pour ses fonctions, ses vues militaires sont peu étendues ». Il mourut le 8 mai 1828, au château de Ville-au-Val, près Pont-à-Mousson.

[2] Pichegru à Delaunay, 29 oct. et à Bouchotte, 13 nov.; Dubois à Michaud, 10 nov. (A. G.) ; Gebler, 230 ; d'Ecquevilly, I, 233. Cf. sur l'effectif de l'armée du Rhin à ce moment deux lettres de Pichegru

II. Desaix commandait la droite ou, comme il aimait mieux la dénommer, l'avant-garde. Il se porta sur la chaussée de la Wantzenau avec son infanterie, tandis que ses escadrons s'avançaient dans la plaine à gauche de la route et, malgré le sol marécageux, abordaient l'aile droite de Waldeck. La lutte dura près de dix heures au milieu de la canonnade et d'une violente mousqueterie. Mais Desaix dut reculer sous le feu croisé des batteries autrichiennes, et la cavalerie de Waldeck, débouchant d'un bois, fondit sur l'arrière-garde française avec une telle impétuosité qu'elle poussa les fuyards jusqu'au Jardin d'Angleterre [1].

Michaud, qui conduisait la droite, avait mission d'assaillir Brumath. Quatre fois il entra dans la forêt qui se trouvait en avant du village ; quatre fois il fut refoulé par Meszaros. Lui aussi, comme Desaix, dut se retirer sans avoir rien fait, et les Impériaux le virent enlever sur le champ de bataille un grand nombre de morts et de blessés [2].

à Bouchotte, 13 et 16 nov.; il écrit au ministre, le 13 nov. : « La force qui me reste, se trouve, de toi à moi, réduite à 33,000 hommes. » Voir plus haut, p. 66, note 4.

[1] D'Ecquevilly, I, 234. Le chef de brigade Nansouty se signala dans ce combat à la tête du 9e régiment de cavalerie (De Martimprey, *Historique du 9e cuirassiers*, 1888, p. 38).

[2] D'Ecquevilly, I, 235. Michaud (Claude-Ignace-François), né à Chaux-Neuve, dans le Doubs, le 28 octobre 1751, volontaire au 5e régiment de chasseurs à cheval ou du Gévaudan (10 sept. 1780-22 novembre 1783), capitaine au 2e bataillon des volontaires du Doubs (9 oct. 1791), lieutenant-colonel en second (29 déc. 1791), commandant temporaire de Delémont (10 oct. 1792), et de Porrentruy (5 mai 1793), avait été nommé général de brigade, le 19 mai, par Ruamps et ses collègues. Il se distingua dans les journées de Wissembourg, sous le commandement de Landremont, et il s'était, au témoignage de Dubois, « parfaitement conduit » à l'action du 12 septembre. C'est, écrivait-on de l'armée au *Journal de la Montagne* (n° 96), « un homme

Mais à gauche, Burcy obtenait sur Holze un avantage marqué. Il avait formé sa division en deux colonnes. Celle de droite qu'il menait en personne, s'empara du village d'Imbsheim, de la hauteur de Rietheim et du poste d'Obersoulzbach. Celle de gauche, commandée par Dauriol, et composée de cinq bataillons et d'un escadron, se saisit du bois d'Ingwiller. Hotze avait lutté toute la journée contre des forces supérieures, et dans la nuit même il exécutait avec un bataillon du régiment de Huff un heureux coup de main sur Rietheim. Les Français manquaient de vigilance ; ils furent mis en fuite et leurs canons encloués ou pris. Mais Hotze avait soixante morts et deux cent cinquante blessés. Ses troupes étaient épuisées et rejetées sur Bouxwiller. Les républicains, maîtres d'Ingwiller, allaient se porter sur ses derrières par Pfaffenhoffen et le couper de Reichshoffen, son point d'appui[1].

Wurmser comprit qu'il s'était, de ce côté du moins, enfoncé trop avant en Alsace. D'ailleurs, à cet instant, les Prussiens, quittant Wœrth et Mattstall, se repliaient sur Pirmasens pour établir leurs quartiers d'hiver dans des gorges inexpugnables dont la possession assurait le

à caractère, patriote ardent, brave au suprême degré ; il ne fait que commencer dans le commandement ; la confiance dont il jouit lui prépare des succès. » Legrand le nomme « brave et loyal ». Promu général de division (25 sept. 1793), Michaud devint successivement général en chef de l'armée du Rhin (19 nivôse an II), commandant de la 13ᵉ division militaire (21 vendém. an VI), général en chef intérimaire de l'armée d'Angleterre (16 messidor an VII), inspecteur-général de l'infanterie (10 ventôse an X), gouverneur-général des villes hanséatiques (nov. 1806). Entre temps, il avait été à l'armée d'Italie (4 germinal an VIII). Il assista au siège de Danzig, commanda Berlin (août 1807) et Magdebourg (20 février 1808) et fut mis à la retraite le 1ᵉʳ janvier 1815.

[1] Gebler, 230 ; d'Ecquevilly, I, 236 ; notes de Legrand (A. G.).

blocus de Landau. Il craignit que son aile droite, momentanément dégarnie par le mouvement rétrograde de Brunswick, ne fût exposée aux attaques de l'armée de la Moselle. Sur-le-champ, bien qu'avec répugnance et en pestant contre ses alliés, il résolut de se rapprocher tout doucement de Haguenau, et, sans éloigner ses avant-postes de la Zorn, de s'installer sur les rives de la Moder et de la Zinsel. Vingt-sept redoutes, construites avec beaucoup de soin, protégées par des abatis, munies de palissades, armées de canons, couvraient la ligne autrichienne qui s'étendait de Drusenheim par Kurtzenhausen, Niederschäffolsheim, Bischwiller, Marienthal, Schweighausen, Ohlungen, Mietesheim, Uttenhoffen, Gundershoffen, Reichshoffen, Frœschwiller, Wœrth et Gœrsdorf jusqu'à Lembach où commençait le cordon des troupes prussiennes. Le quartier-général avait été transféré de Brumath à Haguenau qui formait le centre de la position. Le prince de Waldeck gardait Gambsheim, Offendorf, Herrlisheim et poussait encore des tirailleurs sur la Wantzenau. Le général Meszaros tenait Brumath et Mommenheim. Le gros des Impériaux campait de Batzendorf à Rottelsheim. Les émigrés, cantonnés aux environs de Haguenau, avaient leur avant-garde, commandée par Vioménil, à Wintershausen. Puis venait le petit corps autrichien de Klenau qui se liait étroitement aux condéens. Hotze était à Pfaffenhoffen et de là dirigeait l'aile droite chargée de défendre Reichshoffen et tous les postes de la montagne jusqu'à Lembach[1].

Brunswick blâma de nouveau le général autrichien. Lui-même prenait, après la bataille de Kaiserslautern,

---

[1] Gebler, 231 ; *Gesch. der Kriege*, I, 245 ; d'Ecquevilly, I, 239 ; Wagner, 217.

une position excellente, garnie de retranchements et de blockhaus. Hohenlohe occupait Sarentel et le château de Lindbronn ; Courbière, Bobenthal et le fameux camp de Bundenthal sur la Lauter ; le colonel de Götz, la Scheerhöhl que les Français nomment le Colombier ou plutôt le Pigeonnier. Tous trois disposaient ensemble de vingt-trois bataillons, de trente escadrons et de neuf batteries. Ils couvraient les trois routes qui menaient à Landau, l'une par Kaiserslautern, Dürkheim et Neustadt, l'autre par les gorges d'Annweiler, la troisième par Dahn et Fischbach. L'ennemi, écrivait Brunswick, ne réussirait jamais à percer, et les officiers prussiens souhaitaient que l'armée de la Moselle vînt derechef les attaquer en forces supérieures pour justifier par la victoire le choix et l'aménagement de leurs postes. Pas un point, disaient-ils, n'était négligé ou abandonné à lui-même ; tout s'enchaînait ; Hohenlohe, Courbière, Götz pouvaient aisément s'entresecourir ; si l'adversaire assaillait par exemple Sarentel ou Lindbronn, on lui tomberait sur le flanc et les derrières. L'état-major et le corps du génie s'enorgueillissaient d'avoir noué et serré ce cordon de cantonnements, recommandé dans les ouvrages de Müller et de Lindenau [1].

Mais, répétait Brunswick, Wurmser n'élevait pas contre les Français une « digue insurmontable », et il avait tort de ne pas prendre derrière la Sauer une position plus solide. Pourquoi s'étendre pareillement devant la forêt de Haguenau sur une longueur de 40 kilomètres ? Pourquoi morceler son armée et l'exposer à une multitude de petits combats ? Au lieu de recevoir tous les jours le choc des républicains et de les exciter à de nou-

---

[1] Wagner, 205 ; *Uebersicht*, II, 5 ; Valentini, 55.

velles attaques, au lieu de se renfermer dans une défensive ruineuse, de se condamner à l'immobilité, à l'infériorité, ne ferait-il pas mieux de se concentrer, de
ramasser ses forces, de les réunir en faisceau, d'assaillir
à son tour les Français sur tous les points? Wurmser
refusa d'écouter Brunswick et ceux qui pronostiquaient
un désastre. Il s'obstina dans son dessein de garder
Haguenau, comme si Haguenau, disaient les Prussiens,
était le but de la campagne. Il répondit que Haguenau
lui offrait un avantage très considérable et qu'il ne pouvait abandonner Fort-Louis à ses seules ressources.
Deux officiers, deux confidents de Brunswick, le major
Köckeritz et le capitaine Kamptz, lui proposaient de rassembler l'armée autrichienne et de se jeter sur l'ennemi ;
puis, la bataille gagnée, de s'établir derrière la Sauer et
de passer l'hiver dans une position où les carmagnoles
lui laisseraient trève et répit. Wurmser déclara qu'il
resterait où il était, qu'il ne céderait plus une parcelle
de terrain aux sans-culottes, qu'il saurait repousser tous
les assauts et tenir jusqu'au bout: « J'ai déjà, s'écriait-
il, évacué soixante villages ; je ne lâcherai pas les autres
et je ne veux pas faire le malheur des Alsaciens qui sont
attachés à notre cause [1]. »

III. La légère reculade de Wurmser ne fit qu'encou-
rager l'armée du Rhin qui reprit l'offensive la baïonnette
en avant et aux cris de : *Vive la République*[2]. Le 20 novembre, Desaix ressaisissait la Wantzenau et Hoerdt,
mais Combez ne pouvait, à cause des brouillards si fré-
quents dans cette saison, s'emparer de Kilstett. Le

[1] *Uebersicht*, II, 8 ; Wagner, 203-205, 207, 209-210, 214-215, 217.
[2] Pichegru à Bouchotte, 23 nov. (A. G.).

21, il attaquait Weyersheim. Le 22, il passait la Zorn pour escarmoucher contre les Impériaux qui défendaient la hauteur de Kurtzenhausen ; mais à la fin de la journée, il était rejeté sur Weyersheim par le prince de Waldeck et le général-major de Hahn. Le 23, il se portait de nouveau contre Kurtzenhausen, mais il reculait sous le feu de l'artillerie autrichienne et du régiment de Rohan. Le 27, une de ses colonnes était ramenée par le prince de Waldeck [1].

Michaud secondait Desaix. Le 20 novembre, il passait la Zorn et canonnait Brumath. Mais le lendemain, le colonel d'Ott l'assaillait sur l'ordre de Wurmser, et, malgré un feu violent de mousqueterie et de mitraille, le chassait du village et l'obligeait à repasser la Zorn. Le 25, il s'avançait derechef par la chaussée de Brumath, mais le général-major Kospoth le salua par de telles salves d'artillerie que la colonne française rétrograda sans avoir eu le temps de se déployer. Le 27, il reparaissait sur la même chaussée, mais Kospoth l'accueillit encore à coups de canon, et Michaud ne tarda pas à se retirer [2].

On ne peut retracer par le menu tous ces combats sur lesquels on n'a du reste que des informations rares et nullement précises. Il suffit de dire que les Autrichiens défendaient pied à pied le sol qu'ils avaient conquis six semaines auparavant et qu'ils repoussèrent les attaques de la droite et du centre. Le canon tonnait du matin au soir ; la lutte ne s'animait et ne s'opiniâtrait qu'en un seul point ; mais on se battait sur toute la ligne des avant-postes, et les chamailleries, les agaceries, les taquineries, comme disaient les Impériaux, ne cessaient pas un instant.

[1] D'Ecquevilly, I, 242, 244.
[2] *Id.*, I, 241, 249, 254.

Le 1er décembre, les républicains donnèrent de toutes parts. La gloire de la journée revint à l'intrépide Desaix ; c'est lui, assurait Pichegru, qui a le mieux fait. Les Impériaux s'étaient retranchés derrière le fossé dit *Landgraben* à Gambsheim et à Bettenhoffen ; ils avaient plusieurs batteries de gros calibre ; ils appuyaient leur gauche au Rhin et la soutenaient par une nombreuse cavalerie. Les tirailleurs français hésitèrent ; Desaix se mit à leur tête et les entraîna. L'affaire fut très chaude. Le jeune divisionnaire eut son cheval tué sous lui ; un général de brigade, le Strasbourgeois Courtot, reçut une blessure, et Salm, alors chef de brigade du 3e régiment, une contusion. 180 Français étaient hors de combat. Mais le général comte Keglevich tomba mortellement atteint. On emporta Gambsheim à la baïonnette. On refoula les Autrichiens sur Offendorf [1].

Le 2 décembre, Desaix assaillit Offendorf et le bois de Gambsheim où l'ennemi s'était solidement posté. Il n'obtint aucun résultat. Les cinq bataillons qui formaient sa gauche, furent chargés vigoureusement par la cavalerie autrichienne. Un bataillon d'Eure-et-Loir lâcha pied. A la voix de Combez et de Diettmann, le 4e et le 8e chasseurs, le 9e cavalerie et la 3e division de gendarmerie s'élancèrent pour rétablir le combat. Mais le jour finissait et Combez fut blessé [2].

Le 3 décembre, Desaix renouvela son attaque, et cette fois réussit à chasser les ennemis d'Offendorf et de Herrlisheim [3].

---

[1] Gebler, 234 (article de la *Zeitschrift* autrichienne) ; (Strobel) Engelhardt, *Vaterl. Geschichte des Elsasses*, volume VI, 374 ; d'Ecquevilly, I, 258 : Pichegru à Lémane, 1er déc. (A. G.).

[2] Rapport de Boullaud, adjudant-général, 2 déc. (A. G.).

[3] Pichegru à Lémane, 4 déc. (A. G.).

Le 4, il les poussa jusqu'aux abords de Drusenheim [1].

Le 10, par le plus beau temps du monde et comme si le soleil voulait luire exprès pour éclairer le triomphe des républicains [2], il prit possession des villages de Weyersheim et de Kurtzenhausen que les Impériaux évacuaient de leur plein gré pour mieux couvrir leur ligne de Drusenheim et de Haguenau. Mais ce fut le terme des succès, d'ailleurs assez minces, de l'armée du Rhin à la droite et au centre. Les Français arrivaient devant les retranchements de la Moder. La position autrichienne était suffisamment forte pour résister à toute attaque de front. Des remparts fraisés, palissadés, et des fossés remplis d'eau entouraient Drusenheim. Des batteries, des redoutes s'élevaient à Hanhofen et à Bischwiller. Les Impériaux tenaient encore Gries, et les *manteaux rouges* patrouillaient jusqu'au milieu de Herrlisheim. Le 13 décembre, le général Legrand, qui servait sous les ordres de Desaix, entra dans le bois de Gries avec cinq bataillons, et malgré les abatis, s'avança jusqu'à Marienthal, mais il dut se replier. Le 15, Desaix et Legrand franchirent de nouveau les abatis et pénétrèrent dans le bois ; ils furent repoussés et poursuivis par les hussards impériaux qui ne s'arrêtèrent que sous le feu de l'artillerie légère. Le 19, même marche sur Marienthal, sur Rohrwiller, sur Drusenheim, et même reculade [3].

Au centre, Michaud faisait aussi peu de progrès. Ce ne fut que le 14 décembre qu'il s'empara de Brumath et put s'établir définitivement à Kriegsheim et à Niederschaeffolsheim [4].

---

[1] Pichegru à Bouchotte et Demont au Comité, 5 déc. (A. G.).

[2] Lettres de Renkin et de Pichegru (*Mon.* du 17 décembre).

[3] Bulletin du bureau de la correspondance secrète, 8, 13, 14 déc.; notes de Legrand (A. G.).

[4] Demont au Comité, 14 déc. (A. G.).

Ni Desaix ni Michaud n'avaient assez de monde pour combattre avec avantage. Vainement ils demandaient des renforts d'artillerie et de cavalerie. Vainement Desaix proposait d'attaquer la redoute de Bischwiller avec quelques escadrons et six bataillons qui seraient tirés de la gauche de l'armée. Pichegru comprenait que tout son effort devait se porter sur la droite de Wurmser[1].

IV. La gauche de l'armée du Rhin jouait en effet le principal rôle dans les opérations. Non seulement elle se rapprochait de l'armée de la Moselle et lui donnait la main, mais il suffisait qu'elle se saisit d'une ou de deux redoutes autrichiennes pour prendre les autres à revers. C'était l'opinion de Raymond Blanier, un des meilleurs agents de la République en Alsace, et qui envoyait aux généraux, aux ministres des renseignements exacts et souvent précieux. L'armée du Rhin, disait-il, doit « agir avec toute la fermeté possible, excepté à la droite et au centre ». Pichegru était du même avis : il ne pouvait, écrivait-il, avec le peu de forces qu'il avait, attaquer les ennemis de front ; « il faut absolument que ma gauche les tourne, et je lui ai ordonné d'avancer le plus possible[2] ».

Elle formait, comme on sait, deux divisions : la division de Saverne que commandait Burcy, et celle du Kochersberg que conduisait Ferino[3].

---

[1] Notes de Legrand (A. G.) ; Saint-Cyr, I, 178.

[2] Blanier à Bouchotte, 11 déc. ; Pichegru au même, 23 nov. (A. G.).

[3] Ferino (Pierre-Marie-Bartholomé), né le 20 août 1747, à Craveggia, dans le Haut-Milanais, avait servi vingt-deux ans l'Empereur. Il fut nommé, le 1er août 1792, lieutenant-colonel commandant de la légion de Biron ou bataillon des chasseurs du Rhin, général de brigade provisoire, le 20 juillet 1793, et général de division provisoire,

Burcy et ses lieutenants eurent d'abord de petits succès. Le général Dauriol entra dans Bouxwiller [1]. L'adjudant-général Aubugeois s'empara de la hauteur d'Uttenhoffen après une fusillade très vive qui dura
plusieurs heures. Burcy chassa les Autrichiens de Zutzendorf et de Kindwiller.

Mais Burcy allait subir un échec qui lui coûta la vie
et arrêta pendant quelques jours les progrès de l'aile
gauche. Le 26 novembre, sa colonne de droite disputait
aux Autrichiens la possession d'un bois près de Mietesheim. Ce bois de haute futaie faisait partie de la forêt
de Haguenau; ses arbres étaient à une telle distance les
uns des autres que la cavalerie pouvait y charger; il n'y
avait, du côté des Français, ni broussailles, ni taillis; du
côté des Autrichiens, des buissons garnissaient la lisière. Durant toute la journée, les tirailleurs pénétrèrent
dans le bois et en débusquèrent les ennemis; mais sitôt

le 23 août suivant. Mais on se défiait de lui à cause de son origine
étrangère; Pichegru écrivait (3 décembre 1793. A. G.) qu'il n'avait
pas eu lui une confiance absolue, et Lacoste voulait le remplacer par
Saint-Cyr (Saint-Cyr, I, 183). Suspendu le 26 prairial an II par
Hentz, relevé de sa suspension le 17 fructidor suivant, réintégré général
de division le 11 ventôse an III, réformé le 25 fructidor an V, remis en
activité le 29 thermidor an VI, Ferino entra au Sénat le 12 pluviôse
an XIII. Il avait commandé la 3e division militaire (7 prairial an IX)
ainsi que le corps d'observation de l'Escaut, et il fut quelque temps
gouverneur d'Anvers (23 mars 1807). Cf. sur son rôle à l'armée du
Rhin en 1793. *Wissembourg*, p. 12, 54 (note), 196, 200. « Il a été fort
bon officier, disait Carnot, mais ses organes affaiblis depuis quelque
temps le rendent médiocre; il lui faut un adjudant-général entendu
pour l'aider dans ses fonctions. »

[1] A peine entrés à Bouxwiller et à Ingwiller, les républicains transformèrent les églises en temples de la Raison; ils enlevèrent les au-
tels et les bancs; ils dressèrent un arbre de la liberté, dansèrent la
Carmagnole. « Les habitants et les ennemis, écrivait-on à Paris, ne
peuvent voir sans étonnement ces Français, si terribles dans les combats, chantant et dansant après la victoire. » (*Journal de la Montagne*, n° 77.)

qu'ils en sortaient, ils s'exposaient au feu d'une redoute dont les canons crachaient la mitraille. A plusieurs reprises, ils débouchèrent dans la plaine ; assaillis chaque fois par une grêle de projectiles, contraints chaque fois de reculer et chaque fois chargés par les cavaliers autrichiens jusqu'à portée de fusil, ils perdirent à ce « jeu de barres » près de trente hommes par bataillon.

Pendant ce temps, les représentants Lacoste et Baudot ordonnaient à Burcy d'enlever une redoute très forte que les Impériaux avaient construite au-dessus de Gundershoffen. Burcy fit de justes objections. Si brave et si impétueux qu'il fût, il comprenait qu'on ne pouvait de front et par le centre emporter une position retranchée. Mais il dut obéir. Il partit avec quelque infanterie et deux régiments de cavalerie, le 11e hussards et le 2e chasseurs. Sa colonne passa le ruisseau de la Zinsel sur deux ponts établis au-dessous d'Uttenhoffen ; elle était pleine d'ardeur, elle gravit la rampe de Gundershoffen, et malgré la raideur du terrain, traversa le village au pas de charge. A peine approchait-elle de la redoute qu'un feu terrible l'accueillit. L'infanterie se débanda et fut aussitôt poursuivie par les cuirassiers de Mack rangés en bataille derrière la redoute. Le 11e hussards avait ordre de résister au choc. Mais ce régiment, nouvellement formé, se composait d'anciens fantassins qui montaient tant bien que mal des chevaux de luxe réquisitionnés, nullement accoutumés au manège et aux bruits de la guerre. Loin de couvrir l'infanterie, les hussards se rejetèrent sur elle et achevèrent son désarroi. Seul, le 2e chasseurs soutint l'attaque de la cavalerie impériale ; mais il perdit soixante hommes dont sept officiers. Burcy était à la tête du régiment ; sa selle tourna, il tomba de cheval et fut percé de coups. On dit qu'après avoir été désarçonné, il mit le sabre à la main, refusa tout quartier et préféra mourir plutôt que de se rendre [1].

La brigade de Burcy se rallia sur les hauteurs d'Uttenhoffen; mais celle qui s'était installée près du bois de Mietesheim, resta jusqu'au surlendemain sans officier d'état-major, sans mot d'ordre. Il semblait que le quartier-général eût absolument oublié qu'elle existait. Enfin, le 28 novembre, au matin, lorsque ses avant-postes furent attaqués, Oudinot, chef de bataillon du 2e régiment d'infanterie, prit le commandement et résolut, après avoir tenu conseil de guerre avec les officiers supérieurs, de garder la position et de la défendre de son mieux. Derechef, une colonne de tirailleurs entra dans le bois et chassa l'ennemi qui s'était logé dans les broussailles de la lisière; derechef les Impériaux firent un feu violent; le bataillon de Dieuze lâcha pied et entraîna toute la colonne. Sans la vigoureuse attitude du 2e régiment et du bataillon de Chaumont, la brigade entière se fût dispersée. Elle regagna son ancien emplacement. A quatre heures du soir, l'adjudant-général Hatry lui apportait l'ordre de rentrer dans le bois; elle exécuta le mouvement prescrit; mais à onze heures, elle recevait contre-ordre et se repliait de nouveau. Seul, le bataillon de Chaumont, qui ne fut pas averti par le gendarme d'ordonnance, demeura dans le bois; le lendemain il était assailli par les Autrichiens et reculait en hâte et non

---

[1] Rapport de Girardon (A. G.). Augustin de Burcy était né à Caen, le 7 décembre 1748. Gendarme à la compagnie de Berri, puis à la garde (1771), réformé (1776), major de la garde nationale de Caen (1791), chef de brigade de la 2e division de gendarmerie organisée à Lunéville, général de brigade (11 sept. 1793), il avait été suspendu par le Conseil exécutif, le 15 novembre, en vertu du décret qui excluait des armées quiconque avait servi dans la garde du roi. Cf. Et. Charavay, *Les généraux morts pour la patrie*. 1893, p. 13.

sans confusion. Le capitaine Menestrier, le premier qui s'était enfui, fut arrêté, envoyé devant le tribunal militaire et fusillé le 11 décembre sous les yeux de son bataillon.

Il fallait pourtant conquérir ce fameux bois de Mielesheim. Le 1er décembre, Hatry, nommé général de division par les représentants [1], attaqua les Impériaux. Il les poussa jusqu'au ravin ; mais cette fois encore le feu de la redoute jeta le désordre dans les rangs des carmagnoles ; cette fois encore la cavalerie autrichienne chargea les fuyards ; la brigade fut refoulée au-delà du bois en arrière de sa première position et le 8e bataillon de

---

[1] Hatry (Jacques-Maurice), né le 12 février 1742, à Strasbourg, fils d'un garde d'artillerie, avait fait ses études à Strasbourg, à Besançon et à Pont-à-Mousson. Lieutenant en second au 77e bat. ou de la Marck (2 oct. 1758), second lieutenant (11 août 1759), lieutenant (4 mars 1767), commissionné capitaine en second (20 mars 1778), capitaine-commandant (25 sept. 1782), capitaine des grenadiers (7 juin 1783), capitaine des chasseurs (1er sept. 1785), il fut nommé le 29 juin 1792, lieutenant-colonel du régiment où il avait toujours servi et fait les campagnes de Hanovre (1758-1762), de Corse (1768-1769) et des Indes (1781-1785). Destitué par Pache sur une dénonciation de ses soldats (20 déc. 1792), il fut réintégré par Beurnonville, sur la recommandation des députés alsaciens Laurent, Louis, Johannot et Ritter, et envoyé à l'armée du Rhin comme adjudant-général (8 mars 1793). Lacoste et Baudot lui donnèrent provisoirement, le 6 frimaire an II, le brevet de général de division, qui lui fut confirmé le 9 pluviôse suivant ou 28 janvier 1794. Il commanda en chef l'armée de l'intérieur (10 mars 1796), et celle de Mayence (9 déc. 1797) et fut inspecteur-général de l'infanterie de l'armée d'Angleterre (22 thermidor an VII). Il devait mourir le 30 novembre 1802. Ses notes sont très bonnes : « connaissant bien la carte et les manœuvres de ligne, ayant une bravoure réfléchie, possédant toutes les qualités requises pour faire un bon officier général, excellent républicain. » Jourdan le jugeait ainsi : « Officier de mérite, qui maintient le bon ordre et la discipline parmi les troupes et veille avec soin à leur instruction ; il a commandé plusieurs fois trois et même quatre divisions et l'armée pendant mon absence ; il a de bonnes mœurs et est bon républicain. »

l'Ain, qui voyait l'ennemi pour la première fois, ne se rallia qu'à grand'peine [1].

V. Tandis que la division commandée d'abord par Burcy et ensuite par Hatry, s'arrêtait impuissante devant les redoutes autrichiennes de Gundershoffen et de Mietesheim, Ferino entamait les émigrés. Il les refoula lentement, petit à petit, et se saisit des villages de Hochfelden, de Schwindratzheim, de Mommenheim, d'Eckendorf, d'Oberaltdorf. Il gagnait donc assez de terrain pour être à la hauteur de Burcy. Tous les jours ses soldats avançaient d'un quart de lieue et ils disaient, lorsqu'ils prenaient les armes : « allons à la corvée du balayage. »

Mais Ferino, lui aussi, devait, par la faute de ses lieutenants, éprouver un revers. Il disposait de deux brigades, celle de droite conduite par Thévenot et celle de gauche aux ordres de Pierre. Ce dernier succédait à Ferey dont Saint-Cyr était naguère, à l'assaut de Bundenthal, le sage conseiller. Ferey avait pour chef d'état-major le capitaine Cuneo ; mais il ne suivit pas les avis de Cuneo ; il s'était laissé surprendre par les émigrés ; il avait perdu des canons. Pichegru donna sa brigade à Pierre, commandant du 24e régiment d'infanterie.

Ce Pierre était aussi nul que Ferey et il causa ce célèbre échec de Berstheim, que les émigrés ont compté parmi leurs plus éclatantes prouesses. Ne vit-on pas le nom de Berstheim sur les trophées dont fut entouré le catafalque du prince de Condé ?

Les émigrés avaient retranché Berstheim. Par deux fois, le 27 et le 28 novembre, Pierre se contenta de parader devant le village, sans même déployer ses colonnes. Il était partisan de l'ordre profond, et n'en voulait pas

d'autre. Saint-Cyr, chef d'état-major de Ferino, se
chargea d'emporter la position. Le 1er décembre, par
un beau temps de gelée, il menait quelques troupes
contre Berstheim. Ses tirailleurs mirent en fuite les
hussards de Mirabeau et ses canons échangèrent des
boulets avec les pièces que pointaient les officiers de
l'ancien corps royal de l'artillerie, le maréchal de camp
Saint-Paul, le colonel Nadal, les capitaines Prévost et
Durand. Mais, pendant cette escarmouche, Saint-Cyr
reconnaissait les issues de Berstheim et les retranchements des condéens.

Le lendemain 2 décembre, avec deux bataillons d'infanterie, deux cents chevaux du 19e de cavalerie et six
pièces, dont deux de 16, servies par de vieux soldats,
Saint-Cyr attaquait les émigrés. Il fit couvrir de projectiles Berstheim et le redan qui flanquait la droite du
bourg. Puis, jugeant le moral des condéens suffisamment
ébranlé, il lance ses deux bataillons qui se forment en
tirailleurs, chassent du redan les grenadiers de Mirabeau et pénètrent dans Berstheim. Trois fois la légion de
Mirabeau essaie de reprendre le village ; trois fois elle
est repoussée et les patriotes, vainqueurs, se logent dans
les vergers, les haies, les chemins creux.

Mais Pierre débouchait alors à la hauteur des deux
bataillons de Saint-Cyr qu'il devait relever. Il s'était
attardé et, pour réparer le temps perdu, au lieu d'arrêter
sa colonne, de la remettre en ordre et de lui donner un
instant de repos, il la faisait marcher au pas de course,
sans aucune précaution et sans souci de l'adversaire. Soudain, l'artillerie des émigrés, qui s'était ralliée derrière
un épaulement à peu de distance de Berstheim, décharge
plusieurs coups sur le premier peloton de la colonne
Pierre. Ce peloton, épouvanté, fait demi-tour, et entraîne

le second, puis le reste des troupes. Les condéens remarquent cette débandade. Leur artillerie redouble son feu. Leur cavalerie se précipite. En quelques minutes, la brigade Pierre se disperse de tous côtés. Mais de tous côtés les cavaliers nobles se jettent gaiement à ses trousses. Le 11° régiment de cavalerie, ci-devant Royal-Roussillon, tente au moins de sauver les canons. « Citoyens, dit le commandant, du silence et du courage, chargeons ces bougres-là ! » Une mêlée sanglante, acharnée, s'engage aux cris de : *Vive le roi !* et de *Vive la République !* Le duc de Bourbon envoie un coup de pointe à un patriote qui lui riposte par un coup de tranchant sur la main droite. Le jeune duc d'Enghien, un moment enveloppé, est délivré par les chevaliers de la Couronne et il avoue que rien n'égale la bravoure des Français royalistes, sinon celle des Français républicains.

Que devenait Saint-Cyr durant ce combat de cavalerie? A la vue de la brigade Pierre mise en fuite, le prudent officier avait compris qu'il ne pouvait garder plus longtemps ses deux bataillons en avant de Berstheim. Il les ramène aussitôt en-deçà du village dans la position qu'ils occupaient d'abord, entre Hochstett et Wittersheim. Un renfort inattendu lui vient au même instant : l'escadron du capitaine Druges. Cet escadron n'appartenait à aucune division et n'agissait que selon la volonté de son chef. Druges, homme intrépide et très propre à la guerre de partisans, le Marigny de l'armée du Rhin, avait, pour former ce corps, choisi dans tous les régiments de dragons, de chasseurs et de hussards 150 hommes les plus alertes et les plus résolus. Saint-Cyr pria Druges de couvrir la déroute de la brigade Pierre. Grâce à Druges, la cavalerie des émigrés cessa toute poursuite ; le capitaine reconquit même un obusier et le drapeau du 13° régiment que ses hommes rapportèrent fièrement à Saint-Cyr[1].

Cependant le prince de Condé, voyant les républicains évacuer Berstheim, s'était mis à la tête de l'infanterie. *A la baïonnette*, criait-on autour de lui. Il ordonna d'aborder les républicains à l'arme blanche ; « allons, dit-il à ceux qui l'environnaient, vous êtes tous des Bayard, montons au village ! » Mais Saint-Cyr avait habilement placé ses canons près de Hochstett ; la gauche de l'infanterie noble fut prise en écharpe tandis qu'elle longeait le plateau.

Telle a été cette action du 2 décembre 1793, que les émigrés transformèrent en bataille rangée. Ils n'avaient eu que 39 tués et 116 blessés. Mais ils avaient lutté seuls, sans le secours des Autrichiens, et ne partageaient avec personne l'honneur de l'affaire. Ils avaient enlevé 7 canons. Enfin, le prince de Condé, le duc de Bourbon et le duc d'Enghien avaient chargé, l'épée à la main, et tous trois après l'engagement, s'étaient embrassés sous les yeux de leur petite armée en se félicitant d'avoir échappé au péril. Avait-on jamais vu trois Condé sur le même champ de bataille et tous les trois victorieux à la fois ? Ils sont parmi nous, s'écriait un émigré, « l'image de la divinité, la valeur en trois personnes », et Delille disait plus tard :

> Trois générations vont ensemble à la gloire.

Pichegru destitua Pierre qui s'était « laissé dérouter par de la cavalerie[2] » et confia sa brigade, augmentée

---

[1] Cf. sur le capitaine Druges la 3ᵉ série des *Causeries militaires* du général Thoumas, 1891, p. 131-139 et son mémoire (A. G., 26 janvier 1794).

[2] « Pierre est un bien brave homme, disait Pichegru, mais je ne sais si ses talents militaires sont fort étendus. » Pourtant, Pierre reçut, le 17 février 1794, du Conseil exécutif, son brevet définitif de général de brigade.

d'un bataillon et de deux escadrons, à l'adjudant-général Saint-Cyr.

Saint-Cyr répara l'échec. Il exerça ses troupes et ranima leur confiance. Le 7 décembre, elles firent la répétition d'une attaque de village à la baïonnette et, pour se préserver des coups de pointe, tous les cavaliers mirent sous leur veste, devant et derrière, des mains de papier. Le 8, il les menait contre Berstheim. Les morts du 2 décembre n'étaient pas enterrés ; mais l'aspect de ces cadavres décomposés n'ébranla pas la brigade, et les émigrés jugèrent à son attitude que l'affaire serait vive. On commença par échanger de part et d'autre quelques coups de carabine. Les émigrés se moquaient des républicains : « Vous donnerez-nous encore des canons ? » Plusieurs reconnurent dans le 19e régiment de cavalerie, ci-devant Royal-Normandie, leurs anciens sous-officiers devenus officiers ; ils les appelèrent par leurs noms : « Rendez-nous, leur criaient-ils, la place que vous nous avez prise. » — « Vous l'avez perdue pour toujours », leur répondaient les patriotes. Mais Saint-Cyr ne voulait que tâter l'adversaire et savoir si les émigrés avaient reçu des renforts. A trois heures de l'après-midi, après avoir poussé des tirailleurs jusqu'aux premières maisons du bourg, il ordonnait la retraite. Le duc d'Enghien, qui remplaçait le duc de Bourbon à la tête de la cavalerie noble, suivit la marche de Saint-Cyr et manœuvra sur divers points, comme pour le tourner. Il dut bientôt s'arrêter : la gauche des républicains s'appuyait à l'escarpement du ravin de Niederaltorf et ses flancs étaient couverts par les tirailleurs du capitaine Gazan. La journée coûta cher aux émigrés qui se virent, dit un rapport du temps, « furieusement travaillés » par l'artillerie des carmagnoles. Deux lieutenants-généraux, Gelb et Mar-

tignac furent tués, celui-là par un éclat d'obus dans les
rangs de l'infanterie noble, celui-ci par un coup de canon
au bivouac, tandis qu'il s'entretenait avec le prince de
Condé. Gelb avait commandé la province d'Alsace et
Martignac, les places de Landau et de Huningue [1].

Le jour suivant, 9 décembre, eut lieu l'attaque décisive. La brigade de Saint-Cyr s'avance sous la protection
de l'artillerie ; elle est pleine de joie et d'assurance ; elle
presse sa marche ; elle montre la plus vive impatience
d'aborder l'ennemi, et Saint-Cyr, craignant déjà que ses
volontaires ne se laissent entraîner, s'efforce de modérer
leur ardeur. Mais, dans l'instant, les condéens tournent
le dos et ne disputent que pour la forme les retranchements et les villages. Aussitôt la cavalerie républicaine
prend les devants et gravit au trot les croupes du plateau. La cavalerie noble se porte à sa rencontre pour
couvrir la reculade de son infanterie. Mais un escadron
du 11ᵉ hussards, débouchant de Hochstett, culbute le
régiment des hussards de Salm. La cavalerie noble s'arrête, hésite, comme si elle était livrée à elle-même et
dépourvue de chef ; enfin, dans une armée qui compte
tant de généraux et un si nombreux état-major, un
simple fourrier, M. de Jobal, homme ferme et déterminé,
ose, malgré l'infériorité de son grade, mettre un peu
d'ordre et de régularité dans la retraite. C'est lui qui
rallie les escadrons, qui les place et qui, sur le tard, les
amène, à peine rassurés, aux redoutes construites par

---

[1] Blanier à Pichegru, 11 déc. (A. G.) Cf. sur Martignac *L'Expédition de Custine*, 3 et 44, et sur Gelb, les *Révol. de France et de Brabant*, de Cam. Desmoulins, n° 70, p. 207-208 : « Gelb, soldat de fortune, parvenu à la pointe du mérite, n'était lié qu'avec les plus
fanatiques aristocrates d'Alsace et sa maison était l'entrepôt de tous
les écrits contre-révolutionnaires. »

Wurmser en avant de Haguenau. « Qui vous a donné le
commandement », lui dit son colonel, le maréchal de
camp comte de Lanans. — « La nécessité », répond
Jobal.

Que s'était-il passé? Comment, après deux semaines
d'infructueux tâtonnemenis, les républicains obtenaient-
ils tout à coup et presque sans combat, un résultat si
décisif? Comment, au bout de quinze jours d'une lutte
sérieuse, après avoir repoussé plusieurs fois les tentatives des patriotes et remporté le 2 décembre un grand
avantage, après avoir fait sonner si pompeusement leur
triomphe et reçu les félicitations de l'empereur, de
Wurmser, du comte de Provence, les émigrés abandon-
naient-ils soudainement leurs positions à la vue des
troupes qu'ils avaient vaincues? Pourquoi refusaient-ils
la revanche? Pourquoi n'essuyaient-ils même pas une
attaque? Faut-il, demande Saint-Cyr, attribuer l'événement à cette inégalité qui se montre dans le caractère
des guerriers, comme la faiblesse éclate par instants
chez les héros? La véritable cause de cette retraite, que
Saint-Cyr ne devinait pas lorsqu'il rédigeait ses Mémoires, était aisée à trouver. Les Autrichiens pliaient en
même temps que les condéens, et, dit un émigré, à la
guerre tout se combine entre voisins, la bonne comme
la mauvaise fortune [1].

VI. Klenau flanquait la droite des émigrés à Dauendorf
et à Uhrwiler ; il couvrait ainsi la route de Haguenau et
l'importante redoute de Schweighausen. Hatry essaya
de le débusquer, pendant que Saint-Cyr assaillait les

[1] Saint-Cyr, I, 159-177 ; d'Ecquevilly, I, 276-287 ; Romain, II,
502-524 ; Muret, *L'armée de Condé*. 1844, I, 180-203 (ne fait que re-
produire, en les mêlant, le récit d'Ecquevilly et celui de Romain).

émigrés à Berstheim. Mais là, comme ailleurs, les Impériaux tinrent bon. Le 1er décembre, grâce aux efforts de Klenau et du prince de Hesse-Hombourg, colonel des cuirassiers de Hohenzollern, ils avaient repoussé les républicains qui laissaient plus de deux cents morts sur la place. Le 2 décembre, ils avaient perdu, puis repris Dauendorf. Le 8, ils avaient, après une attaque extrêmement vive et un feu ininterrompu de mousqueterie et de canon, refoulé les patriotes à l'entrée de la nuit[1].

Mais le 9, ils furent moins heureux. A deux heures de l'après-midi, Klenau était entouré par des forces considérables. Il se défendit longtemps avec vigueur ; mais il finit par manquer de munitions. Il lança les cuirassiers de Hohenzollern et les dragons de l'Empereur ; mais les nationaux, s'entr'ouvrant, livrèrent passage à leur canon qui fit sur les escadrons autrichiens une décharge de mitraille. Les dragons de l'Empereur tournèrent bride, puis revinrent au galop ; mais les hussards de Chamborant et de Colonel-Général (2º et 5e) les chargèrent cinq fois de suite et les mirent dans le plus grand désordre. Quelques cavaliers fondirent sur une pièce de la 10e compagnie d'artillerie volante et blessèrent ou dispersèrent les servants ; mais le canonnier Noirjean, qui reçut sept coups de sabre, s'arma d'un écouvillon et assomma deux des assaillants ; le lieutenant Odiot en tua deux autres, et la pièce fut sauvée. Klenau demanda des renforts au prince de Condé; mais les deux canons et les deux divisions de cavalerie que d'Ecquevilly lui amena, arrivèrent trop tard. Pressé de tous côtés et voyant que les Français se déployaient à droite et à gauche pour l'envelopper et le cerner, Klenau évacua Dauendorf et Uhrwiller. Le

1 D'Ecquevilly, I, 259 et 274.

corps des émigrés était entraîné dans sa retraite. Pourtant, sur le soir, après avoir reçu des munitions, Klenau revint à la charge, ressaisit le village d'Uhrwiller et enleva un canon de 16. Mais Dauendorf restait aux mains des Français. Il fallait décidément se replier en arrière de Wintershausen, sur le front de Haguenau et rentrer dans les lignes de la Moder. Déjà dans les lettres et les dépêches qu'on envoyait de Strasbourg à Paris, éclataient l'allégresse et l'orgueil du terrain reconquis. Un agent de Bouchotte disait que la prise de Haguenau n'était qu'ajournée, et Pichegru écrivait que les troupes montraient de bonnes dispositions, qu'elles ne consultaient que leur ardeur et qu'elles emportaient les redoutes ennemies sous un feu terrible ; les Impériaux, ajoutait-il, étaient dans une telle confusion que si l'action du 9 décembre avait duré deux heures de plus, Haguenau eût été occupé sans trop de résistance [1].

La gauche de l'armée du Rhin arrivait donc, de même que la droite et le centre, devant les positions que Wurmser avait choisies pour y passer l'hiver. La division Hatry bivaquait sur les hauteurs qui dominent les bois et l'abbaye de Neubourg. La division Ferino s'établissait en face d'Ohlungen. Mais, comme Desaix et Michaud, Hatry et Ferino ne purent se rendre maîtres des redoutes. Quotidiennement ils entraient dans les bois et en chassaient les Autrichiens qu'ils rejetaient derrière la Zinsel, la Moder, le Rothbach. Quotidiennement, ils étaient refoulés soit par l'infanterie des Impériaux et surtout par le régiment de Gyulai, soit par leur cavalerie et notamment par les cuirassiers de Mack,

---

soit par le feu des batteries qui bordaient les retranchements. Hatry et son second, Frimont, nommé récemment
général de brigade [1], firent plusieurs fois le simulacre de
traverser la Zinsel à Mertzwiller ; ils n'osèrent jamais
forcer le passage de la rivière et se bornèrent à des ti-
railleries. Ferino voulut le 15 et le 16 décembre s'emparer d'Ohlungen et des postes avoisinants ; les deux
journées, dit un de ses soldats, « ont coûté très cher
sans aucun succès décisif ». Ces vaines attaques, rapporte Saint-Cyr, étaient multipliées sur tous les points
et si répétées qu'il serait fastidieux de les exposer avec
détail ou seulement de les énumérer [2].

C'est ainsi que les Autrichiens disputaient à Pichegru
la Basse-Alsace. Les républicains les traitaient d'esclaves, de satellites des despotes ; mais ils admiraient la
bravoure et la constance que les *kaiserliks* déployaient
dans ces engagements réitérés. Assaillis sans fin ni relâche, ripostant avec énergie, rendant coup pour coup,
recommençant le combat lorsqu'il paraissait terminé,

---

[1] Frimont (Maurice) né le 14 décembre 1747, à Gondreville (district de Toul), laboureur et fils de laboureur, dragon au régiment du
Roi (18 mars 1764), fourrier (20 nov. 1776), maréchal-des-logis en
chef aux chasseurs des Alpes (20 mars 1779), adjudant (24 sept.
1784), sous-lieutenant (14 mai 1786), lieutenant en second dans
Royal-Liégeois (6 mars 1788), capitaine au 12e bataillon de chasseurs
(11 juin 1788), adjoint aux adjudants-généraux (8 octobre 1793), fut
nommé général de brigade provisoire, le 6 frimaire an II, par un arrêté de Lacoste et de Baudot, daté de Zutzendorf (« d'après la connaissance qu'ils ont des talents militaires de Frimont et de la nécessité d'augmenter le nombre des généraux de brigade pour le service
de l'armée »). Il fut confirmé le 7 frimaire an III et réformé le 25 pluviôse an V. Reneauld lui donnait la note suivante : « Mœurs pures et
honnêtes, bon patriote, ancien, brave et intrépide militaire, connaît
très bien la brigade qui lui est confiée. »

[2] Saint-Cyr, I, 178-180 ; notes de Legrand ; lettre de Vialart,
17 déc. (A. G.).

essayant de reprendre le soir ce qu'ils avaient abandonné
le matin, ne reculant qu'avec une extrême lenteur, et se
défendant si bien qu'ils perdaient trois fois moins de
monde que les Français, ces hommes qui, selon le mot
d'un officier prussien, imposaient le respect et dont la
peau semblait fumée par la poudre à canon, arrachaient
au général en chef de l'armée du Rhin cet honorable aveu
qu'il « n'avait pas grand espoir de les pousser comme il
l'aurait désiré ». Ils mettent, disait Pichegru, « autant
d'acharnement à la résistance que nous mettons d'impétuosité dans nos attaques [1] ».

Les républicains n'avaient pas, il est vrai, la même discipline et la même solidité que les Impériaux. Lorsque la
colonne de Dauriol entrait à Bouxwiller, les soldats se
débandaient pour courir au pillage, et quatre pièces d'artillerie autrichiennes qui n'étaient pas sorties du faubourg, avaient le temps d'échapper. On remarquait encore
dans l'armée beaucoup de négligence et de laisser-aller.
« Nos troupes, écrit un de nos agents, ne restent pas
exactement à leur poste, et bien souvent les officiers
mêmes. » Certains bataillons étaient intrépides, mais
d'autres, mous, hésitants, et, comme disait Pichegru,
lorsqu'on jouait de la baïonnette, quelques poltrons jetaient le désordre et « faisaient perdre le succès qu'on
était en droit d'attendre ». Les soldats brûlaient leur
poudre sans but, au hasard, pour le plaisir de décharger
leurs armes, et des compagnies n'avaient plus de munitions à l'approche des ennemis. Lorsqu'une brigade
abordait les retranchements autrichiens, deux groupes
se formaient aussitôt : les braves qui rivalisaient de té-

---

[1] Pichegru à Bouchotte, 23 et 26 nov. (A. G.) ; cf. Valentini, 60, et
Wissembourg, 105 (sur l'armée autrichienne).

mérité et qui « se piquaient les uns les autres à qui avancerait le plus », les lâches qui demeuraient en arrière et ne tiraient que deux ou trois fois à longue distance et pour la forme. Les officiers étaient pour la plupart excellents ; mais ils ne pouvaient toujours animer et diriger leurs hommes qui se dispersaient sur une ligne très étendue et se mêlaient, se confondaient avec d'autres. Enfin, la brigade qui restait toute la journée, l'arme au bras, derrière ses tirailleurs, s'exposait inutilement au feu de l'adversaire : au lieu de viser les enfants perdus, les Autrichiens dont les carabines portaient plus loin que nos fusils, envoyaient leurs balles sur la masse des bataillons et frappaient à coup sûr. Pichegru craignait de s'affaiblir. Les volontaires du 2e bataillon de la Charente Inférieure, épuisés par les combats et les bivouacs, exigeaient du repos, et on devait les rappeler de Gambsheim, les attacher au quartier-général établi à Stephansfeld. On devait prendre à la division du Haut-Rhin quatre de ses meilleurs bataillons. « Tous les jours, mandait le général à la date du 20 décembre, nous inquiétons l'ennemi par de nouvelles attaques ; tous les jours il se renforce sur les points où nous cherchons à percer », et il réclamait instamment un secours de 10.000 hommes de l'armée des Ardennes pour « pousser les Autrichiens un peu plus ferme ». On était à une demi-lieue de Haguenau, mais on croyait qu'il faudrait bombarder la ville pour en déloger Wurmser. « Ça va, disaient les commissaires du Conseil exécutif, mais ça va bien lentement [1]. »

[1] Cf. l'arrêté de Lacoste, p. 40 ; Pichegru à Bouchotte, 5 et 20 décembre ; Vialart à un Jacobin, 17 décembre ; Laîné, chef du 2e bataillon de la Charente-Inférieure à Pichegru, 9 décembre ; Scherer à Lullier, 15 décembre ; Renkin et Berger à Bouchotte, 20 décembre

Toutefois les Français avaient le nombre, et, s'ils payaient chèrement chaque pas qu'ils faisaient en avant, ils usaient l'ennemi par leurs continuels assauts. Les Impériaux, les émigrés ne prenaient plus la peine de dissimuler leur mécontentement, et assuraient que leur vigueur physique n'était plus en proportion de leur courage. Wurmser jugeait que ses postes de Marienthal et de Schweighausen étaient « rudement attaqués ».

(A. G.). Voici comment était composée l'armée du Rhin, d'après le rapport d'appel du 17 au 18 déc. 1793 : AVANT-GARDE (Desaix) : 1ᵉʳ bat. Corrèze, 1ᵉʳ bat. du 88ᵉ, 1ᵉʳ Jura, 1ᵉʳ Dordogne, 2ᵉ bat. du 75ᵉ, 2ᵉ bat. du 3ᵉ, 8ᵉ Jura, 8ᵉ Drôme, 12ᵉ Jura, chasseurs du Rhin, 11ᵉ inf. légère, 2ᵉ bat. du 37ᵉ, 2ᵉ Lot-et-Garonne, 11ᵉ Jura, 3ᵉ Haute-Saône, 4ᵉ Eure, 12ᵉ inf. légère, 1ᵉʳ du 75ᵉ, 7ᵉ hussards, 4ᵉ et 8ᵉ chasseurs à cheval, 11ᵉ et 17ᵉ dragons, une compagnie de hussards de Jemappes, un détachement du 14ᵉ cavalerie, 141 hommes d'art. volante. — *Division Michaud :* 1ᵉʳ bat. du 3ᵉ rég., 7ᵉ Drôme, 3ᵉ du Bec-d'Ambez, 1ᵉʳ Ain, 1ᵉʳ Doubs, 2ᵉ bat. du 93ᵉ rég., 4ᵉ Saône-et-Loire, 6ᵉ Doubs, 1ᵉʳ bat. du 46ᵉ rég., 3ᵉ Rhône-et-Loire, 10ᵉ chasseurs à cheval, 4ᵉ et 8ᵉ dragons. — *Division Ferino :* 1ᵉʳ bat. du 27ᵉ, 9ᵉ Vosges, 2ᵉ bat. du 46ᵉ rég., 10ᵉ Jura, 1ᵉʳ Haute-Saône, 10ᵉ Vosges, 6ᵉ et 7ᵉ inf. légère, 1ᵉʳ Indre, 1ᵉʳ Puy-de-Dôme, 2ᵉ bat. du 105ᵉ rég., 3ᵉ Indre-et-Loire, 1ᵉʳ bat. du 105ᵉ rég., 1ᵉʳ Lot-et-Garonne, 2ᵉ bat. du 27ᵉ rég., 15ᵉ Vosges, 5ᵉ et 11ᵉ hussards, 7ᵉ chasseurs à cheval, 2ᵉ, 11ᵉ et 19ᵉ cavalerie, 66 hommes d'artillerie volante, 2ᵉ bat. du 13ᵉ rég. — *Division Hatry :* 2ᵉ bat. du 2ᵉ rég., 1ᵉʳ bat. du 13ᵉ rég., 1ᵉʳ bat. du 24ᵉ rég., 1ᵉʳ et 2ᵉ bat. du 33ᵉ rég., 2ᵉ bat. du 103ᵉ rég., 2ᵉ Dordogne, 2ᵉ Moselle, 4ᵉ Manche, 6ᵉ Meuse, 20ᵉ comp. d'art. volante, canonniers de Paris, 1ᵉʳ de chasseurs, et 2ᵉ de carabiniers, 2ᵉ, 11ᵉ, 12ᵉ, 13ᵉ, 18ᵉ, 19, 20ᵉ, 23ᵉ de chasseurs à cheval, 2ᵉ, 4ᵉ, 6ᵉ, 7ᵉ, 8ᵉ, 10ᵉ de hussards. — *Division Jacob* (*Lefebvre*) : comp. franche de Metz, détachement du 2ᵉ chasseurs, 47 hommes d'art. légère, 4ᵉ rég., 1ᵉʳ Vosges, 2ᵉ Rhône-et-Loire, 4ᵉ Jura, 5ᵉ Seine-et-Oise, 7ᵉ Haute-Saône, 9ᵉ Doubs, 8ᵉ Ain, 2ᵉ bat. du 102ᵉ rég., 51 hommes de gendarmerie nationale. — *Division Diettmann* (Legrand et Donadieu) : 1ʳᵉ, 3ᵉ, 29ᵉ divisions de gendarmerie, 9ᵉ, 12ᵉ et 14ᵉ de cavalerie, détachement du 22ᵉ cavalerie, compagnie d'artillerie volante. — *Artillerie* (Ravel et Dorsner) : 5ᵉ rég. d'art., 1ᵉʳ Bas-Rhin, un bataillon d'ouvriers pionniers. — *Quartier-général :* 28 guides, le 2ᵉ Charente-Inférieure, 161 partisans — en tout, 39,542 hommes, force active.

Dès le 5 décembre il exhalait ses angoisses dans une lettre au président du Conseil aulique de la guerre. Depuis le 18 novembre les Français n'avaient pas cessé de le houspiller partout avec des forces supérieures et une artillerie de gros calibre. C'étaient des *enragés*, des *fous furieux*, qui de l'aube au crépuscule et jusque dans la nuit harcelaient, canonnaient tantôt sa droite, tantôt sa gauche, tantôt son centre, souvent toute sa position, mais principalement son aile gauche. Sans la ténacité, sans l'exemplaire valeur de ses troupes, il aurait été depuis longtemps mis en déroute. Sans doute il infligeait aux sans-culottes des pertes considérables. Mais tant de combats avaient diminué son armée. Et le froid ! Et le mauvais temps ! Et les fatigues dont le terme n'était pas à prévoir ! Et les uniformes qui se déchiraient et tombaient en loques ! Pas de manteaux. Plus de voitures pour le bois et le fourrage. Tous les chariots réquisitionnés servaient au transport des blessés et des malades. Et il fallait envoyer de côté et d'autre des détachements ; il fallait tout garnir, les bords du Rhin, la Moder, la Zinsel, la montagne jusqu'à Lembach ; il fallait multiplier les avant-postes, occuper une quantité de redoutes, veiller à la sûreté de la rive droite du fleuve, depuis que l'adversaire avait eu l'idée de bombarder Kehl ! Bref, Wurmser ne pouvait tenir une pareille position. Si les Prussiens ne l'assistaient pas, il serait vaincu, et à l'avance, par une solennelle protestation, il déclinait la responsabilité du désastre. Que Hoche, s'écriait-il, s'unisse à Pichegru, et la retraite devient inévitable ; l'Alsace est perdue et Landau débloqué ; ce sont « les conséquences les plus funestes du monde » ! Les prévisions de Wurmser s'accomplirent : Hoche allait lui tailler de la besogne.

CHAPITRE VI

FRŒSCHWILLER

I. Nouveau plan de Hoche. — Echec de Jacob. — Prise du Jägerthal et de Nehwiller. — Grangeret à la Tannenbrücke et à Mattstall. — II. Assauts sur assauts. — Lamentations de Wurmser. — Etat déplorable des émigrés. — Les Prussiens à Lembach. — Hotze chassé de Froeschwiller (22 décembre). — III. Abandon du Liebfrauenberg. — Retraite des Autrichiens sur Wissembourg. — Les Français à Haguenau. — IV. La querelle des représentants. — Ressentiments de Lacoste et de Baudot contre Saint-Just et Le Bas. — Hoche généralissime.

I. Le vaincu de Kaiserslautern eût été perdu sans son civisme. Mais, disait Robespierre, toutes ses actions prouvaient qu'il était sans-culotte. Carnot assurait qu'il saurait seconder Saint-Just et Le Bas par ses talents et sa bonne volonté. Richaud et Soubrany vantaient son ardeur et affirmaient que sa retraite du 30 novembre, moins avantageuse à la France que la prise de Kaiserslautern, honorait son habileté. « Il ira bien, écrivait Hentz, il a du courage, des vues, et ce n'est rien moins qu'un intrigant. » Bouchotte pensait qu'on devait lui « laisser beaucoup de latitude à cause de son républicanisme » et dès les premiers jours, il avait déclaré que

Hoche, comme Pichegru, choisirait les moyens de délivrer Landau. Le Comité ne fit donc au jeune général ni reproches ni menaces. Il essaya de cacher à la France la nouvelle de l'échec ; Barère annonça brièvement à la Convention que l'armée de la Moselle avait dû reculer après trois jours de combat devant un ennemi qui recevait sans cesse des troupes fraîches, et le public ne sut pas au juste ce qui s'était passé ; il répétait simplement avec Barère « bravoure soutenue, succès retardé ». Carnot mandait à Hoche que le Comité persistait à compter sur lui : « Un revers n'est pas un crime lorsqu'on a tout fait pour mériter la victoire ; ce n'est point par les événements que nous jugeons les hommes, mais par leurs efforts et par leur courage ; nous aimons qu'on ne désespère point du salut de la patrie ; notre confiance te reste. » Pareillement, Saint-Just et Le Bas, loin de blâmer Hoche, lui envoyaient de nobles et consolantes exhortations : « Tu as pris à Kaiserslautern un nouvel engagement ; au lieu d'une victoire, il en faut deux », et ils le priaient de frapper encore et continuellement, d'attaquer derechef les ennemis et de les occuper, sans leur laisser un moment de relâche, de marcher sur Landau avec la plus grande rapidité, de concerter ses mouvements avec Pichegru [1].

Hoche n'avait pas perdu cœur. « Si mon zèle, répondit-il à Carnot, avait pu s'attiédir, la lettre du Comité est bien faite pour le porter au plus haut degré. » Il disait qu'il allait *travailler sur nouveaux frais* et sur *une autre*

---

[1] Hentz au Comité, 12 nov. ; Richaud et Soubrany au Comité, 14 nov. et 1er déc. ; Bouchotte à Saint-Just et à Le Bas, 10 nov. et note à une lettre de Hoche du 16 nov. ; Carnot aux représentants, 14 nov. et 5 déc. (A. G.); Robespierre aux Jacobins (*Mon.*, 24 nov.); Saint-Just et Le Bas à Hoche (Hamel, II, 66-67).

base. « Il faut nous presser, marquait-il à Pichegru, et je
ne pense pas qu'un léger retard puisse nous empêcher
d'arriver à notre but. » Il jurait que les ennemis le re-
verraient *sous peu et de bien près*; plus les dangers semblaient éminents, plus il redoublerait de constance [1].

Mais, avant de jouer une seconde partie, il devait réorganiser son armée. Ses généraux, inexpérimentés, inhabiles, indociles, étaient pour la plupart au-dessous de
leur tâche. Chacun « voulait faire à sa mode et suivre
son petit plan particulier ». Pierre Huet, le plus ancien,
se montrait « absolument incapable » et Hoche invitait
les représentants à renvoyer sur-le-champ ce « brave
homme qui ne pouvait conduire une division [2] ». Paill-
lard était patriote, mais « imbécile [3] ». Dubois, Oli-

[1] Hoche à Pichegru et à Bouchotte, 1ᶜʳ déc. (A. G.) ; Rousselin,
II, 35-36.

[2] Louis-Pierre Huet, fils d'un maçon, né le 16 décembre 1749, à
Nogent-le-Rotrou, successivement soldat au 4ᵉ régiment d'inf. (17 déc.
1766), sergent (3 oct. 1772), fourrier (13 mars 1775), adjudant sous-
officier (15 septembre 1780), porte-drapeau (9 janvier 1788), abandonne son emploi (24 sept. 1790), élu lieutenant-colonel en premier du
1ᵉʳ bataillon d'Eure-et-Loir (4 sept. 1791), signe la capitulation de
Verdun (2 sept. 1792), général de brigade à l'armée de la Moselle
(20 sept. 1793) et général de division à la même armée (29 sept. 1793),
suspendu à Blieskastel, le 13 frimaire an II, par Lacoste et Baudot
qui jugent qu'il « n'a plus les forces physiques nécessaires pour le
commandement », nommé néanmoins par le Conseil exécutif provisoire à l'armée des côtes de Cherbourg (5 janvier 1794), réformé
(1ᵉʳ vendémiaire an V), employé de nouveau dans la 11ᵉ division militaire (5 brum. an VI), mis au traitement de réforme (17 pluviôse
an VII). Hoche lui donnait cette note « ancien militaire, patriote et
probe », mais c'était tout.

[3] Paillard (Nicolas-Augustin) né le 28 août 1756 à Donzy (Nièvre),
soldat aux gardes-françaises (17 mai 1775), grenadier (21 avril 1778),
caporal (21 juin 1778), sergent (1ᵉʳ mai 1787), sous-lieutenant dans la
garde nationale soldée (1ᵉʳ sept. 1789), lieutenant au 13ᵉ bat. d'inf.
légère (1ᵉʳ janvier 1792), fut nommé général de brigade le 5 octobre
1793. Il fit les campagnes de la Révolution aux armées du Rhin et

vier, Ambert avaient été mis en arrestation : Dubois, parce qu'on l'accusait, non sans raison, d'avoir aggravé le désastre de Wissembourg par sa malheureuse retraite de Seltz et de Gambsheim [1]; Olivier, parce qu'on le soupçonnait d'avoir pillé des effets précieux à Deux-Ponts [2]; Ambert, parce qu'il n'avait pas exécuté les ordres de Hoche dans les journées du 28 et du 29 novembre, et vainement il protestait qu'il avait fait son possible et ne pouvait ni « aplanir les montagnes », ni « créer des chevaux pour remplacer ceux qui périssaient de fatigue ».

d'Helvétie, commanda le Morbihan (1806-1809), puis la 3ᵉ brigade d'infanterie de la division d'arrière-garde de l'armée d'Espagne (1810) et la province de Palencia (1811), puis les départements de l'Orne et du Calvados (1812). Envoyé à la Grande-Armée (mai 1813), il fut blessé devant Dresde (27 août 1813). Prisonnier et rendu sur parole, admis à la retraite (24 déc. 1814), il reprit du service et commanda le Doubs (15 avril 1815), mais se retira définitivement le 1ᵉʳ août 1815.

[1] Cf. *Wissembourg*, 197, 205, 207, 220-222 et l'étude de M. Hennet parue dans le *Journal des sciences militaires* (1893).

[2] Olivier (Jean-Jacques), fils de Jean-Baptiste et de Louise Weisbrod, né le 29 déc. 1765, à Strasbourg, enfant de troupe, puis soldat au 35ᵉ régiment (Aquitaine), où son père était caporal (1ᵉʳ juillet 1770) et servait depuis cinquante-quatre ans, caporal (1ᵉʳ janvier 1782), sergent (15 juin 1785), congédié, fut élu le 25 août 1791 adjudant-major du 4ᵉ bataillon des volontaires de la Moselle, et le 15 juin 1792 chef de bataillon. « C'est un très bon sujet, disait Schauenburg, demandé pour chef par tout le bataillon qui lui est redevable de sa bonne discipline et de son instruction. » Général de brigade (19 sept. 1793), suspendu, remis en activité après jugement en avril 1794, bien noté par Jourdan qui jugeait qu'il « remplit parfaitement son emploi », regardé comme un homme qui « connaît la carte et manœuvre bien sa brigade », employé aux armées de Sambre-et-Meuse, d'Allemagne, d'Angleterre, d'Italie, il fut nommé provisoirement général de division à l'armée de Naples par Championnet (22 mai 1799) et inscrit au tableau trois ans plus tard (27 avril 1802). Inspecteur en chef aux revues (10 février 1800), envoyé en Etrurie (6 mai 1802), il commanda la 20ᵉ puis la 16ᵉ division militaire, et mourut en tournée pour son service, le 27 septembre 1813, au château de Saint-André à Witernesse (Pas-de-Calais).

Les officiers, surtout dans l'infanterie, « donnaient l'exemple du dégoût » et d'une « cruelle insouciance ». Les soldats étaient bons et braves, mais déguenillés, manquant de tout, accablés par le froid excessif de la saison, ils criaient misère, réclamaient à chaque instant des culottes et des capotes, voulaient cantonner, et bien que Hoche leur eût permis de prendre ce qu'ils trouveraient, paille, volets de maisons et portes de granges, refusaient de construire des baraques. De toutes parts, Hoche ne recevait que des « rapports affligeants ». Beaucoup de personnes, disait-il plus tard, crurent, lorsque je revins de Kaiserslautern, qu'il n'y avait plus d'espoir et regardèrent Landau comme pris ; ceux qui n'ont de plaisir qu'en annonçant les mauvaises nouvelles, s'égosillaient pour persuader que la République avait été trahie et que nous n'avions plus qu'à pleurer nos défaites. »

Il se multiplia, et, comme il dit, avec son courage, il lutta contre tout. « Le sentiment qui n'abandonne jamais les bons républicains, régnait dans mon âme, le génie de la liberté parlait à mon cœur, et je sentais qu'il ne fallait qu'un coup de vigueur et d'éclat pour étonner les ennemis. » Malgré Bouchotte, il avait emmené Hédouville dans son expédition de Kaiserslautern ; pouvait-il le renvoyer lorsqu' « il était en train de marcher à grands pas » ? Il lui donna pour successeur le plus jeune des officiers de son état-major, Grigny, le futur général, qui n'avait que vingt-sept ans et n'était encore que sous-lieutenant de cavalerie, mais que les commissaires du Conseil exécutif regardaient comme un excellent patriote[1]. Trois valeureux généraux, Blondeau, Grangeret,

---

[1] Grigny est un surnom qu'il a pris, son vrai nom était Tocip (Achille-Claude-Marie). Il naquit à Paris, le 7 avril 1766, de Jacques

Taponier, étaient restés à l'armée. Le modeste Blondeau avait fait les campagnes du Sénégal et commandait naguère un bataillon du Doubs[1]. Grangeret, alors

Tocip, bourgeois, et de Marie-Françoise Jourdan. Mais, disait-il, « je ne me connais pas de parents ; j'appelle mon oncle, un mercier qui m'a recueilli chez lui et élevé parmi ses enfants. » Il avait été, dit-il encore, « étudiant, clerc de notaire, commis chez un banquier, chargé de surveiller la transcription de manuscrits précieux à la bibliothèque de Brienne, et secrétaire de Rochambeau, six mois avant la guerre. » Le 17 juin 1792, il obtenait, sans doute sur la recommandation de Rochambeau, un brevet de sous-lieutenant ; trois jours après, le 20 juin, il était adjoint aux adjudants-généraux de l'état major de Luckner. Il plut à Hoche et aux commissaires du pouvoir exécutif. Valmont, Grou et Mourgoin, qui mandaient le 25 mai à Bouchotte, que Grigny était un « excellent patriote », que Dampierre l'appelait à l'armée du Nord et que Hédouville était « fort aise d'être débarrassé d'un observateur républicain et intelligent, toujours prêt à dénoncer tout ce qui ne marchait pas de niveau avec son opinion loyale et franche ». Lacoste et Baudot nommèrent Grigny adjudant-général (13 frimaire an II) et général de brigade (24 nivôse an II). « Je me crois, disait à cette occasion le jeune officier, incapable de commander par moi-même des troupes, comme caporal même ; sous un bon général en chef, je serai de la plus grande utilité pour toutes les parties de l'état-major par la trituration que j'ai des affaires. » Hoche et Moreaux lui rendaient le même témoignage ; il est, écrivait Hoche, « excellent officier d'état-major », et Moraux le note « bon patriote, bien dévoué aux intérêts de la République, remplissant avec zèle et intelligence les fonctions de chef d'état-major ». Destitué le 29 messidor an II, réintégré le 22 fructidor an II, confirmé général de brigade le 25 prairial an III, employé dans la 12e division militaire (27 floréal an V) et commandant en chef par intérim de cette division (7 vendém. an V), commandant des Deux-Sèvres, de la Vendée, de la Loire-Inférieure, Grigny fut tué, le 10 février 1806, devant Gaëte. Bouchotte le crut noble et Mourgoin, ainsi que ses collègues, dit que Dampierre était son oncle ; il se pourrait que Grigny fût le bâtard d'un Picot de Dampierre (Tocip, son vrai nom, est l'anagramme de Picot).

¹ Blondeau (Antoine-François-Raymond), né le 7 janvier 1747, à Baume-les-Dames (Doubs), volontaire dans la légion de Saint-Domingue (7 janvier 1767), sous-lieutenant (16 avril 1769), lieutenant au régiment du Cap (18 août 1772), volontaire sur le vaisseau du roi *La Bretagne* (1779), lieutenant au corps des volontaires d'Afrique (11 oc-

âgé de cinquante-six ans et blanchi dans le métier des
armes, était arrivé sous la monarchie, à force de services, au grade de sous-lieutenant ; nommé sous la Révolution capitaine au 58e d'infanterie, le régiment de
Hoche, il venait combattre, un peu mollement, sans
grande intelligence, et toutefois avec une utile bravoure
et le désir sincère de remplir son devoir, sous les ordres
de son ancien camarade [1]. Mais Hoche comptait plutôt
sur Taponier, son principal exécutant aux journées de

tobre 1779), capitaine (20 juin 1783), avait eu sa retraite le 31 octobre
1786, et obtenu la croix de chevalier de Saint-Louis, en 1790. Il fut
élu lieutenant-colonel en premier du 2e bataillon des volontaires du
Doubs, le 9 octobre 1791, et promu général de brigade, le 25 sept.
1793. Mais il avait un frère émigré, et Michaud, son compatriote,
écrivait qu'il était bigot et qu'il avait vu avec douleur la suspension
de Capet et blâmé la suppression du clergé (lettre à Pille, datée
d'Offenbach, 2 messidor an II). Suspendu par Lacoste (28 germinal
an II), destitué (5 floréal an II), puis réintégré (15 prairial an II),
Blondeau servit sous Pichegru, qui lui reconnut « beaucoup de zèle
et de connaissances pour faire un bon général de brigade », puis sous
Moreau qui le chargea de la défense des îles de la Zélande. On le
trouve ensuite commandant du département de Jemappes, de Le-
gnago, de Brescia. Il avait modestement déclaré que « le grade de
général de brigade était au-dessus de ses talents » et lui « suffisait
pour remplir utilement sa tâche ». Retraité le 19 mars 1866, il alla
vivre à Clerval (Doubs) et y mourut le 8 mai 1825.

[1] La biographie de Grangeret a été faite par M. A. Debidour (*An-
nales de l'Est*, janvier 1888). On précise ici quelques dates. Né à
Vezet (Haute-Saône), le 30 août 1738, Jean Grangeret s'engagea au
régiment de Rouergue (7 mars 1753) et devint sergent (1er avril 1763),
fourrier (28 octobre 1765), fourrier de grenadiers (25 mars 1770),
sergent-major de grenadiers (11 juin 1776), porte-drapeau (23 mars
1779), sous-lieutenant (20 août 1781). Il avait fait huit campagnes,
trois en Allemagne (1759-1761), trois en Corse (1767-1769), deux en
mer (1782-1783) et reçu quatre blessures. Il fut nommé lieutenant le
1er janvier 1791, capitaine le 18 mai 1792, chef de bataillon le 21 février 1793, général de brigade le 7 septembre 1793. Puis il commanda
Longwy (1er mars 1794-3 juillet 1795). Il fut autorisé à prendre sa
retraite le 1er sept. 1795 et admis au traitement de réforme le 1er février 1797. Il mourut le 15 avril 1797.

Kaiserslautern et le seul qui eût à peu près suivi ses instructions. D'autres arrivaient : deux généraux de brigade nouvellement promus, Edouard Huet, le défenseur
de Bitche, et Lefebvre, le futur maréchal et duc de Danzig, que Hoche avait connu aux gardes-françaises [1] ; Dubois qui s'était justifié ; René Moreaux qui, sans être entièrement guéri de sa blessure, abandonnait le commandement de Thionville pour servir activement sa patrie.
Ces quatre généraux, disait Hoche, « vont me soulager
grandement ».

Il confia la droite de son armée à Moreaux, le centre à
Grangeret, la gauche à Taponier. Il prit de « grandes mesures, double ration d'eau-de-vie et de viande, espoir
de gratification et autres moyens ». Il renforça ses troupes
en tirant quatre bataillons de Thionville et de Longwy.
Il tâcha de les arracher à leur dénument en exigeant
des places voisines les cinq sixièmes de leurs magasins :
souliers, chemises, culottes, capotes. Il obtint enfin les
provisions de guerre qui lui manquaient : « Je verse des
larmes de sang, écrivait-il le 10 décembre, de me voir
arrêté par le défaut de munitions. » Cinq jours plus
tard, il s'écriait avec joie que « les munitions commençaient à reparaître ».

Hoche comprenait qu'il avait eu tort de s'obstiner

---

[1] Il suffit de citer ses débuts. François-Joseph Lefebvre, fils de l'au-
bergiste Joseph Lefebvre et d'Anne-Marie Riss, naquit à Rouffach
(Haut-Rhin) le 25 octobre 1755. Après avoir été clerc de procureur à
Colmar, il entra aux gardes-françaises (10 sept. 1773) et devint caporal
(1777), sergent (28 juin 1782), sergent des grenadiers (2 juin 1786),
premier sergent (9 avril 1788), lieutenant de la garde nationale soldée
(1er sept. 1789), capitaine au 13e bataillon d'infanterie légère (1er janvier 1792). Sur la recommandation de Soubrany, de la Société fraternelle et des Jacobins de Paris, il fut promu adjudant-général chef de
bataillon, le 3 septembre 1793. Le 2 décembre suivant, il était général
de brigade, et le 10 janvier 1794, général de division.

contre la position de Kaiserslautern. Passer par Neustadt pour opérer le déblocus ou, comme on disait, le *décernement* de Landau , n'était-ce pas s'éloigner de l'Alsace et courir des chances périlleuses? Quand même il vaincrait les Prussiens, ne devrait-il pas les poursuivre jusqu'au Rhin et achever leur défaite pour les empêcher de se retourner contre sa gauche ou ses derrières, lorsqu'il se rabattrait sur Landau? Ne perdrait-il pas un temps précieux? N'était-il pas plus simple, plus rapide et plus sûr de se porter sur le revers oriental des Vosges et d'agir de concert avec Pichegru en unissant la droite de l'armée de la Moselle à la gauche de l'armée du Rhin? Ne suffisait-il pas, pour délivrer Landau, de contenir les Prussiens avec une partie des troupes et de tomber, avec l'autre, *sur cette teigne d'Autrichiens?* Ne suffisait-il pas de percer la ligne des Impériaux à Niederbronn et à Reichshoffen pour les obliger à quitter précipitamment leurs redoutes de Haguenau et de Drusenheim et à fuir sur Wissembourg? L'extrême droite de Wurmser n'était-elle pas le point faible où il fallait appuyer et enfoncer le fer? Hotze et le général comte Lichtenberg qui commandaient cette droite, avaient sur le papier quinze bataillons et douze escadrons, mais ne disposaient réellement que de cinq mille hommes au plus. C'étaient, à Lembach, le bataillon hessois du Landgrave qui poussait ses avant-postes dans la vallée du Fischbach jusqu'à la Tannenbrücke; — à la Verrerie, un bataillon de Hesse-Darmstadt; — à Mattstall et à Langensoultzbach, deux autres bataillons de Hesse-Darmstadt, des détachements du régiment de Lacy, quelques compagnies de Szekler, deux escadrons de hussards de Wurmser et deux escadrons de chevau-légers Palatins; — à Fr œschwiller et à Reichshoffen, six bataillons et plusieurs es-

cadrons autrichiens ; — près de Niederbronn, les troupes
légères de Hesse-Cassel, un bataillon de Huff et trois
escadrons impériaux [1].

Avant tout, il fallait détourner l'attention des vainqueurs du 30 novembre. Hoche mena, suivant son expression, « grand appareil » pour se porter de nouveau
sur Kaiserslautern ; il se fortifia dans Blieskastel ; il fit
retrancher les hauteurs de Pirmasens, couper des routes,
dégrader des chemins, abattre des murs et des maisons ;
non seulement il établissait, comme il disait, une barrière insurmontable ou plutôt un désert entre les tyrans
et les frontières de la République ; mais il tenait les
Prussiens en haleine et alarmait le circonspect Brunswick qui n'oserait secourir Wurmser avec toutes ses
forces. « Mes préparatifs de défense, mandait-il au ministre de la guerre, en imposent à l'ennemi ; s'il s'endort,
il est perdu », et, à la fin de la campagne, il écrivait
dans son compte rendu : « Affectant une torpeur incroya-
ble, je donnai les ordres les plus singuliers ; je répandais
que je craignais une attaque, visitant jour et nuit les
avant-postes ; pendant ce temps, des ponts de bois, pour
remplacer ceux que j'avais fait rompre, se construisaient
secrètement. Hélas ! j'en rougis, à peine osais-je confier
mes idées au papier. Liberté, tu es si belle qu'il n'est
aucun sacrifice qu'on ne fasse pour toi [2] ! »

Le plan de Hoche était celui de Carnot. Hoche, disait
le conventionnel, se rejetait trop sur la gauche ; il devait
aller plus franchement vers Landau, donner la main à
Pichegru et prendre à dos les Autrichiens. Pourquoi,

---

[1] Soult, *Mém.*, I, 84 ; Ditfurth, *Die Hessen in den Feldzügen am
Rhein*. 1881, p. 361, cf. Rousselin, II, 20, 35-36.

[2] Hoche à Bouchotte, 5 déc. et au Comité, 10 déc. 1793 ; Compte
rendu, 20 janvier 1794 (A. G.); Rousselin, II, 35.

ajoutait Carnot avec un grand bon sens, Hoche voulait-il forcer les Prussiens dans leur poste de Kaiserslautern ? Ne valait-il pas mieux leur opposer un détachement qui les tiendrait en suspens, et par une marche plus serrée, plus directe, assaillir Wurmser sur le flanc et par derrière ? Et le 5 décembre, le Comité de salut public arrêtait que 10.000 hommes de l'armée des Ardennes passeraient aussitôt à l'armée de la Moselle sous les ordres de Hoche [1].

Mais ce ne fut pas Carnot qui décida le mouvement de Hoche. Dès le 1er décembre, le jeune général, tout chaud de l'attaque de Kaiserslautern et avide de prendre sa revanche, informait Pichegru qu'il allait se rabattre sur la gauche de l'armée du Rhin : « *pour réussir, nous devons nous réunir* », et il annonçait qu'une colonne se disposait à marcher de Bitche sur Wœrth. Le lendemain, il écrivait au ministre que 12.000 hommes, commandés par Taponier, « s'acheminaient vers Bitche pour forcer

---

[1] Le plan était si simple qu'on le prêchait et le discutait partout. L'agent Rivalz écrivait que « les gorges de Dürkheim, de Neustadt et d'Annweiler étaient aisées à défendre » et que, « vu l'importance de secourir Landau, on eût pu diriger l'armée sur l'armée sur Wissembourg par Niederbronn » (9 déc., *Papiers de Barthélemy*, III, 276). Le bureau de la correspondance secrète mandait le 11 décembre que si « une colonne de l'armée de la Moselle s'avançait par les gorges », l'ennemi n'aurait plus d'autre parti que de repasser le Rhin. Cf. les rapports de Raymond Blanier du 5 et du 11 décembre (A. G.) : l'armée de la Moselle, disait Blanier, doit tourner les Autrichiens sur leur flanc droit et pousser trois colonnes, la première sur le Jägerthal, Frœschwiller et Langensoultzbach, la deuxième sur Obersteinbach et Lembach pour prendre le Geisberg, la troisième sur Fischbach et Nothweiler pour se saisir de Barbelroth. Blanier ajoutait qu'il fallait lancer *à toute outrance* les deux colonnes qui prendraient le chemin de Frœschwiller et de Lembach, cerner les « armées combinées » entre la Moder et la Lauter, ne pas leur laisser le temps d'atteindre le Bienwald où elles feraient, comme dans l'été, une longue résistance. Voir sur Blanier *Expéd. de Custine*, 222.

les gorges » et « se porter sur le flanc droit de l'ennemi ».

Il était temps. Le 23 novembre, Hoche avait envoyé le général Jacob à Niederbronn avec cinq bataillons, le 11e régiment de cavalerie, et une section d'artillerie volante. Le 4 décembre, à la pointe du jour, les Austro-Hessois de Hotze surprenaient Jacob. Les Français, réveillés brusquement de leur sommeil, s'enfuirent sur la hauteur d'Oberbronn ; puis s'enhardissant, ils revinrent dans leur camp sous la protection de leur artillerie. Mais Hotze les fit assaillir de nouveau ; chargés par la cavalerie, tournés par l'infanterie, les républicains se débandèrent encore et gagnèrent en toute hâte Oberbronn, puis Zinswiller. Ils perdaient sept canons, un drapeau et une centaine d'hommes. Un capitaine et huit soldats étaient prisonniers. Les hussards autrichiens et hessois n'avaient pas fait de quartier, et tous se vantaient au retour de n'avoir remis dans le fourreau qu'un sabre ensanglanté [1].

L'échec fut bientôt réparé. Le 5 décembre, Taponier arrivait à Bitche. Il plaça son camp sur les hauteurs mêmes où Jacob avait abandonné ses obusiers et ses pièces. Trois jours plus tard, il attaquait les postes du Jägerthal, entre Dambach et Niederbronn. Il avait concerté ses mouvements avec Jacob et Hatry. Il s'était procuré de bons guides, le brave Helmstetter et quelques patriotes du pays. Il sut entraîner ses troupes. Le 8 décembre, le Jägerthal était emporté après un sérieux combat où se signalait un bataillon alsacien, le 4e du Haut-Rhin. Soult, alors adjoint aux adjudants-généraux, avait reçu de Hoche le commandement de ce bataillon.

---

[1] Ditfurth, 359 ; Gebler, 234 ; Wagner, 197.

« Que n'aurais-je pas fait, dit-il, pour réussir ? Nous donnâmes en masse sur la droite des Autrichiens ; elle fut mise en déroute avant que la gauche pût arriver à son secours, et à son tour cette gauche fut aussi culbutée. » Deux drapeaux restèrent aux mains des vainqueurs. Taponier déclara que Soult avait déployé une valeur républicaine et que ses soldats avaient *foncé en héros* : cette action, disait-il, « annonce que nos troupes ne permettront pas aux ennemis de souiller longtemps le sol de la liberté ». Sans doute Jacob n'avait pas bougé, bien qu'il eût obtenu de Hatry deux bataillons de renfort, et Hatry ne pouvait gagner du terrain à cause des abatis. Néanmoins Taponier avait confiance, et il espérait entrer à Wœrth le lendemain [1].

Il ne devait être à Wœrth que deux semaines plus tard. Mais le 9 décembre il chassait Lichtenberg des hauteurs de Langensoultzbach. Dans la nuit du 10 au 11, il s'emparait des coteaux de Nehwiller qui dominent tous les environs. Le général Funk remplaçait Hotze que la maladie écarta pendant deux jours du champ de bataille. Il voulut aussitôt, sans nul délai, ressaisir Nehwiller qu'il fit attaquer de front par un bataillon de l'Empereur et sur le flanc gauche par un bataillon de Thurn. Le bataillon de l'Empereur s'empara du village et enleva deux canons. Mais il n'avait pu, par des chemins défoncés, amener de l'artillerie, et le bataillon de Thurn, arrêté dans les bois par une vive fusillade, ne vint pas à son secours ; il dut reculer sous la mitraille et Funk, qui s'était mis à sa tête, fut grièvement blessé [2].

Taponier n'avançait donc qu'avec lenteur, arrachant le

---

[1] Soult, I, 85 ; Taponier à Hoche, 8 déc. et à Baudot (*Mon.*, 13 mars 1794).

[2] Gebler, 237.

terrain par petites portions, laissant des centaines de morts et de blessés, abandonnant des prisonniers. Il avouait que s'il s'opiniâtrait à marcher en droiture sur Frœschwiller et Wœrth, il perdrait bien du monde : il ne voyait d'autre moyen d'emporter la position de Reichshoffen qu'en la tournant par Lembach, et il demanda des renforts.

Le 12 décembre, une division de 10,000 hommes, conduite par Grangeret, venait s'appuyer à la gauche de Taponier. Plus que jamais Hoche était résolu à tenter contre la droite des Autrichiens un prompt et victorieux effort. Dans la nuit du 12 au 13 décembre, un espion échappé de Landau à travers mille périls, lui remettait un morceau de linge sur lequel étaient écrites ces lignes, signées du représentant Dentzel et du commandant Laubadère :

Landau, 27 novembre 1793, l'an 2e de la République, le 1er de la constitution populaire. « Nous sommes menacés d'une capitulation prochaine, si vous ne venez bientôt à notre secours. Les moments sont précieux ; ne perdez pas de temps. Vous connaissez comme nous l'importance de cette place ; sauvez-la à la République, et mettez-nous à même de ne pas voir déshonorer le nom français. »

Cette lettre avait surexcité Hoche. Oui, il fallait en finir ; il fallait déployer toutes les ressources des deux armées de la Moselle et du Rhin ; il fallait engager contre les Impériaux une lutte âpre, décisive, suprême, dont le prix serait la délivrance de Landau. Plein d'une fiévreuse impatience, il stimulait, aiguillonnait son monde, et chaque nuit, à l'instant où tout était calme et silencieux, il faisait lancer des fusées sur les plus hautes cimes des montagnes et tirer plusieurs coups d'un pièce de 12 pour réveiller l'espoir des assiégés de Landau et leur annoncer que le salut était proche. Il gourmandait l'inaction de Pichegru, l'accusait de s'attarder. « L'armée du Rhin, disait-il à ses confidents, est-elle encore essoufflée de sa course des lignes de Wissembourg ? Elle reste stupéfaite derrière la Souffel et y semble engourdie ! » Il s'étonnait le 1er décembre qu'elle fût encore à Schiltigheim : « elle n'agit pas assez vigoureusement, mandait-il au Comité, ou si ses divisions se battent bien, elles le font partiellement ; c'est le moyen d'être battu en détail », et il réclamait une *secousse générale*. Le 14 décembre, les deux généraux se donnaient rendez-vous à Niederbronn et convenaient d'unir leurs efforts pour repousser l'envahisseur[1].

Mais le 15, au lendemain de cette entrevue, Taponier essuyait un léger échec. Il avait projeté d'assaillir de front la position de Frœschwiller pendant que Jacob la tournerait par la droite. Jacob devait commencer l'attaque. A neuf heures du matin, il informait Taponier qu'il s'était enfourné dans des routes affreuses, qu'il avait une rivière à traverser et un pont à jeter, qu'il renvoyait l'affaire au jour suivant. « Pour le coup, s'écria Taponier, je n'y tiens plus ! » Il courut aux troupes de Jacob : il les trouva dans leur campement ; personne ne pensait à marcher ; l'artillerie était au parc ; la cavalerie mettait ses chevaux au piquet ; « enfin comme dans un beau jour de paix ». Taponier fit prendre les armes ; il plaça l'artillerie ; il ébranla l'infanterie ; il lança les tirailleurs. Mais la journée s'avançait, et il était trop tard pour en venir aux mains. Les bataillons rentrèrent au camp.

---

[1] Taponier à Hoche, 9 déc. ; Hoche au Comité, 10 déc. et à Bouchotte, 1er et 14 déc. (A. G.); Rousselin, II, 36 ; Soult, I, 86.

Jacob n'avait pas paru. Hoche, indigné de cette incurie, dénonça Jacob aux représentants et donna sa division à Lefebvre [1].

Pourtant, si la négligence de Jacob empêchait Taponier et Hatry de « rien faire », Grangeret, dignement secondé par Blondeau, avait sur un autre point remporté de petits avantages. Le 13 décembre, il marchait de Fischbach sur la Tannenbrücke et, après un combat qui durait de dix heures du matin à trois heures de l'après-midi, il chassait de ce poste le bataillon Landgrave de Hesse-Darmstadt. Il fut refoulé dans la nuit par les Szekler et le régiment de Lacy ; mais le lende-

[1] Jacob à Taponier et Taponier à Hoche, 15 déc. ; Hoche à Bouchotte, 16 et 19 déc. (A. G.). Déjà Hoche s'était plaint de Jacob : « dernièrement Jacob écrivait à Taponier et à Vincent de marcher sur sa gauche ; la lettre m'ayant été envoyée, j'ai *rembarré* mon Jacob en le priant de faire des plans de campagne pour lui seul. » (A Bouchotte, 2 déc.) Philippe-Joseph Jacob était né le 10 février 1765 à Saint-Germain-en-Laye, et avait exercé d'abord, comme son père, le métier de cordonnier. Soldat au régiment de Lyonnais, plus tard le 27e (9 juillet 1781), caporal (31 mai 1784) sergent (16 août 1789), il avait eu son congé le 5 juillet 1790. Mais le 10 septembre 1792, il était élu commandant du 5e bataillon des volontaires de Seine-et-Oise. Peu après, il devenait général de brigade (30 juillet 1793) et général de division (25 septembre 1793). On le regardait comme un patriote et il écrivait au président de la Convention que s'il possédait de « trop faibles talents et connaissances militaires », il n'avait « reçu pour titre de ses ancêtres que le germe des vertus républicaines » (lettre du 15 septembre 1793). Toutefois Lacoste n'hésita pas à le destituer (26 frimaire an II) ; son patriotisme, écrivait-il, était connu, mais pourquoi restait-il immobile au lieu d'agir ? Le 12 ventôse suivant, Jacob était réintégré dans son grade par le Comité de salut public et envoyé à l'armée des Ardennes. Après avoir cessé ses fonctions le 4 messidor an III, il devint commandant de Gand (17 nivôse an IV), et fut décidément réformé le 11 brumaire an V. « Il avait eu, disait Scherer, une élévation trop subite et ses moyens étaient faibles ; il ne peut servir qu'en sous-ordre et il serait dangereux de l'abandonner à ses propres lumières ». Jacob alla vivre à Aurillac. Il était si pauvre qu'il demandait, en 1820, un emploi de capitaine de vétérans.

main, grâce à la supériorité du nombre, il emportait
de nouveau la Tannenbrücke et, encouragé par ce succès, poussant sa pointe, il délogeait le colonel hessois
Schreiber du village de Mattstall et de La Verrerie, puis,
malgré l'énergique résistance de Lichtenberg, faisait
flotter le drapeau tricolore sur le sommet du Krähenberg, tout près de Lembach. Hoche félicita Grangeret
avec chaleur. « Continue à bien servir la patrie, lui
mandait-il, je regarde ta jonction faite avec Taponier
comme un coup de maître [1]. »

II. A la vue des masses républicaines qui « sortaient
de terre ainsi que des champignons »[2], Wurmser s'af-
fligeait, se lamentait. Les Français faisaient-ils décidément la guerre en plein hiver, et comme s'ils ne
connaissaient pas de saison ? Allaient-ils le persécuter et
tomber continuellement tantôt sur tous ses postes à la
fois, tantôt sur ses deux ailes, tantôt sur son centre ?
Ces infernales attaques se répéteraient-elles chaque
jour ? « *C'est un massacre*, s'écriait-il ; il me paraît que
les patriotes ménagent les Prussiens, que toute l'armée
ennemie se porte sur mon corps seul », et il suppliait
Brunswick de sortir de son inaction désolante et de
brusquer la prise de Landau à force de bombes [3].

Mais sans se lasser ni se rebuter, toujours frais, toujours en haleine, les Français se jetaient sur les positions autrichiennes. On avait beau les battre ; ils se

---

[1] Wagner, 219-210 ; Ditfurth, 363 ; Remling, I, 430, note ; Debidour, *Grangeret*, 16 ; lettre du 1er bataillon des volontaires de la
Meuse, 30 janvier 1794 (A. G.). Ce bataillon était à l'assaut de la
Verrerie « située sur une hauteur qu'on ne pouvait grimper qu'à
quatre ».

[2] Expression de Ditfurth, p. 362.

[3] Zeissberg, I, 435.

reformaient, ils revenaient à la rescousse avec la même animosité, et les Impériaux, stupéfaits de ces retours offensifs, se disaient les uns aux autres avec tristesse que les carmagnoles avaient résolu de reprendre l'Alsace à tout prix, qu'un décret de la Convention leur défendait de songer aux quartiers d'hiver avant la reconquête de la province, que les commissaires de l'assemblée avaient promis de distribuer un million aux soldats si Landau était débloqué vers la fin du mois, et que l'appât d'une somme aussi considérable ramenait les troupes à la charge [1].

Le 15 décembre, les patriotes attaquèrent Lembach, et l'on crut un instant qu'ils allaient s'emparer de l'Égelsberg qui domine la route de Lembach à la Tannenbrücke. Mais Brunswick courut au secours de Lichtenberg qui luttait péniblement contre les nationaux avec ses tirailleurs et deux compagnies de Lacy. Le major Bardeleben tourna la montagne, fondit sur le flanc gauche des républicains et les chassa de l'Égelsberg [2].

Le 16 décembre, les Français renouvelèrent leurs assauts avec une pareille vivacité contre Lembach et Frœschwiller. Derechef ils furent battus et repoussés. Lichtenberg parvint même à se ressaisir du Krähenberg qu'il fit attaquer par un bataillon de Lacy et par le contingent de Hesse-Darmstadt [3].

Le 17, nouvelles tentatives contre Frœschwiller et Reichshoffen. Funk craignit d'être débordé ; il demanda du secours à Wurmser qui ne put lui dépêcher qu'un bataillon ; mais, grâce à ce renfort, Funk refoula les pa-

[1] D'Ecquevilly, I, 259.
[2] Wagner, 220 (lettre de Brunswick).
[3] Gebler, 238 ; Wagner, 220.

triotes et rompit les ponts qu'ils avaient jetés en deux endroits [1].

Le 18, les nationaux reparaissaient, plus ardents, plus obstinés que jamais, et assaillaient Lichtenberg à Lembach et Funk à Reichshoffen et à Frœschwiller. Mais Lichtenberg et Funk réussirent à garder leur position au prix des plus grands efforts, et, comme dit Hoche, d'un combat très opiniâtre. Les Français perdirent à Lembach un canon, plusieurs caissons et vingt chevaux d'artillerie que leur enlevèrent les hussards de Wurmser. Pourtant, à Frœschwiller, il sembla, durant la journée, qu'ils auraient enfin l'avantage. Ils s'étaient cachés dans les bois de Nehwiller et, rapporte Hoche, les ennemis, « amateurs de l'ordre et de la gravité, s'avançaient serrés en masse, lorsque quelques coups de canon, chargés à mitraille et tirés à propos, détruisirent leur sécurité et leur firent rebrousser chemin ». Mais Wurmser envoya sur-le-champ un bataillon de grenadiers à son lieutenant. La lutte recommença. Deux bataillons de Preiss et de l'Empereur s'étaient joints aux grenadiers. Un bataillon de Huff, conduit par le capitaine Latscher, s'enfonça dans les bois; quatre fois il se jeta sur les carmagnoles, quatre fois il fut repoussé, mais à la cinquième il regagna le terrain perdu [2].

Les Autrichiens conservaient donc leurs conquêtes, mais ils ne les conservaient que par un excès de bravoure et de vigilance. Ils étaient sur les dents. Tous se plaignaient d'être brisés de fatigue. Des compagnies n'étaient plus représentées que par cinquante hommes. Beaucoup d'officiers, se disant malades, s'en allaient à

----

[1] Wagner, 221-223, 227.

[2] Gebler, 238-239; Wagner, 228, 231 ; Hoche à Bouchotte, 19 déc. (A. G.).

Rastadt et à Carlsruhe, où ils dansaient, jouaient, battaient le pavé et déblatéraient insolemment contre leur général. Funk espérait se soutenir encore, mais il disait déjà qu'il aurait peine à se replier sur Wœrth avec ses pièces de 12 à travers des chemins mauvais et presque impraticables. Lichtenberg déplorait l'extraordinaire lassitude de ses gens et assurait qu'ils n'en pouvaient plus, que les deux bataillons de Hesse-Cassel ne comptaient que deux cents hommes et que l'un d'eux était commandé par un lieutenant, que les soldats de Hesse-Darmstadt cédaient trop aisément au choc de l'agresseur. Brunswick jugeait que l'armée autrichienne fondait à vue d'œil ; « la situation, écrivait-il, devenait de plus en plus critique ; les entreprises réitérées de l'ennemi tuaient de jour en jour du monde, et malgré la meilleure volonté, la plus grande patience et le plus héroïque courage, on pouvait craindre que les forces physiques ne vinssent à succomber ; tous les postes étaient faibles et exposés à la supériorité d'un adversaire qui relevait et relayait ses bataillons ». Plus que jamais Wurmser gémissait sur la diminution et l'épuisement de ses troupes : « Cette *horde indigne* de Français, cette *canaille* a le nombre ; elle se sauve quand on l'attaque, mais elle s'enhardit parce qu'on la laisse attaquer tous les jours », et il ajoutait que le cœur lui saignait à l'aspect de tant d'intrépides Impériaux qui se faisaient quotidiennement tuer ou blesser [1].

Les émigrés qui suivaient l'armée autrichienne offraient le même état lamentable, le même délabrement physique et moral. Déjà Lehrbach, au mois d'août, avait

---

[1] Ditfurth, 364 ; Wagner, 221, 224, 226, 228-229, 231-232 ; Zeissberg, I, 433 ; II, 36.

remarqué leur piètre accoutrement. Durant les mois d'octobre et de novembre ils n'avaient cessé de pâtir. Ils s'apitoyaient sur leurs. chevaux qui manquaient souvent d'avoine et qui tremblaient de tous leurs membres, recevant sur le corps une pluie froide et enfonçant dans la boue jusqu'aux jarrets. Mais eux-mêmes n'étaient pas moins à plaindre. Point de tentes ; point de paille pour se coucher ; très peu de bois pour se chauffer. Les capotes qu'on leur avait promises n'arrivaient pas. Bouthillier, chef d'état-major de l'infanterie, ne parvint qu'à grand'peine et sur le tard à faire fabriquer des houppelandes de gros drap gris, dites *bouthillières*. La plupart s'abritaient sous des spencers, des couvertures, des mantelets de taffetas ciré. On leur avait donné des cantonnements, mais la presse était telle que beaucoup ne pouvaient y trouver place, même en restant debout le jour et la nuit. Dévorés de vermine, ils se plongeaient quelquefois dans des ruisseaux glacés pour calmer leurs démangeaisons. Mais, après ce léger soulagement, il leur fallait endosser de nouveau leur chemise crasseuse ou lessivée, faute de savon, dans de l'eau crue. « Nous faisons, avouait l'un d'eux, la guerre la plus inégale qu'on puisse imaginer, et nous n'avons rien pour nous ; si on nous prend, on nous fait guillotiner ou fusiller ; si nous sommes estropiés par une blessure, qui est-ce qui nous donnera à manger? » Tous étaient harassés et criaient grâce. Tous maudissaient cette campagne rigoureuse et répétaient qu'il était impossible d' « y tenir ». Tous se plaignaient de Wurmser qui leur imposait des fatigues inouïes. Devait-on rester ainsi sur le qui-vive? Allait-on se morfondre pendant ce rude décembre dans des bivouacs humides? Ne verrait-on jamais la fin de tant de misères? Un grand nombre partirent pour se soustraire à cette existence insupportable, et lorsqu'on les traitait de déserteurs, ils alléguaient en forme d'excuse que les officiers autrichiens en faisaient autant et que ces damoiseaux se rendaient à Mannheim dès qu'ils avaient la moindre indisposition. En un seul jour, Condé signa soixante-dix-huit passeports et il disait brutalement à Wurmser : « Vous vous trompez fort, si vous comptez garder quelque chose en nous gardant; bientôt vous n'aurez plus rien; nous ne sommes pas plus de deux mille, et dans une semaine nous serons nuls [1]. »

Le général autrichien supplia Brunswick de lui fournir des renforts. Que le duc, proposait-il, se charge désormais de défendre le poste de Lembach où Lichtenberg sera très prochainement accablé ; qu'il lui donne un surcroît d'appui en mettant à Reichshoffen et à Frœschwiller 3 à 4,000 Prussiens. Lui, Wurmser, pourra disposer de ses Autrichiens et, libre de toute inquiétude, lutter avec avantage contre l'armée du Rhin qui le presse sur sa gauche, garder ainsi dans toute « sa force et son nerf » le front des lignes.

Brunswick consentit à garnir Lembach, et non Reichshoffen. S'il l'avait pu, écrivait-il, il se serait fait un honneur de conduire lui-même 4.000 hommes à Wurmser ; mais Lembach « épuisait sa petite réserve ». Il alla reconnaitre la nouvelle position dont il assumait la dé-

---

[1] Zeissberg, I, 220 (cf. *Wissembourg*, 105); Romain, II, 487-491, 533-534 ; Muret, I, 171 ; La Boutetière, *L'armée de Condé*, 1881, p. 14-15 ; lettre d'un émigré placée par erreur au 13 mars (A. G.) et rapport d'un émissaire, 13 déc. *id.* (un chevalier de la Couronne dit à Bâle que « les émigrés veulent tout quitter pour ne pas être victimes des patriotes qui les attaquent journellement »); Venet à Delorgues, *Papiers de Barthélemy*, III, 303 (« on ne peut suffire à expédier les congés de ceux qui veulent aller lécher leurs plaies ou se chauffer dans quelque coin de l'Allemagne »).

fense ; il y fit dresser des batteries et construire des blockhaus ; toutefois Lembach, disait-il, n'était qu'un avant-poste, et le poste principal, essentiel, serait au Pigeonnier où cinq bataillons prussiens donneraient la main aux Impériaux qui tenaient le Liebfrauenberg ou monticule de Notre-Dame.

Wurmser mandait aussitôt à Vienne que les Prussiens envoyaient des secours à Lembach parce que « ce poste les intéressait personnellement ». Mais il remercia Brunswick avec effusion et déclara qu'il ne pouvait estimer assez haut l'appui que lui prêtait Son Altesse. Les forces des deux armées étaient maintenant concentrées. Il comptait repousser plus aisément les Français et se flattait de reprendre l'offensive : il allait faire un plan d'attaque qu'il soumettrait au duc, et il espérait « l'humiliation de l'adversaire [1] ».

Mais le 22 décembre Hoche s'avançait avec trois divisions sur Frœschwiller par le Jägerthal et la vallée de Langensoultzbach. Ses troupes étaient transportées, exaltées par le généreux désir de chasser l'ennemi du territoire. Elles n'avaient qu'un vœu, qu'une volonté, débloquer Landau ; elles chantaient des couplets que l'*Argus* avait imprimés et mis à l'ordre de l'armée de la Moselle :

> Ne craignons pas que la victoire
> S'arrête à l'aspect des hivers ;
> Tous les mois sont bons pour la gloire
> Et les lauriers sont toujours verts ;

elles criaient *Landau ou la mort*, comme dans les premiers jours de juillet elles avaient crié *Mayence ou la mort*, mais cette fois sans crainte d'insuccès ni sombre

---

[1] Wagner, 235, 236, 238 ; Zeissberg, I, 435.

pressentiment, avec la certitude que la chance avait définitivement tourné. « Landau, disait le général Leval,
Landau est notre *rendez-vous* et nous ne désemparerons
pas qu'il ne soit délivré [1]. »

Entre neuf et dix heures du matin les Autrichiens
remarquèrent de grands mouvements sur les coteaux de
Nehwiller. Un brouillard tomba tout à coup et les empêcha d'observer distinctement les manœuvres des républicains. Pourtant, on voyait s'agiter des masses
noires à travers les éclaircies des bois. Hotze, guéri,
avait repris le commandement ; il fit ses dispositions
pour soutenir le choc et plaça ses troupes derrière leurs
retranchements et à toutes les issues de Frœschwiller.
A onze heures, le brouillard disparut. Aussitôt des hauteurs de Nehwiller la grosse artillerie des Français cra-
cha sur le village. Les Impériaux ripostèrent vigoureusement, et un de leurs boulets vint couper en deux
l'arbre sous lequel Hoche donnait ses ordres. Le poids
des branches qui s'affaissaient, faillit écraser le général ;
il se débarrassa tranquillement et continua sans s'émou-
voir à diriger la bataille. Un nouveau boulet lui tua son
cheval : il prit la monture d'un dragon d'escorte : « Ces
messieurs, dit-il en riant, voudraient me faire servir
dans l'infanterie. » Déjà, sous la protection de la canonnade, les Français débouchaient au pas de course. Ils
culbutèrent le bataillon de Thurn qui s'était posté

---

[1] Laukhard, IV, 84 ; Saint-Cyr, I, 178 ; *Mcn.*, du 22 déc. On ne
trouve pas le cri de *Landau ou la mort* dans la correspondance de
Hoche ; il n'est cité que par les Allemands et les émigrés, par Massenbach, par Laukhard (IV, 175), par d'Ecquevilly (I, 233) à qui un
déserteur du 19e cavalerie rapporte le 17 novembre ce mot de ralliement. D'après Wissmann (*Die Weissenburger Linien*. 1888, II,
p. 37), l'expression *Tod oder Landau* est passée en proverbe dans le
pays.

derrière un fossé à droite de Frœschwiller et mirent en fuite les deux compagnies du régiment de l'Empereur qui défendaient l'entrée du bourg. Hotze envoya des renforts, et pendant quelques minutes l'avant-garde des assaillants s'arrêta incertaine, hésitante. Mais la foule des Français ne cessait d'augmenter. « Mes camarades, cria Hoche, à six cents livres chaque canon ! » et les républicains, répondant *adjugé !* s'emparèrent des pièces. Une brillante charge de cavalerie acheva la victoire. Trois régiments, le 2ᵉ carabiniers, le 3ᵉ hussards, le 14ᵉ dragons, tournèrent Frœschwiller. Dubois, qui les commandait, reçut une balle dans la jambe, mais le village, attaqué à onze heures, était emporté à midi.

Les Szekler et les Serbes gardaient encore le bois à gauche de Frœschwiller. Ils durent reculer sous une grêle de feu. Hotze essaya de les ramener et les fit appuyer par un bataillon de Preiss ; mais les Français étaient trop et, là aussi, le nombre prévalut.

Restait le colonel Roselmini qui tenait ferme avec neuf compagnies du régiment de l'Empereur entre le bois et Frœschwiller, dans une redoute et derrière quelques ouvrages de campagne. Il fut entouré de tous côtés et après avoir inutilement tenté de se frayer un chemin au milieu des ennemis qui le cernaient, il se rendit à discrétion. Chassées de poste en poste, les troupes de Hotze, tiraillant toujours et protégées par des partis de cavalerie, gagnèrent le Liebfrauenberg. Elles abandonnaient Frœschwiller, Wœrth, Gœrsdorf, Mitschdorf. Du même coup tombait enfin Reichshoffen. Le régiment de Huff occupait la position. Dès qu'il sut la prise de Frœschwiller, il se replia sur Haguenau.

« Les défenseurs de la République, écrivaient Lacoste et Baudot, viennent de remporter une victoire signalée.

Ils ont pris seize pièces de canon, vingt caissons, fait plus de cinq cents prisonniers dans le nombre desquels se trouvent le colonel du régiment de l'Empereur, tout chamarré de croix et de rubans, et huit autres officiers. Le nombre de leurs morts a été considérable ; on ne s'est déterminé à faire des prisonniers que lorsqu'on a été fatigué de tuer. » Et Hoche, tout rayonnant de joie, mandait au Comité qu'il avait enlevé les redoutes à la pointe de la baïonnette, malgré la résistance obstinée des ennemis. « J'ai fait recommencer deux fois, et deux fois même avantage. La vivacité de l'attaque nous a fait perdre à peu près 80 tués et 150 blessés. J'ai toujours deux guenillons de drapeaux pris aux soldats des brigands couronnés [1]. »

III. Tandis que Hoche emportait Frœschwiller, il faisait une démonstration contre Lembach. La fusillade fut très vive et une trentaine de Prussiens y périrent. Mais Brunswick reconnut bientôt que les Français n'avaient entrepris qu'une fausse attaque et que leur principal effort se dirigeait sur les Impériaux. Il courut aussitôt vers Frœschwiller ; il vit de ses yeux la déroute des Autrichiens ; il rallia quelques bataillons qui l'accueillirent par des vivats ; il les mena sur le Liebfrauenberg. Ses pressentiments s'étaient vérifiés : « Voilà, disait-il, à quoi il faut s'attendre lorsqu'on commande à une armée épuisée et devenue mécontente ! Cet obstiné de Wurmser avouera maintenant que j'avais raison. Que de fois lui ai-je conseillé de se placer derrière la Sauer !

---

[1] Hoche au Comité, 22 déc. ; et à Bouchotte, 23 déc., Dubois au ministre, 28 déc. (A. G.) ; Rousselin, I, 99-101, II, 37 ; Wagner, 239 et 242 ; Gebler, 241 ; *Revue d'Alsace*, 1891, p. 256 (lettre de Grigny).

Il est aussi sourd moralement qu'il l'est physique-
ment ! » Néanmoins, il ne s'amusa pas à récriminer.
Après tout, la partie n'était pas perdue. Pourquoi ne
pas faire face ? Pourquoi ne pas rassembler les forces
austro-prussiennes dans une bonne et sûre position ?
Sans doute il ne pouvait garder Lembach, puisque
Frœschwiller était pris et la droite des Impériaux entièrement tournée. Mais les troupes de Lembach se replie-
raient le lendemain sur le Pigeonnier. Que Hotze se
maintienne au Liebfrauenberg ou monticule de Notre-
Dame, que la communication entre ce poste et le Pigeonnier soit établie solidement, et les deux armées offrirent
le combat à l'ennemi, le vaincront et l'obligeront à la retraite ! Il envoya sur-le-champ à Hotze un officier hessois, le capitaine d'artillerie Haass, avec une lettre qui
priait le général autrichien de défendre opiniâtrement le
Liebfrauenberg [1].

Haass trouva Hotze au couvent de Notre-Dame. La cour
était pleine de fantassins et de cavaliers impériaux et
palatins, pour la plupart échappés de Frœschwiller. Dans
une chambre remplie d'officiers, Hotze, las, abattu, se
reposait sur une botte de paille. Il lut la lettre de Brunswick et dit au capitaine : « Je n'ai plus qu'une ressource :
me retirer sur Lembach pour m'appuyer à la brigade
du général Lichtenberg et par suite à l'aile gauche
des Prussiens, puis me diriger par Climbach vers le
Pigeonnier et occuper le Geisberg. Là, je reprendrai haleine et me battrai encore. Mais que puis-je faire ici ?
J'ai perdu mon canon et tous mes bagages. Ma brigade
est en déroute. N'exigez pas de moi l'impossible. — Mais,
répliqua le capitaine, le duc de Brunswick veut à tout

---

[1] Wagner, 240 ; *Uebersicht*, II, 17 ; Massenbach, I, 235.

prix conserver le Liebfrauenberg : il a déjà proposé hier et avant-hier à Wurmser de se poster lui-même de Wingen à Pfaffenstieg pendant que la brigade Lichtenberg, formée de cinq bataillons et d'une division de hussards, tiendrait la montagne jusqu'au Liebfrauenberg. Votre brigade adossera sa droite à cette hauteur, et Wurmser son corps d'armée à votre brigade ; le Liebfrauenberg sera le point d'appui et Fort-Louis, le point d'alignement ; Lembach, Wœrth, Haguenau ne seront que des avant-postes. La position des Autrichiens était dangereuse parce qu'elle consistait en lignes courbes ; elle sera désormais concentrée ; elle ne comprendra que deux lignes, et le duc de Brunswick se déclare certain de la défendre victorieusement contre l'ennemi ; si l'on m'écoute, disait-il tout à l'heure, et si Dieu veille encore deux jours sur le général Hotze, nous réussirons. » Hotze ne répondait pas. « Le duc, ajouta le capitaine, a parcouru le pays de Lembach jusqu'au Liebfrauenberg ; il a commencé des retranchements ; cinq mille travailleurs armés de haches ont abattu des arbres ; on peut incontinent amener à Mattstall, à Mitschdorf, autant de canons qu'on voudra. » — « Mais, au nom du ciel, s'écria Hotze, puis-je faire autre chose que me retirer sur Lembach ? Je n'ai plus qu'une poignée d'hommes et les Français dépassent Gœrsdorf, ils me débordent ! » Il déploya la carte de Cassini. « Voyez vous-même et dites si le duc de Brunswick ne penserait pas comme moi ! » — « Le duc, repartit le capitaine, m'envoie justement vous offrir autant de troupes que vous voudrez pour défendre le Liebfrauenberg. Notre artillerie est en route et je dois la placer cette nuit. Je vous assure que vous ferez au duc de Brunswick le plus vif plaisir en lui mandant le nombre de bataillons que vous désirez ; il

met en vous la plus grande confiance, et il vous verra
demain. » Holze parut hésiter, réfléchir. Mais, au même
moment un officier lui annonçait que les Français
avaient chassé de Mitschdorf les Palatins. « Quoi, dit
Holze avec vivacité, l'ennemi patrouille sur nos derrières ; il peut à tout instant nous couper, nous faire prisonniers, et vous me proposez de rester ici ! Allez, capitaine, ouvrez la porte et regardez ! Voyez-vous tous ces
feux qu'allument les Français de Wœrth à Gœrsdorf et
à Mitschdorf ? Demain, dès qu'il sera jour, ils nous atta-
queront de front et à dos ; ils nous prendront avec toute
notre artillerie, et morbleu ! je ne veux pas une seconde
fois perdre mes canons ; j'en ai assez perdu aujour-
d'hui ! » Vainement le capitaine répondit de nouveau
que l'artillerie prussienne arrivait, qu'il la placerait sur-
le-champ, que le lendemain de grand matin elle tonnerait
de toutes parts et chasserait les patriotes de Mattstall,
de Mitschdorf, de Gœrsdorf. Vainement il affirma que le
Liebfrauenberg ne pourrait être enlevé ni si facilement
ni si vite par les Français, qu'au pis aller on reculerait
sur Pfaffenbronn et Cleebourg. « Pfaffenbronn ! Cleebourg ! conclut Holze. Les paysans nous disent qu'il n'y
a pas de chemins qui mènent d'ici à Pfaffenbronn et à
Cleebourg. Il faut nous retirer sur Lembach. Voyez la
carte. Y a-t-il une autre route que celle de Lembach ?
Croyez-vous que je serve aujourd'hui pour la première
fois et que je ne sois pas un brave ! Non : j'ai assez
lutté dans ce maudit poste de Frœschwiller et de Reichshoffen, et vous ne trouverez personne ni parmi ces messieurs — il montrait de la main ses officiers — ni parmi
mes dragons, qui puisse encore se mettre en selle. Et
vous, capitaine, je ne vous lâche pas ; vous connaissez
le chemin de Lembach et je ne le connais pas ; vous me

conduirez. Si d'autres que moi veulent se battre ici, qu'ils se battent ; moi, je ne peux plus ! » Il fit seller son cheval et partit pour Lembach. L'affaissement des troupes, écrivait-il en hâte à Brunswick, le manque absolu de munitions de tout genre, la position des ennemis rendaient l'occupation du Liebfrauenberg impossible ; il gagnait Wissembourg avec les débris de sa malheureuse brigade [1].

Brunswick fut très mortifié. Quoi ! Hotze quittait le Liebfrauenberg parce qu'il manquait de munitions ! N'était-ce pas augmenter et pousser à l'extrême les cruels embarras qu'avait causés la déroute de Frœschwiller ? Mais, quel que fût son dépit, les Impériaux précipitaient leur retraite. Le 22 décembre, à huit heures du soir, pendant que Hotze marchait sur Lembach et de là sur Cleebourg et Steinseltz, Wurmser se retirait derrière la Sauer entre Surbourg et Seltz pour occuper ensuite les hauteurs de Wissembourg, la droite au Geisberg et la gauche à Lauterbourg [2].

Les Autrichiens abandonnaient donc leurs positions de la Moder devenues intenables. Ils abandonnaient leurs fameuses redoutes de la Forêt-Sainte que les représentants Lacoste et Baudot nommaient avec emphase des redoutes à triple étage non moins formidables que celles de Jemappes. Ils abandonnaient, comme disait Pichegru, les retranchements et les ouvrages presque continus qui reliaient les trois postes de Drusenheim, de Bischwiller et de Haguenau [3]. Le choc de l'armée de la Moselle était décisif. Tant qu'elle n'avait pas assailli les

---

[1] Wagner, rapport de Haass, 319-321 ; cf. 243.
[2] *Id.*, 243 et 246.
[3] *Mon.*, du 27 déc.

Impériaux sur leur flanc droit, ils avaient défié les tentatives de l'armée du Rhin. Desaix, Michaud, Ferino, Hatry n'avaient opéré contre eux que des attaques partielles et, après de longs et laborieux efforts, n'avaient que faiblement entamé, écorné leur ligne. La prise de Frœschwiller changeait la face des choses. La trouée était faite et le système défensif de Wurmser, anéanti. Dès le 23 décembre s'ébranlaient ces divisions de l'armée du Rhin qui jusqu'alors piétinaient impuissantes et se consumaient en stériles tâtonnements. Desaix entrait à Drusenheim, puis s'acheminait sur Seltz, tandis que Combez tenait l'adversaire en respect devant la tête du pont de Fort-Louis. Michaud fouillait la Forêt-Sainte où il ne rencontrait plus que des patrouilles isolées, et marchait sur Hatten. A gauche de Michaud, Ferino se portait sur Oberbetschdorf. A gauche de Ferino, Hatry se dirigeait sur Soultz [1].

Le 24 décembre, au matin, les Impériaux qui restaient dans Haguenau, furent attaqués par l'avant-garde de Ferino ; après quelques heures de combat, ils évacuèrent la ville. Le soir du jour précédent, toutes les pièces des redoutes, garnies de tresses de paille, pour que l'ennemi n'entendît pas leur roulement, avaient pris le chemin de Wissembourg. « Tout est perdu, s'écriait Condé, voilà le fruit de la trahison et de l'ineptie ! »

A peine entrés, les républicains pillèrent les maisons des royalistes et notamment celle du procureur-fiscal des eaux et forêts, Maréchal, qu'avaient habitée le prince de Condé et le duc de Bourbon. Les représentants sommèrent la nouvelle municipalité de leur dénoncer les

---

[1] Note de Legrand et du Cabinet topographique (A. G.).

aristocrates. Mais tous étaient partis, gentilshommes revenus à la suite de Wurmser, curés insermentés, bourgeois qui s'étaient déclarés pour la royauté constitutionnelle, paysans que chassait la Terreur. Wurmser leur avait juré qu'il maintiendrait sa position et que, s'il était forcé de reculer, il les avertirait à temps et leur laisserait le loisir de se mettre en sûreté. Ils se reposaient donc sur la parole du général et vivaient dans une profonde sécurité, sans avoir pris aucune précaution. Soudain, l'armée reçut l'ordre de battre en retraite. Ils s'éloignèrent dans la nuit même par une bise glaciale. Un tremblement de terre, survenant en pleines ténèbres, ne causerait pas autant de frayeur et de confusion. Ils couraient de tous côtés dans la ville, ceux-ci portant d'énormes paquets, ceux-là menant des enfants par la main ou soutenant de leurs bras une femme ou un vieillard. Plusieurs demandaient si la défaite des Autrichiens était certaine. D'autres s'obstinaient à croire au succès et s'imaginaient que Wurmser ne rétrogradait que pour attirer l'ennemi dans un piège. De nobles dames se traînaient à pied, accablées de fatigue, mourantes de peur, trop heureuses si des émigrés voulaient bien les prendre en croupe sur leur monture. Partout, des voitures et des charrettes surchargées d'effets, de meubles et de provisions; des cavaliers essayant de se frayer passage à travers le lent défilé des véhicules ; et, comme pour rendre la scène plus lugubre au milieu de cette agitation, un silence qui n'était troublé que par le bruit des sanglots et des gémissements de quelques-uns. On ne parlait qu'à voix basse. On cherchait péniblement son chemin parmi les arbres de la forêt, à la pâle lueur des falots. Condé avec sa troupe mit seize heures à faire six lieues : il avait quitté Haguenau à six heures et demie; lorsque

dix heures sonnèrent, il n'était encore qu'à une demi-
lieue de la ville [1].

Le tribunal révolutionnaire accompagnait l'armée républicaine [2]. Malheur aux traînards qui tombaient entre
les mains des carmagnoles ! Un vicaire de Strasbourg,
l'abbé Beck, malade, presque moribond, couché dans un
chariot qui devait le porter sur l'autre rive, fut pris par
des chasseurs. Ils disaient en lui riant au nez : « Honneur à Monseigneur ! Ses douleurs ne dureront pas
longtemps ; les Français ont le moyen de guérir en
vingt-quatre heures toutes les maladies. » L'infortuné
périt sur la guillotine. Un autre ecclésiastique, Daniel
Frey, subit le même sort [3].

Mais les vaincus firent plus de mal que les vainqueurs, et leurs cruautés achevèrent de rendre odieux le
nom autrichien. Dans tous les lieux qu'ils traversaient,
ils laissaient des traces affreuses de leur brigandage. Pas
un village où ils avaient passé, qui ne fût désert. Il ne

---

[1] D'Ecquevilly, I, 310-311 ; Romain, II, 538-549 ; de La Boutetière
L'armée de Condé, 16-17.

[2] Il fonctionna sur-le-champ. Aussi, sur les 93,000 habitants du
district de Haguenau, 50,000 émigrèrent au delà du Rhin. Pas une
âme ne demeura dans certains villages. « Les habitants de la campagne, écrivait Berger à Bouchotte (30 nov. et 18 déc. A. G.) fuient
avec l'ennemi. A La Wantzenau, il n'est resté personne ; ils ont tout
emporté, meubles et provisions. « Tout Kriegsheim avait fui. Deux
familles demeuraient encore à Niederschæffolsheim. Cent familles de
Haguenau cherchèrent asile à l'étranger. Cf. *Argos*, 14 niv. an II,
n° 4, p. 28-29 ; rapport de Harmand (réimp. du *Mon.*, xxviii, p. 781) ;
discours de Baudot, 16 mars 1794 (quarante mille personnes ont fui
dans les seuls districts de Haguenau et de Wissembourg) ; Klelé,
Hagenau zur Zeit der Revolution, 1885, p. 185.)

[3] Renkin et Berger à Bouchotte, 24 déc. (A. G.) ; R. Reuss, *La
cathédrale de Strasbourg*, 475-476 ; cf. le mot rapporté par Schneider
(*Argos*, 3 sept. 1793, p. 224) : un vicaire d'Erstein, blessé d'une balle
à la cuisse, demande si le bandage tiendra. — « Jusqu'à la guillotine », lui répond un officier.

restait que les vieilles femmes et quelques hommes cassés par l'âge, debout sur le seuil de leur demeure, immobiles, figés dans une morne consternation. Les portes étaient béantes ; les fenêtres, brisées ; les armoires et les coffres, enfoncés. Dans les rues et autour des feux de bivouac qui brûlaient encore, gisaient des pots de beurre et de graisse, des quartiers de lard, des barriques vides, des ustensiles de toute espèce. On trouvait des traversins et des couvertures au milieu des champs. Les paysans racontaient en pleurant que les Impériaux leur avaient tout pris et qu'ils éventraient les toiles des lits de plume, qu'ils jetaient le duvet par la chambre et sur la route [1].

IV. La victoire de Frœschwiller, mandaient Lacoste et Baudot au Comité, « est des plus importantes par l'ouverture du chemin de Landau ». Mais il fallait profiter de ce succès et réunir aussitôt dans une même main les deux armées où régnait la mésintelligence. Les républicains ne pourraient user de leur fortune que s'ils marchaient sous un seul chef.

Depuis quelque temps Hoche se plaignait de son collègue [2]. Il secourait loyalement Pichegru ; il lui cédait des troupes qui venaient de l'armée des Ardennes ; « nous servons la même patrie, lui écrivait-il, je dois donc te seconder de tous mes efforts ; tu peux compter sur moi comme sur un ami et un camarade. » Mais l'armée du Rhin lui enlevait une partie de ses ressources ; elle mettait tout en réquisition ; elle « engloutissait tout » ; elle le *dévorait* ; elle lui prenait trois mille

---

[1] Romain, II, 545-549 ; *Reminiscenzen aus dem Feldzuge am Rhein*, 53.

[2] Cf. p. 144.

paires de souliers au dépôt de Phalsbourg. Cette manière
de faire la guerre n'était-elle pas ridicule ? D'autres don-
neraient-ils des ordres aux places de son arrondissement
et disposeraient-ils de ses propres magasins ? Les généraux français allaient-ils, comme ceux des alliés, ne plus
plus penser et sentir à l'unisson ? Allaient-ils se dis-
puter, s'aigrir, se secourir avec mollesse et à contre-
cœur ? Pichegru déclarait qu'il existait de la *rivalité*
entre les deux armées et sommait Hoche de se défaire
du brave Lefebvre qui l'avait offensé par des propos in-
décents : « Lefebvre s'est cru autorisé à méconnaitre
mon commandement, disant que l'on aurait bien dû le
laisser où il était et ne point l'appeler à l'armée du
Rhin ; mon intention n'est pas qu'il y reste ; je te prie
d'y envoyer Blondeau. » Hoche répondait qu'il craignait
non la *rivalité* des deux armées, mais la « basse jalousie », et que, si Lefebvre avait la parole haute, il était
le seul officier-général qui pût garder le flanc droit de
l'armée de la Moselle. « Je servirai ma patrie, écrivait-il
aux représentants, parce que par goût je suis républicain, et soldat par état ; je suis sans cesse à ma besogne
et ne m'occupe nullement d'inspecter celle des autres. »
Lacoste et Baudot se rangèrent du côté de Hoche.
Hommes d'ardeur et d'action, et, comme ils disaient,
pris d'élans d'impatience, ils n'hésitèrent pas à trancher
dans le vif. Depuis quelques semaines, ils prêchaient
les mesures rapides et fortes, se plaignaient du défaut
d'ensemble et du manque de concert qui gâtait et rui-
nait tout, de l'incapacité des généraux, de leurs dissentiments, de leur torpeur. Il n'y avait pas, répétaient-ils,
un instant à perdre ; le salut de l'Alsace exigeait impérieusement la délivrance de Landau ; c'était le désir du
comité, le vœu de la nation entière ; on devait, sans ba-

lancer, frapper un coup vigoureux et terrible. Aussi lançaient-ils Burcy contre la redoute de Gundershoffen ; aussi mettaient-ils en arrestation ce Jacob qui « se tenait en réserve sous le prétexte éternel des difficultés. » N'y aurait-il donc, s'écriaient-ils, que des combats partiels ? Ne ferait-on jamais que des tentatives éparses ? Les corps seraient-ils éloignés les uns des autres, sans donner à la fois ? Tout se passerait-il en considérations stériles et en délibérations accablantes ? Vint l'affaire de Frœschwiller. Durant cette journée, Lacoste et Baudot étaient restés avec Hatry, en face de Reichshoffen, parmi ceux qu'ils appelaient leurs frères d'armes, et ils avaient, de leurs propres mains, tiré le canon contre l'ennemi. Ils jurèrent de « suivre le cours de la victoire sans relâche, avec la plus grande ardeur », et puisque les deux armées marchaient dorénavant ensemble et que leurs divisions se mêlaient, d'empêcher la confusion, et de faire, pour débloquer Landau, un mouvement unique et décisif. Ils nommèrent Hoche généralissime.

Ils savaient que Saint-Just et Le Bas, amis de Pichegru et ses patrons déclarés, allaient s'indigner, protester avec véhémence. Mais que leur importait de rompre avec des hommes qu'ils détestaient ? Ils les avaient d'abord loués, applaudis ; Baudot reconnaissait que c'en était fait de l'esprit public sur les bords du Rhin sans les opérations révolutionnaires de Saint-Just et de Le Bas. Bientôt la querelle avait éclaté.

Lacoste et Baudot étaient isolés. Ils avaient deux autres collègues, Ehrmann et Lémane. Mais Ehrmann ne bougeait pas de Sarrebrück et Lémane s'éloignait d'eux[1]. Irrités contre Lémane, Lacoste et Baudot le trai-

---

[1] Legrand dit de Lémane : « Ce pauvre Lémane, ci-devant prêtre et qui avait fait longtemps le métier de missionnaire, continuait le métier

tèrent de prêtre défroqué et l'accusèrent de jeter la pomme de discorde. Mais si Lémane leur donnait parfois sa signature, il approuvait sans réserve tous les arrêtés des « représentants extraordinaires » Le Bas et Saint-Just, et assurait qu'ils exécutaient des prodiges, qu'ils s'acquittaient très bien de leur mission. Baudot, écrivait-il à Paris, « ne fut jamais fait pour ce pays ; quelle différence entre lui et Saint-Just et Le Bas ! »

Saint-Just et Le Bas étaient simples, sobres, ennemis du faste ; ils ne fréquentaient pas les sociétés populaires ; ils ne se produisaient pas dans les lieux publics ; ils laissaient à Saverne l'un sa femme, l'autre sa fiancée, en leur recommandant de ne recevoir personne. Lacoste et Baudot péroraient assidument et remplissaient les clubs de leurs harangues sonores et de leurs déclamations retentissantes ; ils voyageaient avec fracas et menaient grand train. Lacoste faisait ripaille à la table des propagandistes. Baudot avait avec lui, disait Lémane, « cinq hussards, quinze chevaux, sa femme et tout l'attirail de frairie ».

Saint-Just et Le Bas avaient conquis en quelques jours un prestigieux ascendant sur le soldat qui regardait Lacoste, membre de l'ancienne mission, comme un des auteurs du désastre de Wissembourg et lui reprochait tant de destitutions prononcées par Ruamps, Borie et Niou à tort et à travers. Et vainement Lacoste affirmait que les généraux et leurs créatures avaient égaré plusieurs régiments sur son compte. Il se sentait

dans un autre sens, ou plutôt dans le sens inverse. Ce n'était point un homme méchant : il n'a fait individuellement de mal à personne. Mais avec son ancien caractère sacré, quoiqu'il l'ait abjuré, comment refuser sa signature à des collègues qui ne l'auraient certainement pas épargné et l'auraient envoyé à l'échafaud, tout comme un autre ? »

haï, méprisé, et ne pouvait voir sans jalousie les marques de respect que Saint-Just et Le Bas recevaient de l'armée. Aussi se plaignait-il qu'ils eussent fait bande à part, au lieu de se joindre à leurs collègues, d'augmenter leur force et de les protéger contre d' « infernales persécutions ».

Saint-Just et Le Bas avaient ranimé la discipline. Lacoste et Baudot, tout en répétant que la discipline était nécessaire, s'élevaient contre l'obéissance passive ; ils disaient que l'officier n'encourageait pas suffisamment le soldat par ses discours ; ils prétendaient que « le silence et le défaut de communication entre les chefs et les subordonnés rappelaient l'ancienne morgue nobiliaire ».

Saint-Just et Le Bas allaient au but sans paroles inutiles, et en pratiquant le système de la Terreur, ils n'avaient ni les façons ni le verbe des terroristes forcenés. Ils envoyaient Schneider au tribunal révolutionnaire de Paris. Lorsqu'ils décrétaient l'emprunt forcé sur les riches, ils se bornaient à faire exposer Mayno sur l'échafaud pendant trois heures. Lacoste et Baudot, véritables énergumènes, ne cessaient de proférer des invectives et des menaces. Baudot demandait que l'ancien maire Dietrich subît la peine de mort à Strasbourg même, sur le lieu du délit. Il n'avait à la bouche que les mots *fusiller* et *guillotiner*. Il menaçait les suspects de la « hache » suspendue sur la tête des pervers. Il proposait de détruire entièrement les ennemis du peuple, de faire disparaître du sol dans un seul instant et d'un seul coup les amis des rois et de la féodalité.

Saint-Just et Le Bas laissaient les Alsaciens en Alsace et leur permettaient l'usage de l'allemand ; ils se contentaient d'établir des écoles gratuites de langue française.

Lacoste voulait proscrire absolument la langue allemande, loger à Strasbourg une garnison de quatre mille sans-culottes tirés des autres départements, chasser de la forteresse *dix mille* aristocrates, feuillants ou intrigants qu'elle recélait sûrement, donner les emplois à des Français du dehors, décapiter le quart des Alsaciens, expulser le reste et ne garder dans le pays qu'une poignée d'indigènes, ceux qui auraient pris une part active à la Révolution.

Saint-Just et Le Bas obtenaient de la Convention un décret qui renvoyait les propagandistes. Lacoste et Baudot n'osaient désapprouver le décret et le trouvaient « infiniment sage »; mais ils plaidaient la cause de ces « bons Jacobins », de ces « braves frères », de ces « patriotes courageux et instruits » qui « vivifiaient l'esprit public », qui « professaient la doctrine de la liberté avec le plus grand succès », qui pouvaient au moins rester à Strasbourg comme de simples citoyens.

Saint-Just et Le Bas renouvelaient l'administration du département et la composaient de Strasbourgeois. Lacoste et Baudot s'indignaient que ces administrateurs fussent, pour la plupart, des tailleurs et des perruquiers, nullement patriotes, nullement capables de remplir d'aussi importantes fonctions, et ils regrettaient que les propagandistes n'eussent pas été « employés au renouvellement des autorités constituées ».

Saint-Just et Le Bas avaient fait appréhender Schneider, et ce coup de vigueur donnait satisfaction au peuple de Strasbourg. Lacoste et Baudot, qui projetaient de suspendre Schneider et de l'envoyer à vingt lieues des frontières, en voulaient à Saint-Just de les avoir devancés. Ils auraient élevé jusqu'aux nues l'arrestation de l'accusateur public s'ils l'avaient ordonnée; ils la blâmaient parce qu'un autre en recueillait l'honneur, et Lacoste osait dire que le « supplice infâme » de Schneider avait « consterné les patriotes, rendu les aristocrates plus dangereux, plus insolents que jamais et formé un levain de contre-révolution ».

La haine que Lacoste et Baudot portaient à Saint-Just et à Le Bas a donc déterminé la nomination de Hoche. Éclipsés par les deux envoyés spéciaux du Comité, sentant qu'ils ne pourraient se mettre de niveau avec eux, Lacoste et Baudot étaient exaspérés. Leur rage redoubla lorsqu'ils virent que Saint-Just et Le Bas les tenaient à l'écart et affectaient de les ignorer. Quoi! parce qu'ils avaient reçu des pouvoirs dits *extraordinaires*, ces deux jeunes gens agissaient en maîtres ! Ils prenaient des manières de supériorité, l'air dominateur et le ton tranchant ! Ils ne témoignaient pas la moindre déférence aux commissaires que la Convention avait délégués dans les mêmes contrées ! Ils les traitaient arrogamment et avec une insolence princière ! A Nancy, ils ne rendaient pas visite au représentant Faure ! A Sarrebrück, ils n'informaient pas de leur présence Richaud et Soubrany ! A Strasbourg, ils ne daignaient pas consulter deux montagnards comme Lacoste et Baudot ! Ils faisaient afficher des avis insultants pour leurs collègues ! Ils s'érigeaient en « véritables censeurs » ! L'autorité qu'ils s'attribuaient ou mieux cet abus d'autorité n'était-il pas une *dictature* réelle et une *monstruosité*?

Lacoste et Baudot, isolés, déconsidérés, sans crédit ni prestige, n'étaient donc plus que des représentants ordinaires. Saint-Just pouvait tout : eux, n'avaient que de la bonne volonté, leurs efforts restaient impuissants et la défaveur s'attachait à leurs opérations. Les administrateurs ne leur obéissaient qu'avec répugnance, et après

avoir soumis leurs arrêtés à la sanction de Saint-Just.
L'état-major écoutait froidement leurs doléances. Pichegru ne se souciait ni de leurs lettres ni de leurs reproches. Devant Reichshoffen, en pleine action, les généraux ne les instruisaient pas de leurs mouvements,
mais ils envoyaient des courriers à Saint-Just et à Le
Bas qui se trouvaient à Bitche, à huit lieues du champ
de bataille : « Voilà, écrivaient Lacoste et Baudot, l'effet
de la différence des pouvoirs. Notre mission paraît être
en sous-ordre. On sait que Saint-Just et Le Bas ne com-
muniquent point avec nous, et c'est à leur organe qu'on
reconnaît plus particulièrement la voix de la nation. »
Mais, poussés à bout, ils ajoutaient qu'ils ne laisseraient
pas avilir ainsi la Convention : « Nous répondrons à
toutes les petites intrigues en partageant le pain et la
paille du soldat, en forçant les généraux à faire leur
devoir et nos collègues à marcher d'égal à égal ! »

On conçoit dès lors que Lacoste et Baudot aient,
comme disaient Lémane, *pris en grippe* Pichegru que
Saint-Just et Le Bas protégeaient. Le 24 décembre, sans
ménagement ni réticence, ils dénonçaient au Comité
l'impéritie et l' « inaptitude » de Pichegru ; à les entendre
il ne possédait ni l'activité ni l'audace d'un général ; il
commandait sans s'inquiéter de savoir s'il serait obéi ; il
n'avait nul moyen pour tracer un plan, nulle force pour
suivre celui d'un autre. C'était lui qui causait la « stag-
nation » des troupes, qui les décourageait par la perspective de souffrances continuelles ; évidemment son
inertie entraînerait la perte de Landau. Ils proposaient
donc de destituer Pichegru ou, puisqu'il était patriote, de
lui donner « une place inférieure qui conviendrait à lui
et à la chose ». Hoche, disaient-ils, était plus particulièrement chargé de l'expédition de Landau ; il devait mc-

ner l'une et l'autre armée « tant que durerait l'affaire », et d'ailleurs il avait « une tête propre à embrasser de grandes vues et à les exécuter » ; il conduisait parfaitement ses soldats ; il savait à la fois se faire craindre et se faire aimer. Les deux représentants déclaraient la mesure urgente : Hoche prendrait sur-le-champ le commandement des deux armées et il l'aurait déjà pris, avec leur autorisation, sans la « discordance » de leurs pouvoirs avec ceux que s'arrogeaient Saint-Just et Le Bas.

Ils n'attendirent pas la réponse du Comité. Le 24 décembre, par un arrêté daté de Wœrth, ils donnaient à Hoche le commandement suprême et enjoignaient aux généraux de l'armée du Rhin de lui obéir. Les ordres devaient-ils partir de deux points différents ? Et pour mettre la plus grande précision dans l'exécution des mouvements, pour obtenir le concert et la promptitude de la marche, pour n'éprouver ni contrariétés ni retards, ne fallait-il pas réunir toute l'autorité dans les mains d'un seul ? « Nous avons eu, marquaient-ils au Comité, deux objets en vue : le premier, d'assurer un cours rapide à l'entreprise et à l'audace ; le second, de fixer la confiance des troupes qui était décidée en faveur de Hoche et au moins vacillante pour Pichegru. »

Saint-Just et Le Bas n'osèrent contredire ouvertement Lacoste et Baudot ; ils sentaient que « la circonstance était délicate ». Mais ils épanchèrent leur bile dans une dépêche au Comité. Hoche, disaient-ils, était jeune et ardent, mais Pichegru était plus mûr et plus expérimenté ; Lacoste et Baudot avaient fait un usage « imprudent et léger » de leur pouvoir ; ils voulaient « diviser et décourager les armées triomphantes ».

Une conférence eut lieu entre les représentants. Saint-Just et Le Bas rappelèrent qu'une lettre de Bouchotte déférait à Pichegru, en cas de jonction, le commandement supérieur et que Hoche avait été, pour cette raison, dénommé, dans l'arrêté du Conseil exécutif, « général de division, commandant l'armée de la Moselle », et non pas « général en chef ». Ils déclarèrent qu'à leur arrivée, en prescrivant aux deux généraux de se concerter sans délai pour débloquer Landau, ils avaient d'ores et déjà donné le commandement du *rassemblement* à Pichegru. Ils citèrent une lettre qu'ils avaient écrite le 21 novembre au Comité de salut public pour annoncer la prise de Deux-Ponts et les succès de « l'armée de Hoche dirigée en chef par Pichegru ». Mais Lacoste et Baudot leur répondirent avec vivacité. Pourquoi Saint-Just et Le Bas gardaient-ils le silence envers leurs collègues ? Pourquoi n'avaient-ils pas fraternisé plus tôt avec eux ? Ne connaissant ni la lettre de Bouchotte, ni les plans du Comité, Lacoste et Baudot avaient suivi leur propre impulsion et agi dans l'unique dessein et l'extrême désir de sauver Landau. L'unité d'action et de commandement n'était-elle pas nécessaire ? Ils avaient nommé Hoche et ne s'en repentaient pas ; sa victoire de Frœschwiller confirmait l'idée avantageuse qu'ils avaient de lui. Quant à Pichegru, ils ne doutaient pas de ses vertus patriotiques, mais ils ne le jugeaient pas grand militaire et persistaient à croire qu'il était absolument incapable de diriger une armée. « La mesure, disait Baudot quelques jours plus tard, était hardie, mais impérieuse ; il n'y avait qu'un chemin pour aller à Landau ; deux guides pouvaient nous perdre ; le salut de la patrie commandait ; toute autre considération fut nulle. »

On a soutenu que Pichegru avait, à cette nouvelle, embrassé Saint-Just et Le Bas en assurant qu'il n'était pas piqué, et qu'il n'avait qu'un chagrin : « c'est que vous puissiez penser que cet événement diminue mon zèle républicain ». En réalité, Pichegru ne devint le subordonné de Hoche que de mauvaise grâce et sans cacher la jalousie qui lui rongeait le cœur. En vain, Saint-Just et Le Bas s'efforcèrent, comme ils disent, d' « ôter le découragement », d' « apaiser l'amertume », d' « accorder toutes les passions ». Dès qu'il eut connaissance de l'arrêté, Pichegru écrivit à Bouchotte que « les armées étaient si rapprochées et leurs opérations si liées que cette disposition lui paraissait propre à rendre plus parfaits l'unité et l'ensemble ». Mais ce jour même, 24 décembre, au fort de la campagne et comme en plein feu, pendant que toutes ses colonnes s'ébranlaient, et bien qu'il prétendît mépriser la « vile gloriole du commandement », il sollicitait l'autorisation de regagner son poste du Haut-Rhin [1].

Hoche, plus digne, fit montre de modestie et sembla n'accepter qu'à son corps défendant le glorieux fardeau dont le chargeaient Lacoste et Baudot. Il conjura les représentants de donner à Pichegru, « par un acte authentique », le commandement en chef des deux armées. Mais les conventionnels tinrent bon et « aucune supplique ou instance de ma part, écrit Hoche à Bouchotte, n'a pu les faire changer de résolution. Je ferai pourtant mon pos-

[1] Rousselin, II, 30, 33, 37, 38 ; Pichegru à Hoche, 23 déc.; Hoche à Bouchotte, 19 et 25 déc., et aux représentants, 24 et 25 déc. ; Lacoste, au Comité, 18 déc. ; Baudot au Comité, 19 déc. ; Lémane au Comité, 20 déc. ; Lacoste et Baudot au Comité, 22, 25 et 26 déc. ; Saint-Just et Le Bas au Comité, 25 déc. (A. G. et A. N. a. f. ii, 247) ; cf. Richaud et Soubrany au Comité, 23 nov.; Bouchotte à Saint-Just et Le Bas, 23 oct. ; Saint-Just et Le Bas au Comité, 21 nov. ; *Mon.*, du 15 janvier 1794 (rapport de Baudot', du 6 février (rapport de Barère) ; Hamel, *Histoire de Saint-Just*, II, 68-71 ; Wallon, *Les représ. du peuple*, 1890, vol. IV, p. 192-200 ; *Wissembourg*, 81-82.

sib!e, ajoutait-il, pour bien servir la République ; je ne crains que de succomber à la peine ».

Il justifia sur-le-champ la confiance de Lacoste et de Baudot. Le surlendemain de sa nomination, le nouveau généralissime remportait la victoire du Geisberg, aussi importante et complète, disaient les représentants, que celle de Frœschwiller.

CHAPITRE VII

LE GEISBERG

I. A la nouvelle de la prise de Frœschwiller, Wurmser s'était hâté de reculer derrière la Sauer. Un instant, il eut l'idée de s'appuyer au Liebfrauenberg, dont Brunswick lui recommandait si vivement la défense, et, suivant les intentions du duc, de livrer bataille, de repousser les Français par un brusque effort, puis de se porter sur le Geisberg. Déjà plusieurs détachements de cavalerie s'ébranlaient pour établir sa communication avec Hotze. Mais il apprit bientôt que son lieutenant avait abandonné le Liebfrauenberg. Il approuva Hotze. Le monticule de Notre-Dame, disait-il, était intenable, dès que les Prussiens faisaient un avant-poste de la position si essentielle de Lembach. Dans la soirée du 23 décembre, il marchait sur Wissembourg.

Il était néanmoins, avouait-il, plus embarrassé que jamais et hors d'état de décrire son embarras. N'avait-il pas l'ennemi sur sa droite, sur sa gauche, sur ses derrières? Et, dans les chemins extraordinairement mauvais où il devait s'engager, ne courait-il pas risque de perdre la plus grande partie de son artillerie et de subir un affreux désastre? Enfin, son armée était dans la consternation; elle savait le régiment de l'Empereur presque entièrement détruit; on se répétait de rang en rang que, dans une compagnie, cinq hommes seulement avaient échappé. Des bataillons, qui se croyaient serrés de près et talonnés par les républicains, passaient précipitamment sur les flancs de la colonne des émigrés, en lui laissant le soin de former l'arrière-garde.

« Dieu le protégea », ou mieux, comme ajoutait Wurmser, les troupes autrichiennes firent des merveilles de constance. La grande route de Strasbourg à Wissembourg était la seule praticable, la seule où, dans cette humide saison, pût passer l'artillerie. Pour s'assurer la possession du chemin, Wurmser envoya le général Jordis en avant-garde avec trois escadrons et quatre bataillons de grenadiers. A peine Jordis arrivait-il à Retschwiller, qu'il se heurtait à une colonne française qui débouchait de la montagne par Mattstall et Lampertsloch. Il fallait la refouler, la rejeter loin de cette unique chaussée dont dépendait le salut de l'armée. Sur-le-champ et sans balancer, Jordis attaqua les nationaux et les tint à distance pendant que le gros des Autrichiens traversait Soultz et poussait jusqu'à Schœnenbourg. Mais, à une heure de l'après-midi, les républicains recevaient des renforts qui venaient de Gœrsdorf, et Jordis, à son tour, était assailli. Les grenadiers impériaux combattirent avec leur vaillance coutumière. Deux fois ils perdirent le village de Retschwiller; deux fois ils le ressaisirent, malgré le nombre supérieur de l'adversaire et le feu écrasant de son canon. A cinq heures du soir, ils durent céder au troisième assaut des Français. Mais Jordis avait encore cinq compagnies du bataillon des grenadiers de Beust en réserve. Il se met à leur tête; il fond sur les patriotes; il les étonne, les arrête. Les grenadiers qui se débandaient, reprennent courage; ils reviennent sur leurs pas; ils attaquent de nouveau les carmagnoles avec fureur; ils les chassent de Retschwiller la baïonnette au bout du fusil. Les Autrichiens avaient trois cents tués ou blessés. Le colonel Kölbel, des carabiniers de l'Empereur, tombait frappé à mort. Le lieutenant-colonel des grenadiers, Saint-Julien, était gravement atteint. Mais Retschwiller restait aux Impériaux, et l'ennemi ne pouvait désormais les couper du Geisberg. Le général Jordis avait sauvé l'armée. « S'il avait été battu, mandait Wurmser, ma perte aurait été indescriptible; mais Dieu, et après lui, ce brave et digne homme, ainsi que ses grenadiers, m'ont permis de faire ma retraite. »

Les Français avaient en même temps attaqué le général Aufsess qui tenait les hauteurs entre Soultz et Surbourg. Mais, là encore, les Impériaux, dont le danger doublait les forces, gardèrent leur position. Un bataillon de De Vins et deux escadrons des cuirassiers de Mack repoussèrent les tentatives les plus obstinées de l'adversaire[1].

Le 24 décembre, Wurmser rejoignait Hotze devant

---

[1] Cf. Gebler, 241-243 ; Zeissberg, I, 450 ; Wagner, 245 ; *Uebersicht*, II, 19 ; d'Ecquevilly, I, 309 et 311.

HOCHE.   12

Wissembourg, et son armée s'étendait sur une ligne de quatre lieues, des pentes du Geisberg à Niederlauterbach. Mais il était désespéré : plus de bois ; plus de charrois ; les fourrages arrêtés ; les troupes lasses, dégoûtées, dépenaillées, décimées par tant de combats. « Ce serait, écrivait-il, une fortune singulière et presque invraisemblable, si je pouvais rester ici jusqu'à demain ! »

Aussi, dans cette même journée du 24 décembre, la plupart des généraux autrichiens, réunis en conseil de guerre, décidèrent-ils d'abandonner Wissembourg, de passer le Rhin et de lever le blocus de Landau. Funk vint annoncer cette résolution à Brunswick. Le duc, outré, déclara qu'il n'approuverait jamais un pareil dessein. Il courut auprès de Wurmser. Il vit derechef ce qu'étaient devenus les Autrichiens, leur désordre, leur humeur chagrine et sombre, leur démoralisation. Il reconnut que leur confusion était extraordinaire et que leur indifférence allait plus loin encore qu'on aurait cru et, comme disait le colonel Köckeritz, que tant de dangers et de fatigues les avaient hébétés et rendus insensibles. Mais quoi ! fallait-il se retirer ! Cette retraite, s'écriait Brunswick, couvrait de honte les deux armées et les déshonorait aux yeux du monde entier ! Elle était inexcusable, tant qu'on n'aurait pas fait un nouvel effort contre l'ennemi ! Oui, les suites les plus malheureuses d'une bataille perdue ne pourraient être plus funestes, plus ignominieuses que cette retraite !

Brunswick ajoutait que la position de Wissembourg lui paraissait très avantageuse, qu'elle offrait aux Impériaux les quartiers de cantonnement qui leur étaient si nécessaires, et qu'elle serait imprenable s'ils remplissaient leur devoir. Il s'engageait solennellement à secourir Wurmser contre une attaque des Français et à lui fournir 15 bataillons, 15 escadrons et 3 batteries volantes. Mais Wurmser répondit que son armée s'exténuait, s'usait, qu'elle serait anéantie totalement s'il restait au Geisberg : Brunswick avait beau protester contre le passage du Rhin ; il fallait faire avant tout ce qu'exigeaient les circonstances et le salut de la monarchie autrichienne.

Wurmser consentit néanmoins à demeurer encore le 25 décembre au Geisberg pour évacuer 1,800 malades et blessés qu'il avait à Wissembourg. Il mit à Fort-Louis le général Lauer avec un bataillon de Lattermann et deux bataillons de Pellegrini. Il envoya le colonel Schlegelhoffer avec deux autres bataillons à Lauterbourg. Le reste des troupes se rassembla devant Altenstadt pour prendre les républicains sur leur flanc droit s'ils venaient assaillir le Geisberg.

Le lendemain, 25 décembre, Wurmser dirigeait sur Oberseebach une forte reconnaissance. Un combat eut lieu dans la plaine, près de Geitershof, entre la cavalerie des deux armées. A la tête de quatre escadrons des hussards d'Erdödy, Wurmser faisait le coup de sabre, en vrai hussard qu'il était. Il culbuta les carabiniers français et leur enleva quelques prisonniers.

Cette affaire honorable de Geitershof rendit un peu de cœur aux Impériaux, et le soir même, sur le Geisberg, on résolut de livrer bataille le jour suivant. On formerait trois colonnes. La première serait conduite par Kospoth et composée de 6 bataillons et de 8 escadrons ; la deuxième, sous les ordres d'Aufsess, compterait 5 bataillons, 12 escadrons et la légion de Mirabeau ; la troisième, menée par le prince de Hohenlohe, comprendrait 2 bataillons et 15 escadrons prussiens. Kospoth et Aufsess attaqueraient l'adversaire sur son front à Oberseebach.

Hohenlohe tomberait sur son aile gauche. Jordis, qui tenait le Geisberg avec 15 bataillons et 14 escadrons, ferait une démonstration contre les ennemis qu'il aurait en face. Le colonel prussien Götz, qui commandait au Pigeonnier, exécuterait une manœuvre semblable. Hotze fut envoyé dans le Bienwald avec 3 bataillons et 2 escadrons pour flanquer la gauche et arrêter les Français, s'ils essayaient de la tourner.

Le matin du 26 décembre, les colonnes d'attaque se mettaient en mouvement. Brunswick vint trouver Wurmser. Mais le général autrichien n'avait plus envie de se battre. Il ne cacha pas les inquiétudes qui l'agitaient et qui n'avaient jamais été si cruelles. Il parla de la triste situation de ses troupes languissantes, défaillantes, dépourvues de tout ; il assura que l'espoir du succès ne les animait plus ; treize généraux et colonels, hors d'état de servir, Waldeck, Meszaros, Brunner, Otto, Jorupp, avaient quitté l'armée ; presque tous les bataillons avaient perdu leur commandant et la plupart de leurs officiers ; les malades et les blessés étaient au nombre de quatorze mille et plus [1]. Pouvait-on dans de telles conjonctures se promettre la victoire ? Etait-il prudent d'attaquer un ennemi supérieur en forces, ardent, enorgueilli de ses progrès ? Tout l'état-major autrichien proposait de repasser la Lauter dans la soirée et de camper à Freckenfeld.

Le duc n'avait rien à objecter. Il se rendit au Pigeonnier où l'appelait le péril de ses propres troupes. Wurmser, déterminé à regagner le Rhin, donna l'ordre à ses colonnes de ne plus bouger. Mais il était trop tard ; les Français marchaient à sa rencontre. Après avoir offert,

---

[1] En réalité 14,515, dont 335 officiers.

puis refusé la bataille, les Impériaux se voyaient obligés
de la recevoir [1].

II. *Demain je continuerai*, avait écrit Hoche, après
Frœschwiller. Et il continuait, poussait sa veine, et désireux de compléter sa victoire et d'en tirer tout l'avantage
possible, il ne laissait pas aux vaincus le temps de respirer. « Nous allons toujours en avant, mandait-il le
25 décembre, et les deux armées sont en présence, sé-
parées par un ravin profond et à cinq cents toises l'une
de l'autre. » Il ordonna de tout disposer pour attaquer le
lendemain. Il faisait garder Pirmasens par la brigade de
Vincent qu'il jugeait un homme très actif. Il priait Moreaux, qui restait à Hornbach, de jeter des ponts sur la
Blies pour marcher au devant d'un détachement prussien qui semblait menacer Deux-Ponts. Il chargeait une
de ses divisions d'enlever les gorges de la Lauter et il
dirigeait une colonne sur Climbach et le Pigeonnier,
une autre sur Weidenthal et Annweiler, une autre sur
Nothweiler, Bundenthal et Dahn, moins pour se saisir
de ces positions importantes que pour alarmer Brunswick
par une diversion vigoureuse. Sans crainte de violer les
règles de la hiérarchie militaire, il mettait à la tête de
ces colonnes, non pas des généraux dont il connaissait
l'insuffisance, mais des officiers d'un grade inférieur
qu'il croyait capables, des chefs de brigade ou de bataillon comme Championnet, Grenier [2], Jacopin ou un

---

[1] *Uebersicht*, II, 20-24 ; Wagner, 245-250, 266 ; d'Ecquevilly, I,
315 ; Gebler, 245-248 ; Zeissberg, I, 451.

[2] Grenier est assez connu. On n'insiste dans cette note que sur
ses débuts. Paul Grenier, né le 29 janvier 1768, à Sarrelouis, s'était
enrôlé comme volontaire au régiment de Nassau (96ᵉ) le 21 décembre
1784. Caporal (15 oct. 1788), sergent (22 mars 1789), fourrier (1ᵉʳ septembre 1790), sergent-major (1ᵉʳ avril 1791), adjudant (12 mars 1792),

simple capitaine, comme Soult. Enfin, il rassemblait dans la plaine, en avant de Wissembourg, 35,000 hommes des deux armées de la Moselle et du Rhin. Il appelait à lui Hatry et Ferino qui s'avançaient entre Ingolsheim et Oberlauterbach pendant que Taponier et Lefebvre marchaient contre Ingolsheim et Steinseltz. Il enjoignait à Michaud d'attaquer Schleithal et à Desaix de s'emparer de Lauterbourg.

Mais à ses pressentiments d'un prochain triomphe se mêlaient des frémissements d'indignation et de colère. Il n'osait compter sur l'armée du Rhin dont Lacoste et Baudot lui avaient donné le commandement. Le commissaire du parc n'envoyait aux divisions d'artillerie de cette armée que trois caissons et dans ces caissons qu'un fouillis de projectiles de tous les calibres. Aucun bataillon n'avait de caissons d'infanterie. Ferino marquait qu'il ne pouvait attaquer ni même se défendre. Pichegru ignorait ou feignait d'ignorer l'emplacement de ses troupes et adressait à l'état-major de l'armée de la Moselle les lettres destinées à Michaud. Hoche manda sur-le-champ à Pichegru sur un ton sec et sévère que l'armée du Rhin n'était pas *dans le meilleur ordre possible*; « il est assez singulier, ajoutait-il, qu'aucun des généraux qui sont sous votre commandement n'ait emporté de munitions ». Il tança le commissaire du parc qui devait tout prévoir à la veille d' « affaires aussi vives » et le somma d'expédier aussitôt, sur sa responsabilité, quinze

lieutenant (26 juillet 1792), adjudant-major (1ᵉʳ septembre 1792), capitaine (1ᵉʳ déc. 1792), il fut nommé aide-de-camp de Schauenburg le 6 avril 1793. Les représentants Ehrmann et Richaud le promurent le 15 octobre suivant adjudant-général chef de bataillon. Lacoste et Baudot allaient le nommer, le 10 janvier 1794, adjudant-général chef de brigade.

caissons remplis de boulets de 8 et de 12. Il écrivit aux
représentants en termes amers et irrités que la patrie
était encore trahie, que l'armée du Rhin, tout en désarroi, lui prenait ses propres munitions de guerre qu'il
avait amassées avec peine et à force de travail ; « les
généraux, disait-il, ont laissé les leurs ainsi que leurs
canons, en arrière ; ces messieurs croient que les mots
battent les ennemis. Ils ont été étonnés d'un succès, et
croient ne devoir plus rien faire en donnant le temps
aux ennemis de se rallier alors qu'ils devraient être
écrasés. » Dans son aveugle emportement, il accuse
l'*infâme* Ferino, il impute à Pichegru sa défaite de Kaiserslautern : « Représentants d'un peuple libre, sus-
pendez la vengeance ; elle pourrait être dangereuse en
ce moment. On connaîtra maintenant la cause de mon
échec... si l'armée du Rhin eût frappé ! »

Aussi, jamais peut-être son activité ne fut plus brû-
lante, plus fébrile. Il échauffe ses lieutenants, les pique
d'honneur, leur envoie à chacun une courte exhortation
dans le style du temps — à Championnet : « Je veux que
demain les vils esclaves des rois soient battus partout.
Ton mouvement d'aujourd'hui n'a pas été assez vif ; fais
filer par la gauche et montre-toi vigoureux comme tu
dois être républicain. Nous ne serons point venus jusqu'ici pour ne rien faire qui vaille. Attaque, camarade, frappe, n'attends point de signal » ; — à Jacopin :
« poussez vigoureusement et songez à la route de Wissembourg » ; — à Morlot : « courage, f....., ça va, pousse
en avant le plus possible » ; — à Simon [1] : « marche donc,
petit bougre ; ne sais-tu pas que tu as des canons à

---

[1] Simon était chef du 4ᵉ bataillon des volontaires nationaux et
Hoche avait demandé pour lui, dès le 31 octobre, le grade d'adjudant-
général chef de brigade.

prendre ? » — à Desaix : « jamais un général républicain ne doit calculer avec la nature. Pourquoi tout voir à notre désavantage ? Il faut compter sur son courage. Crois que l'ennemi n'est pas fort tranquille et qu'avec un peu de vigueur il sera bientôt dégoûté. Songe bien qu'avec des baïonnettes et du pain nous pouvons vaincre tous les brigands de l'Europe. »

Il sait que la bataille du 26 décembre décidera du sort de la campagne, et pour mieux s'assurer encore des sentiments de l'armée qu'il tient dans ses mains et qu'il inspire de sa volonté, il parcourt les bivouacs. Mais, dans la journée, les représentants avaient annoncé la reprise de Toulon, et cette nouvelle avait accru l'ardeur des soldats. Un grand nombre reconnaissent Hoche et le saluent par des cris d'allégresse et d'enthousiasme : « Mon général, nos frères ont été à Toulon ; nous irons à Landau ! » Il rentre tout ému et trace ces lignes à Le Veneur : « Les voilà revenus, ces transports que nous avons vus éclater autrefois en présence de l'ennemi. Le découragement et l'épouvante ont fui loin de nous ; je ne suis entouré que de braves gens marchant à l'ennemi sans rompre d'une semelle. Auprès des feux allumés sur toute la ligne, j'ai surpris dans tous les groupes la témérité et l'audace qui annoncent la victoire. Pas un murmure contre ce vent si froid qui souffle avec violence, pas un regret pour ces tentes qu'un des premiers j'ai fait supprimer. Il en est peu qui se piquent d'imiter le vainqueur de Rocroi et qu'il faudra réveiller pour la bataille ; mais l'air est glacial et j'aime mieux les conduire à l'ennemi, irrités par l'insomnie, que reposés par un sommeil toujours fatal à l'entraînement avec cette température. Oui, Landau sera libre. Les jours de douleur et de honte sont passés : avec des soldats si bien préparés, une autorité aujourd'hui sans entraves et l'appui des représentants, je dois vaincre ou mourir : je suis à la veille du plus beau ou du dernier de mes jours [1] »

Le 26 décembre, à onze heures du matin, par un temps serein, après une canonnade d'une formidable intensité, l'armée s'ébranle en opérant un mouvement de conversion à gauche. Le général en chef a fait des dispositions si précises, si bien entendues, que tous ses lieutenants, Hatry, Ferino, Taponier, Lefebvre sont exacts au rendez-vous.

Surpris, déconcerté, sentant que la bataille, cette bataille qu'il cherchait naguère et qu'il voulait maintenant éviter, allait promptement l'envelopper, Wurmser recula sur le Geisberg, après avoir, comme dit Baudot, étalé toute sa tactique, évolutions sur évolutions, fausses attaques, marches, contre-marches. Ses colonnes d'infanterie se rangèrent à mi-côte, derrière un vieil épaulement, ou garnirent la crête de la montagne ; sa cavalerie, forte encore de trente escadrons, demeura dans la plaine, à gauche, pour couvrir Wissembourg.

Mais l'attitude confiante et résolue de l'armée française qui ne cessait d'avancer fièrement, en un ordre parfait et comme d'un seul mouvement régulier, imperturbable, avait intimidé les Impériaux. La cavalerie, sur laquelle Wurmser fondait tout son espoir, tenta vainement d'entamer la cavalerie française et d'enlever l'artillerie légère de Ferino. Les canonniers la laissèrent approcher à portée de pistolet et la criblèrent d'une pluie de mitraille. Les Valaques s'enfuirent ; puis les autres escadrons tournèrent bride. Wurmser, qui les conduisait, faillit être pris ; le premier à l'attaque et le dernier à la re-

<hr>

[1] Rousselin, II, 38-42; Hoche à Bouchotte, 25 déc. (A. G.) ; Soult, *Mém.*, I, 90 ; *Mon.*, 2 janvier 17.4.

traite, le reître alsacien était cerné par des chasseurs lorsqu'un caporal des dragons de Waldeck le dégagea.

Hoche comptait avant tout sur la force des baïonnettes : « lorsque l'épée est courte, disait-il, on fait un pas de plus ». Bientôt l'infanterie entre en jeu. Pendant qu'à la droite, 4,000 hommes de la division Ferino se déploient en tirailleurs et acculent une partie des Impériaux vers le fort Saint-Remy et Altenstadt, le centre, encouragé par la débandade de la cavalerie, s'élance au pas de charge et gravit les pentes du Geisberg. Il aborde la première ligne de l'infanterie autrichienne, la met en fuite, s'empare de l'épaulement. Reste la seconde ligne qui montre une plus ferme contenance. Mais que faire contre ces bataillons républicains animés de l'esprit d'assurance et de supériorité que Hoche porte partout avec lui? Que faire contre ces Français qui marchent avec une impétuosité irrésistible au chant de leur hymne guerrier, de cette *Marseillaise* qui remplit leurs âmes d'une si profonde émotion et d'un enthousiasme si puissant qu'ils semblent, selon le mot d'un témoin oculaire, franchir l'espace, comme s'ils étaient entrainés par un tourbillon? « Les batteries des ennemis, écrit Hoche, nous vomissaient dix fois par minute la mort et tous ses attirails, mais ils étaient resserrés sur le Geisberg et placés comme au centre de deux tiers de cercle. Il fallait passer une infinité de ravins, haies et fossés. La charge, amis, vengeons la République! Malgré un feu d'artillerie terrible, nos braves sans-culottes ont emporté les hauteurs à la pointe de la baïonnette et à coups de fusil. Rien n'égale la valeur de notre infanterie [1]. »

[1] Lavallette, *Mém.*, I, 150 ; Privat, *Notes historiques sur Hoche*. 1851, p. 29 ; Rousselin, II, 59 ; Hoche au Comité, 26 déc. (A. G.). Quatre bataillons se signalèrent à l'assaut du Geisberg : le 33ᵉ et le

Il n'y avait plus sur les cimes du Geisberg que le régiment de l'Archiduc Ferdinand et un bataillon de Terzy que l'intrépide Funk exhortait à tenir et qui tinrent en effet jusqu'à dix heures du soir. De tous côtés les Autrichiens lâchaient pied et se hâtaient de traverser la Lauter, les uns au village d'Altenstadt, les autres à Wissembourg. La cohue des fuyards était inexprimable. Pris de panique, ils s'amassent, s'entassent pêle-mêle sur les bords de la rivière. Les officiers, l'épée à la main, les chassent devant eux en criant : *Sauve qui peut !* Tous se débarrassent de leur giberne et de leur sac, plusieurs empoignent par la queue les chevaux qui passent et qui les entraînent au galop. Un long convoi d'artillerie achève leur désordre. Qu'on les coupe de Wissembourg, qu'on leur intercepte la retraite en jetant sur Altenstadt quelques escadrons, et ces troupes, déjà profondément ébranlées par le feu des canons français, subissent un épouvantable désastre. Quatre régiments, le 1er et le 2e carabiniers, le 9e et le 12e cavalerie, sont à portée. Le général Donadieu les conduit ; c'est le Donadieu qui, deux mois auparavant, enlevait un étendard et le présentait à la Convention. Ferino, puis Hoche lui commandent de se porter sur Altenstadt, mais Donadieu n'a que la bravoure du soldat. Il ne connaît pas le terrain ; il hésite, il perd un temps précieux, s'enfonce dans les marais de la forêt en deçà de Saint-Remy, se débourbe à grand'peine, et au premier boulet qui tombe sur la colonne, criant qu'il expose inutilement ses escadrons

102e d'infanterie, le 2e bataillon du Douhs (le bataillon de Blondeau) et le bataillon de Chaumont. Le 33e et le bataillon de Chaumont firent halte un instant pour prendre du repos ; deux escadrons les chargèrent, mais furent repoussés sur-le-champ par un feu de file. Cf. l'ordre à l'armée, du 30 nivôse (Rousselin, II, 60).

et les mène au massacre, leur ordonne de faire demi-
tour à droite. Il fut arrêté comme lâche, ou, dit Hoche,
comme « le seul homme qui eût manqué » [1].

[1] Cf. *Wissembourg*, 222, Jean Donadieu, né à Arles, en Provence,
vers 1747, engagé pour huit ans, le 6 avril 1766 au 11e régiment de
dragons, ci-devant Angoulême ; rengagé pour huit ans, le 28 avril
1770, et brigadier le 15 juin 1775 ; rengagé le 1er janvier 1781 et maréchal-des-logis le 15 juin de la même année ; de nouveau rengagé
pour quatre ans, le 13 sept. 1787, sous-lieutenant le 15 sept. 1791,
lieutenant le 3 juin 1792, capitaine le 1er juin 1793. Carlenc l'avait
envoyé à Paris) pour « remettre au ministre le guidon qu'il avait pris à
l'affaire du 18 octobre, après avoir tué l'esclave autrichien qui le portait. La Convention, ajoutait Carlenc, verra sans doute avec plaisir,
que nos braves républicains savent toujours affronter les plus grands
dangers, et qu'un revers momentané n'a fait qu'aiguillonner leur courage. Parmi ceux que je m'honore de commander, le citoyen Donadieu mérite de tenir un rang distingué par sa bravoure et ses vertus
vraiment républicaines. Je vous prie de le présenter et de le recom-
mander aux pères de la patrie. » Le 29 octobre, Donadieu fut nommé
général de brigade par le Conseil exécutif. Traduit au tribunal révolutionnaire de Paris, par un arrêté de Lacoste (daté de Landau, 30 germinal an II), il fut condamné à mort le 27 mai suivant. Il avait
protesté qu'il ne pouvait passer le défilé où il s'était engagé « sans s'exposer à perdre six cents hommes sur sept cents » et que « son premier
devoir était de ne pas exposer inutilement ses hommes parce que toute
sa troupe aurait été massacrée ». Mais Chasseloup-Laubat, Debelle,
Mermet, Hoche l'avaient unanimement inculpé ; « j'ai vu, dit Debelle,
que la cavalerie, commandée par Donadieu, n'a pas chargé l'ennemi,
et je me suis récrié fortement contre les manœuvres qu'elle faisait. »
— « Je dis à Donadieu, rapporte Mermet, ce que Hoche m'avait ordonné de lui dire. Il me répondit : « Est-ce que vous ne voyez pas
qu'il y a du canon ? » Je lui dis : « tant mieux, vous le prendrez. »
A l'instant un coup de canon de l'ennemi partit ; le boulet frappa aux
environs d'une toise de la tête de la colonne ; aussitôt Donadieu a
commandé à la colonne de faire demi-tour à droite. » — « Voyant les
ennemis en fuite, écrit Hoche (Thionville, 19 pluviôse an II, à l'accusateur militaire Clément) et voulant leur couper la retraite de Wissembourg, je dis à Mermet d'aller porter l'ordre au commandant d'un
corps de cavalerie qui se trouvait derrière moi de charger ; Mermet
s'y porta et lorsqu'il eut dit qu'il fallait charger, on lui répondit qu'il
y avait là du canon ; à quoi il riposta qu'il fallait l'emporter. La
troupe se mit en marche, mais au premier coup de canon, son chef
commanda demi-tour à gauche et, par ce mouvement, donna aux

Mais ce ne fut pas l'ineptie de Donadieu qui sauva
l'armée autrichienne ; ce ne fut pas la nuit, le brouillard, la pluie fine qui survint [1] ; ce fut l'énergie de
Brunswick. Le duc avait gagné le Pigeonnier où le colonel de Götz, blessé d'un coup de feu à la jambe, avait
résigné le commandement. D'épaisses vapeurs s'éten-
daient sur la plaine et l'on ne pouvait ni voir ni entendre
ce qui se passait à la gauche des Impériaux. Pourtant
Brunswick reconnut au bruit du canon que l'adversaire
se rapprochait. Il quitte aussitôt le Pigeonnier ; il court
à l'aile gauche des Autrichiens et la trouve battue et
mise en déroute. Déjà les tirailleurs français escaladent
le sommet du Geisberg. Déjà la cavalerie pousse sur
Wissembourg pour barrer aux fugitifs le chemin de la
ville. En ce moment critique, de même que trois jours
auparavant, près du Liebfrauenberg, le duc se jette au
devant des Impériaux ; il les rallie, les entraîne et,
selon l'expression d'un Prussien, apparaît comme le
dieu de la guerre. Jordis avait encore une réserve de
huit bataillons et il les rangeait pour les conduire aux
ennemis et lutter en désespéré. « Mon honneur, dit
Brunswick, exige que je me mette à la tête de vos
troupes. » Il tire l'épée, et suivi du comte de Wartensleben, il ordonne aux bataillons d'avancer. Les Autrichiens reprennent confiance et courage ; « le duc nous
commande, se répètent les vieux officiers les uns aux
autres, tout ira bien », et l'on entend des soldats s'é-
crier : « au diable Wurmser, vive le duc de Brunswick ! »
Le colonel Köckeritz amène douze pièces de divers calibre ; il amène quelques partis de cavalerie ; il amène

ennemis la liberté de passer par Wissembourg ; ce qu'ils n'eussent
pas fait dans le cas contraire. » (A. N., w. 374.)
  [1] Hoche au Comité, 26 déc. (A. G.)

le lieutenant-colonel Klenau. « Venez, dit-il à Klenau, venez partager notre gloire ou notre mort. » — « Oui, répond Klenau, et j'aurai le bonheur de combattre sous les yeux du plus grand des généraux. » Une violente canonnade s'engage, et la division Hatry recule jusqu'au village de Rott [1].

Grâce à Brunswick, à sa présence d'esprit et à son habile activité, l'armée autrichienne put se reformer derrière la Lauter. Le duc était un héros dans les jours d'action ; il semblait alors se retrouver tout entier, tel qu'il était en sa jeunesse, ardent, adroit, prompt à saisir l'occasion, hasardant sa vie et la jetant au fort du péril ; comme l'a dit un de ses plus mordants critiques, il aurait mieux fait d'être toujours à cheval que de s'asseoir à la table de travail où son âme se laissait envahir et dominer par les scrupules d'une circonspection excessive [2].

III. « Il ne reste plus, écrivaient Lacoste et Baudot, qu'à descendre à Wissembourg », et de nouveau les deux représentants attribuaient le succès non seulement à la valeur des soldats, mais à l'intelligence de Hoche qui savait mettre en œuvre la bravoure de ses troupes. Le 27 décembre, les Français victorieux entraient à Wissembourg en chantant la *Marseillaise* et au milieu des acclamations d'un peuple ivre de joie. « J'ai fait ramasser, mandait Hoche au Comité, bon nombre de pri-

---

[1] Hoche au Comité, 26 déc. (A. G.) ; Wagner, 250, 267-268 (récit de Köckeritz) ; Gebler, 248-251 ; d'Ecquevilly, I, 315 ; Engelhardt, VI, 381.

[2] Valentini, 76 ; cf. le mot du duc de Weimar (*Briefwechsel mit Gœthe*, 1863, I, 186) : Wenn er allein commandirt, ist er ein ganz anderer Mensch als wir ihn nun seit einem Jahre sehen. »

sonniers, beaucoup de malades, une infinité d'armes de toute espèce. Les riches habitants de cette ville ont accompagné les ennemis dans leur fuite. Bon voyage ! Nous aurons leurs biens. Ces vils scélérats ne méritent aucune considération [1]. »

Pendant que Hoche se saisissait de Wissembourg et que la division Michaud chassait de Schleithal la colonne du général Aufsess, la division Desaix occupait Lauterbourg. Plusieurs émigrés de l'ancien corps royal de l'artillerie défendaient la place et avaient mis les pièces de l'armée condéenne dans l'ouvrage à corne en avant des fortifications. Les républicains qui les reconnurent à leurs habits, les accablèrent d'injures : « Avancez donc, Monsieur le marquis, venez par ici, c'est le chemin de vos terres ! » Les royalistes ripostèrent en démontant les canons des carmagnoles. Mais les munitions manquaient ; les émigrés, n'ayant pas vingt coups à tirer, s'échappèrent ; le colonel Schlegelhoffer, craignant d'être coupé, les suivit avec ses deux bataillons. Le 27 décembre, Desaix prenait possession de la ville où il trouvait, outre les canons des Condéens et des Impériaux, d'immenses magasins d'armes et de munitions [2].

Trois jours après, Wurmser, la rage et le désespoir au cœur, passait le Rhin à Philippsbourg : il ne se croyait en sûreté que derrière le fleuve. Vainement Brunswick l'avait conjuré, par tout ce qu'il y a de sacré, et au nom des devoirs qu'ils avaient tous deux envers leurs souverains et l'Empire germanique, de ne pas céder si facilement le Palatinat aux ennemis, de retarder sa retraite, d'éviter aux Prussiens par sa reculade précipitée la perte

[1] Hoche, Lacoste, Baudot au Comité (A. G.).
[2] Romain, II, 561-568 ; Gebler, 252 ; Rousselin, II, 59.

de leurs magasins et de leurs hôpitaux. Vainement il
avait fait appel à sa grandeur d'âme, à son patriotisme,
à sa responsabilité ; si Wurmser se retirait sur la rive
droite, il causait la ruine de l'Allemagne, il laissait le
champ libre aux républicains et à leurs vastes desseins
de bouleversement universel, il compromettait sa gloire ;
que dirait l'Europe dont les yeux étaient attachés sur
lui ? Wurmser répondit tristement que les Français le
serraient de près et que son armée, dont le duc connaissait l'état lamentable, avait besoin de repos. Mais, dans
ses lettres au cabinet de Vienne, il maudissait Brunswick
qu'il nommait l'auteur de ses infortunes, le perfide
Manstein, les ministres de Berlin qu'il accusait de pratiquer un système infernal et de méditer l'écrasement
de la maison d'Autriche et de tout l'Empire. Il savait
qu'il ne garderait pas le commandement et il plaignait
son successeur qui rencontrerait, comme lui, le mauvais
vouloir « invétéré dans tous les cœurs prussiens ». Il
désirait ne plus servir ni en guerre ni en paix : vivre
tranquillement, non pas à Vienne dont le séjour ne
convient point à un disgracié, mais dans une terre de
Bohême ou de Moravie, en un vieux château, si sauvage
qu'il fût, « remettre sa tête », oublier le passé, ne plus
songer qu'au labour, aux vaches et aux moutons, tel
était son unique vœu [1].

IV. De même que Wurmser, Brunswick dut faire sa
retraite. Mais il recula sans cesser de combattre. Après
avoir abandonné Lembach, il avait occupé le Pigeonnier
tandis que Courbière se repliait de Bobenthal sur Weiler,
pour mieux se lier avec lui. Il tint cette position jusqu'au bout et repoussa toutes les attaques.

[1] Zeissberg, II, 37, 47 ; Wagner, 260, 263.

Saint-Cyr que Pichegru avait envoyé le 22 décembre
à Lembach, nous a raconté ce qui se passa dans cette
partie du vaste champ de bataille que les Français arrachaient aux Austro-Prussiens dans les derniers jours de
décembre. A peine arrivé, il apprit que Hoche dirigeait
en chef les deux armées ; il se contenta de suivre les
opérations en amateur, donnant des conseils et guidant
l'avant-garde dans un pays qui lui était familier. Il y
avait là plusieurs officiers de l'armée de la Moselle encore
enivrés du succès de Frœschwiller. Grangeret, le plus
ancien, s'attribua le commandement et le 24 décembre,
selon l'ordre de Hoche, s'établit à Climbach. Puis il
marcha sur Wissembourg pour y déjeuner, disait-il, car
il ne croyait pas à l'importance du Pigeonnier et comptait
enlever la position aisément et presque sans coup férir.
Quatre bataillons gravirent la montagne, mais on n'avait
pas calculé la distance qu'ils devaient parcourir. Le
2e bataillon du Jura qui débouchait sur la droite des
Prussiens, perdit le tiers de son monde ; le 8e régiment,
ci-devant Austrasie, qui donna sur le centre, eut en
moins d'une minute la moitié de ses hommes hors de
combat ; les deux autres bataillons, conduits par Jacopin,
arrivèrent une heure plus tard et l'on n'eut garde de
les engager.

Dès qu'il sut l'événement, Hoche ôta le commandement des troupes à Grangeret pour le confier à Jacopin [1]

---

[1] Jean-Baptiste Jacopin, né le 20 octobre 1755 à Brioude (Haute-
Loire), fils d'un maréchal dans la gendarmerie de la Reine, fut d'abord
adjoint à l'architecte de la gendarmerie (janvier 1774 – février 1776),
puis entra au régiment de La Fère-artillerie (1er mars 1776). Il racheta
son congé (21 sept. 1776) et s'établit fabricant de peinture et de dorure
sur porcelaine à Nancy. Le 22 juillet 1792, il était élu sergent au
6e bataillon des volontaires de la Meurthe ; puis il devenait lieutenant
(3 août 1792), adjoint aux adjudants généraux (22 sept. 1792), adju-

et le 25 décembre Jacopin recommençait l'attaque. Elle fut moins décousue que la veille, mais elle échoua de nouveau : si les mouvements avaient de l'ensemble, ils manquaient de précision et de fermeté ; le Pigeonnier, si méprisé naguère, semblait formidable ; il fallut ramener les bataillons à Climbach. Le capitaine Soult qui commandait une brigade, avait Championnet à sa droite et Jacopin à sa gauche. Mais Championnet trouvait que Soult n'en faisait pas assez et le poussait en avant : « Attaque ce tas de brigands qui te font face, il faut que demain nous combattions les despotes et allions coucher à Wissembourg. » Jacopin, au contraire, craignant d'être entraîné trop loin, s'efforçait de retenir Soult : « Ma prudence républicaine me suggère les réflexions suivantes : nos bataillons sont-ils assez instruits pour une attaque de nuit ? S'ils étaient repoussés, comment pourraient-ils se rallier, eux qui, ce matin, ont eu peine à effectuer leur ralliement ? » Jacopin finit par dénoncer Soult qu'il jugeait trop fougueux. Mais Hoche apprit la vérité : « D'après certains rapports, mandait-il au jeune capitaine, j'avais ordonné que tu rejoignes ton état-major ;

dant-général chef de brigade (28 nov. 1793) et général de brigade. Sa nomination à ce dernier grade, faite par les représentants Lacoste et Baudot, le 10 janvier 1794, fut confirmée le 13 juin 1795. Jourdan le jugea « brave militaire, bon républicain, propre à l'emploi qu'il occupait », et Lefebvre assure qu'il a « toujours mis beaucoup de zèle et d'intelligence à remplir ses fonctions et donné en tout temps l'exemple des vertus militaires ». Mis en disponibilité (26 février 1797), Jacopin ne tarda pas à rentrer au service ; il fut employé à l'armée du Rhin (24 mai 1798), à la réserve de l'intérieur où il était major-général de la 1re légion (4 mai 1807) et à l'armée de Brabant (8 août 1809). Il appartint au Corps législatif par deux fois (27 mars 1802 et 25 mars 1806), et fut secrétaire (21 mai 1803) et questeur (18 janv. 1804) de l'Assemblée. Par deux fois, il commanda pareillement le département de la Meurthe (14 mars 1809 et 23 avril 1810). Il commandait les Vosges (21 août 1810) lorsqu'il mourut, à Epinal, le 28 mai 1811.

garde ton commandement à condition que tu tiennes
parole ; bats-toi bien et entendez-vous, Championnet et
toi, pour frapper comme de vrais sans-culottes. »

Hoche fit mieux encore. Le 26 décembre, pendant
qu'avait lieu l'action générale, il chargeait Saint-Cyr de
se mettre à la tête de la brigade Grenier. Depuis qu'il
était à Climbach, Saint-Cyr répétait qu'il fallait ébranler
le moral des Prussiens en les alarmant sur leurs derrières et en menaçant leurs communications par la vallée
de Dahn. Il exécuta ce qu'il avait proposé ; il occupa
l'ancien camp de Nothweiler et plaça ses postes sur la
Lauter ; il prenait ainsi les Prussiens à dos[1].

Brunswick n'avait plus qu'à se retirer. Il abandonna
ses positions de la montagne. Le 28 décembre, son arrière-garde sortait des Vosges et passait à quelque distance de Landau. Le soleil se couchait ; les murs de la
forteresse se dessinaient fièrement dans le lointain ; le
spectacle était magnifique. Mais ce fut avec un déchire-
ment de cœur que les Prussiens virent les baraquements
de l'armée assiégeante livrés aux flammes et qu'ils en-
tendirent les salves de mousqueterie et d'artillerie qui
célébraient la délivrance de la ville.

Le lendemain, les Français poursuivaient cette arrière-
garde avec vigueur, et leur cavalerie poussait hardiment
jusqu'aux abords de Roth. Des maisons, des bourgades
furent incendiées. Ivres de vin et de victoire, les républicains s'avançaient en bandes au milieu des vignes et
ne cessaient de faire le coup de fusil. Plus d'un Prussien
tomba. Nul ne resta sur la place. Comme dans l'Iliade,
une lutte s'engageait autour du cadavre et on combattait
avec fureur pour enlever à l'adversaire le corps d'un

---

[1] Saint-Cyr, I, 184 ; Soult, *Mém.*, I, 92-95.

camarade, d'un ami. Jusqu'au crépuscule, les tirailleurs furent obstinément aux prises. Les Prussiens reculèrent sur Edenkoben. Mais, à cet instant, arrivait le prince Louis – Ferdinand avec des détachements de Schladen et de Manstein ; il contint les Français et après quelques coups de canon échangés dans les ténèbres, l'armée de Brunswick s'achemina vers Neustadt, lentement, et, dit un contemporain, comme ce pèlerin qui se rendait à Jérusalem, faisant deux pas en arrière et un en avant. Elle marcha de là sur Frankenthal, puis sur Worms et Oppenheim. Le 5 janvier, elle prenait ses quartiers d'hiver [1].

L'Alsace était reconquise. « Nous sommes délivrés, s'écriait un habitant de Strasbourg, le drapeau flotte triomphalement sur la cathédrale, la liberté victorieuse fait tous les jours des progrès heureux, et nos guerriers s'avancent comme l'orage ! » Le 28 décembre, au matin, des hussards et des chasseurs, agitant leur sabre, saluaient de loin Landau débloqué. Saint-Just, Le Bas, Lacoste, Baudot, Pichegru étaient avec eux. Ils avaient quitté Wissembourg pour visiter les avant-postes et reconnaître la position de l'ennemi. Comme tout le monde, ils croyaient les Autrichiens retirés sur les hauteurs de Barbelroth. Mais les Impériaux ne se montraient pas. Peu à peu, avançant toujours, à la suite des troupes légères, les conventionnels et le général arrivèrent à Landau. On les accueillit avec des transports d'enthou-

---

[1] Valentini, 77-78 ; *Reminiscenzen aus dem Feldzuge am Rhein*, 60 ; mém. de Schüler von Senden (*Zeitschrift für Kunst, Wiss. u. Gesch. des Krieges.* 1840, I, 89) ; mot de Hoche, 5 janv. 1794, « les ennemis se retirent toujours, mais en bon ordre et ils font résistance ».

siasme. Les habitants, versant des larmes de joie, arrêtaient les cavaliers, leur baisaient les bottes et les étriers,
leur offraient des rafraîchissements et de l'argent ; chacun
voulait les régaler, les avoir dans sa maison. Le représentant Dentzel, le commandant Laubadère, les membres
de la municipalité s'étaient rendus aux portes de la ville.
« Mes amis, s'écria Dentzel, nous sommes libres, notre
esclavage est fini ! Nos frères, nos sauveurs sont ici !
Quelle ivresse ! » et il écrivait à ses collègues de la
Convention qu'il allait voler dans leurs bras pour leur
apprendre le bonheur des Français et la défaite des
tyrans [1].

[1] Bourguignon, *Bischwiller depuis cent ans*, 190 (journal de Blum) ;
*Réfutation par les habitants de Landau de quelques-unes des faussetés
qui composent le mémoire de Treich*, p. 15 ; Laukhard, IV, 178 ; *Mon.*,
2 janvier 1794.

CHAPITRE VIII

LANDAU

Laubadère et Dentzel. — Les deux partis. — Le Comité landauvien de
salut public. — Le Conseil de défense. — Les chefs de corps. — Suspension de Delmas. — Sa réintégration. — Dentzel menacé. — Mesures
imprudentes de Laubadère. — Bombardement. — Misobasile Forel. —
Triomphe de Dentzel. — Sommations prussiennes. — Déblocus de la
place. — Fureur des partis. — La maladie du soupçon.

Landau était investi depuis quatre mois par le prince
royal et 6,000 Prussiens. Mais vainement Wurmser avait
proposé, selon le plan de l'ingénieur palatin Traitteur,
d'inonder la ville au moyen d'une digue établie sur la
Queich. Vainement il avait prié Brunswick d'épouvanter
la population par un bombardement continuel. Les Prussiens ménageaient leurs munitions et attendaient paisi-
blement dans leurs baraques que la famine leur ouvrît
les portes de la place.

Laubadère commandait à Landau depuis le départ de
Gilot. Il avait sollicité cette fonction, et, lorsqu'il l'obtint,
il écrivit à Bouchotte que la ville ne capitulerait pas
tant qu'il y serait et qu'il disparaîtrait plutôt de la sur-
face du globe. Il manquait de caractère. Brave sous les

obus et courant au milieu du feu partout où sa présence
semblait nécessaire, il était dans un conseil de défense
timide et indécis. Il annonçait de vigoureuses résolutions qu'il révoquait le lendemain. Il n'osait entreprendre
de sorties ; tous les jours, la garnison faisait la même
marche, occupait la même position et, après avoir tiré et
reçu quelques coups de fusil, rentrait derrière les murs ;
aussi, dans son inaction, ne pensait-elle plus qu'aux cabales et aux intrigues. Comme tant d'autres, à cette
époque, Laubadère craignait d'être suspecté d'incivisme.
Il avait deux aides-de-camp : Hugues Laudier, homme
de grand mérite, de principes modérés, et Misobasile
Forel, dénonciateur de Custine, jacobin enragé qui ne
connaissait ni frein ni mesure. Laubadère se laissa
dominer par Forel et par les acolytes de Forel ; il écouta
des forcenés qu'il appréhendait plus qu'il n'estimait ; il
répondait avec énergie aux sommations des ennemis et
tremblait devant son aide-de-camp ; il redoutait plus la
guillotine que les boulets [1].

[1] Joseph-Marie Tenet de Laubadère, né à Bassoues, près de Mi-
rande, le 27 avril 1745, lieutenant à l'Ecole du génie de Mézières
(1er janv. 1763), ingénieur ordinaire et lieutenant en premier (1er janv.
1767), capitaine (1er janv. 1777), adjudant-général lieutenant-colonel
(14 mars 1792), adjudant-général colonel (3 sept. 1792), maréchal-de-
camp (8 mars 1793), chef provisoire de l'état-major de l'armée du
Rhin, général de division (15 mai 1793). Il fut, après le déblocus de
Landau, arrêté le 20 prairial an II, par ordre de Hentz, et incarcéré
à Paris ; il connut dans sa prison Joséphine de Beauharnais, « cet
asile, écrivait-il plus tard, recélait celle qui partage aujourd'hui les bril-
lantes destinées de notre premier chef ; elle ne dédaigna pas d'exercer
son humanité bienfaisante en faveur d'un infortuné innocent comme
elle, et mon courage, abattu par le désespoir, reprit une nouvelle
énergie ». Elargi le 10 thermidor et envoyé le 4 fructidor an II à
l'armée d'Italie, où il servit sous Schérer, il ne fut pas compris dans
la nouvelle organisation du 25 prairial an III. Dentzel le poursuivit
de sa haine : « Laubadère, écrivait-il, n'est parvenu aux grades que
par adulation et intrigue ; sa nullité et sa lâcheté étaient connues à

Il aurait dû s'unir au représentant Dentzel qui s'était enfermé dans la place. Dentzel était né Allemand; mais, disait-il, il mourrait Français et depuis dix-huit ans il avait lié ses intérêts personnels à ceux de la France; il jurait de fusiller le premier qui prononcerait le mot de capitulation; il écrivait au Comité que sa femme et ses enfants étaient restés en otages à Paris. Mais Laubadère était chef et voulait naturellement commander. Dentzel, actif, ardent, sachant très bien les deux langues, capable de rendre les plus grands services dans une ville qu'il regardait justement comme sa patrie adoptive, désirait tout faire et tout mener. Il se piquait de comprendre les opérations militaires. Il avait ses protégés qu'il poussait et avançait le plus possible. De là l'inimitié du général et du conventionnel; durant le siège, ouvertement et en secret, ils se disputèrent l'autorité; chacun d'eux s'efforçait de ravir à l'autre la gloire de sauver le boulevard de l'Alsace [1].

l'armée du Rhin ; elles ont paru avec plus d'évidence pendant le blocus de Landau ; il a été cause de tous les troubles, et nommément de l'assassinat exercé sur ma personne ; ce serait compromettre la chose publique que de l'employer. » Et dans une autre note, Dentzel accusait Laubadère de cruauté, d'infamie; « j'ai lieu de croire qu'Aubry ne le comprendra point parmi les officiers-généraux employés ». Laubadère mourut, chagrin et endetté, le 8 avril 1809, à Pouy-le-Bon.

[1] La vie curieuse de Dentzel mérite une notice qu'elle n'a pas encore eue. Georges-Frédéric Dentzel, fils de Jean-Philippe, bourgeois et maître boulanger, et de Catherine-Dorothée, naquit le 16 juillet 1755, à Dürkheim, dans la principauté de Linange. Il était protestant et fit ses études de théologie à l'Université de Halle, avec Laukhard qui le représente comme un homme « entreprenant et nullement faux » (III, 493). Aumônier de Deux-Ponts infanterie (16 sept. 1774), il suivit le régiment en Amérique pendant la guerre, revint avec lui à Landau, et l'abandonna lorsqu'il partit pour Phalsbourg, à la fin de 1786. Il se fixa à Landau où il avait épousé la fille du bourgmestre, Sybille-Louise Wolff (21 janvier 1784) et obtenu (mars 1785) des lettres de naturalité. Envoyé à la Convention par les électeurs du Bas-Rhin

Il y eut ainsi deux partis dans la ville et la garnison.
Laubadère avait pour lui les deux commandants des volontaires de la Corrèze, Delmas et Treich, et le Comité
de salut public. Ce Comité qui s'était formé lui-même,

(cf. l'*Argos* des 7 et 11 sept. 1792, qui l'appelle un franc patriote et
un caractère décidé aux principes fermes), il fut nommé le 23 décembre
commissaire dans la Moselle et le Bas-Rhin, en remplacement de
Coustard, et fit, le 14 mars 1793, décréter la réunion de 31 communes
situées sur la frontière d'Allemagne (*Mayence*, 86). Il était donc ab-
sent de Paris au procès de Louis XVI. On le rappela le 17 mars,
mais, dit Cambon, il n'y avait « pas un jour où il ne vint solliciter
une commission pour les départements du Rhin ; le Comité refusait
de le nommer parce qu'il avait reçu quelques renseignements sur son
compte ; nous ne pûmes empêcher son départ ». Le 20 juin 1793, il fut
envoyé dans le Bas-Rhin avec J.-B. Lacoste. La Convention le rappela le 29 août. Mais à la suite d'une délibération, prise le 27 juillet
avec Ruamps, Dentzel était resté dans Landau. A son retour, Bour-
don de l'Oise l'accusa de vexations, le traita d'étranger, de traître,
de monstre. Dentzel fut arrêté (16 janvier 1794) et détenu à l'Abbaye.
Il se justifia. La Convention décréta le 16 vendém. an III, qu'il serait
transféré dans son domicile à Paris, puis, le 6 frimaire suivant, que
naturalisé Français, né dans un pays que possédaient les Français et
père de quatre enfants nés en France, il conserverait le caractère de
représentant du peuple français, enfin, le 19 nivôse, qu'il n'y avait pas
lieu à inculpation contre la conduite qu'il avait tenue à Landau. Après
avoir, au 1er prairial, défendu l'arsenal de Paris contre l'insurrection,
il appartint au Conseil des Anciens ; mais il songeait à l'avenir. Le
12 frimaire an IV, il demandait au ministre de la guerre le grade
d'adjudant-général : il rappelait qu'il avait sauvé Landau et défendu
l'arsenal de Paris contre deux assauts du faubourg Saint-Antoine ;
il déclarait qu'il avait servi dans le régiment de Deux-Ponts, fait la
campagne de Bretagne en 1779, puis celle d'Amérique, qu'il avait assisté à la capitulation de Yorktown et à deux combats sur mer à la
hauteur des Bermudes et devant la baie de Chesepeake, qu'il avait
reçu, dans ce dernier engagement, un éclat à la jambe droite, qu'en
1792, il avait été aide-de-camp de Kellermann et chargé de la correspondance, mais que huit jours après il était député à la Convention,
que l'adjudant-général Wolff l'avait nommé adjoint aux adjudants-
généraux le 9 juillet 1793 (!) Ses démarches aboutirent. Le 5 février
1796, le Directoire exécutif lui donnait le grade d'adjudant-général
et le 23 mars suivant, le ministre de la guerre l'attachait à l'état-major
général de l'armée de l'Intérieur. Après le 18 brumaire, il sollicita
un emploi. Il fut nommé directeur de l'hospice militaire du Mans, puis

prétendait surveiller et contrôler les actes de la défense. Il se composait des jacobins les plus exaltés, Misobasile Forel, Physiophile Hardouin, officier au 21ᵉ régiment et adjoint à l'état-major, Victor Laudier, capitaine-sapeur,

administrateur de l'hospice de Landau, et enfin, malgré lui, admis au traitement de réforme (23 sept. 1801). Il vécut dans sa propriété de Versailles (à l'Hermitage, grille Maurepas). Mais le 20 oct. 1806, il fut remis en activité. Il avait écrit à l'Empereur qu'il savait l'allemand, le latin, un peu le russe, qu'il connaissait parfaitement l'Allemagne et les limites des principautés, qu'il s'était lié avec un grand nombre de notables, surtout avec les protestants, dans la région rhénane. Il fit toutes les guerres, à la Grande-Armée, à celle d'Espagne (9 oct. 1808), à celle d'Allemagne (11 mars 1809), de nouveau à celle d'Espagne (1810), à l'état-major du corps d'observation de l'Elbe (12 déc. 1811), en Russie et en Allemagne (1812-1813), en France. Il escorta des convois de Bayonne à Séville. Il commanda les places de Weimar et de Vienne. Partout il eut la mission spéciale de diriger le service des prisonniers de guerre, et il nourrissait à sa table les officiers et les parlementaires. Mais vainement il affirmait son dévouement sans bornes à l'Empereur et à sa dynastie, demandait la place d'inspecteur-général des dépôts des prisonniers, le commandement d'un département, le grade de général de brigade. Enfin, le 3 avril 1814, à la veille de l'abdication, Napoléon le nomma général. La Restauration lui signifia sa retraite de colonel; il protesta : il avait 35 ans de services, dont 18 dans le grade de colonel; il était baron de l'Empire et perdait 4,000 francs de rentes en Wesphalie; il avait refusé de voter la mort de Louis XVI « comme une horreur »; il s'était attiré une « persécution sanglante » et un emprisonnement de onze mois sous la Terreur; il avait, pour avoir voté contre Napoléon dans le Conseil des Anciens, subi une surveillance de plusieurs années; il avait vu deux fois Louis XVIII à Saint-Ouen, et il était, à l'entrée dans Paris, du cortège du Roi et de celui du duc d'Angoulême; le 6ᵉ hussards, que son fils commandait, avait pris le premier la cocarde blanche. La Restauration lui laissa par grâce le titre de maréchal-de-camp honoraire (3 janvier 1815). Il se rallia donc à Napoléon revenu de l'île d'Elbe, et reprit avec joie, sur l'ordre de Davout, ses anciennes fonctions auprès du major-général de l'armée (13 mai 1815). Après Waterloo, il fit volte-face. Nommé maréchal-de-camp titulaire le 29 nov. 1815, mis à la retraite le 2 mars 1816, il mourut à Versailles, le 7 mai 1828. Une de ses filles avait épousé le fils de Haussmann. Le célèbre préfet du second Empire a pour aïeux deux conventionnels, Nicolas Haussmann et Georges-Frédéric Deutzel.

Treich, le soldat Grasset, secrétaire de Laubadère. Tous étaient ennemis acharnés de Dentzel qu'ils qualifiaient de prêtre et d'étranger. A les entendre, Dentzel aimait et soutenait les luthériens dont il avait été ministre principal; il faisait distribuer du vin aux soldats pour gagner leur amitié; il vendait les meubles de sa femme parce qu'il prévoyait la chute de Landau et spéculait sur la misère publique; il traitait ses concitoyens avec une indulgence extrême, et il avait dit à Delmas : « Je ne suis pas de deux cents lieues comme vous, et si, comme moi, vous étiez de Landau, vous agiriez de même »; il donnait les places et les emplois à des hommes suspects ou inhabiles; il avait noué des intelligences au dehors et projetait de livrer la ville aux alliés.

Mais Dentzel avait de son côté la population civile ainsi que le club des jacobins landauviens, et il comptait des partisans dans la garnison, surtout dans les troupes de ligne, et jusque dans le Conseil de défense. Au lieu de n'assembler que les officiers supérieurs de la garnison, Laubadère, croyant s'attacher le soldat, avait admis dans ce Conseil 80 personnes de tout grade et de toute arme, choisies par chaque corps à la pluralité des voix; aussi, ce conciliabule ressemblait-il plutôt à un club qu'à un comité de guerre, et ce qui s'y passait était raconté le lendemain dans les cabarets. Quelques membres, des officiers et ceux qu'on nommait les chefs de corps, se prononçaient hautement en faveur de Dentzel. C'étaient Serviez, chef de brigade du 55ᵉ régiment d'infanterie et naguère gouverneur de Sarrelouis, Laval qui devait remplacer Serviez, le chef de bataillon Stockam, Maurice Du Fort [1], chef de brigade du 22ᵉ régiment de cavalerie,

---

[1] On ne parle ici que de Du Fort, à cause de la singularité de son nom. Il s'appelait Maurice et il était fils d'un marchand de bois au

Legros, lieutenant-colonel du 2ᵉ bataillon de Seine-et-Marne, Demestre, chef de bataillon au 3ᵉ d'infanterie et commandant temporaire de Landau, le sous-lieutenant Blanchard qui conduisait cinquante tirailleurs tirés du 22ᵉ cavalerie.

Dès le mois d'août la lutte s'engageait. Delmas, nommé général depuis le 30 juin et commandant en second, avait pris un grand ascendant sur Laubadère, qui ne voyait plus que par ses yeux. Bouillant, emporté, poussant la vivacité jusqu'à la rudesse, il rompit en visière à Dentzel.

Le représentant avait demandé pour son beau-frère dont il vantait l'intelligence, le grade de chef d'escadron au 16ᵉ régiment de dragons ; Delmas répondit que le beau-frère de Dentzel était incapable. Le conventionnel avait fait établir un tribunal criminel militaire composé de l'accusateur et de cinq juges. Le 13 août, Delmas, qui présidait le conseil de défense en l'absence de Laubadère, déclara que Dentzel voulait se mêler de tout et n'avait pas de pouvoirs, qu'il ne méritait aucune confiance, qu'il était un *Michel Morin*. Dentzel se vengea. Il suspendit Delmas dès le lendemain : Delmas, disait-il, s'était permis sur son compte des expressions avilissantes ; Delmas avait violé les lois de l'humanité envers ses subordonnés en les frappant du pied et de la main ; Delmas avait échangé quelques mots avec un parlementaire, malgré l'arrêté du Comité de salut public

fort de Thionville ; mais comme il y avait au régiment deux Maurice, tous deux Thionvillois et tous deux du même grade, notre Maurice prit le nom de Du Fort et le conserva. Cf. *Mémoires pour le citoyen Simon Maurice (Du Fort)*, p. 2. C'était lui qui devait porter à la Convention la nouvelle du déblocus de Landau.

qui défendait aux généraux de parler aux trompettes
ennemis [1].

Le 27 août, Laubadère, prétextant une maladie, pria
Dentzel de lever les arrêts de Delmas qui dirigerait une
sortie. La démarche était imprudente. Serviez, Laval,
Du Fort et autres chefs de corps s'irritèrent que Delmas,
jeune encore et inexpérimenté, parût le seul propre à
mener l'expédition. Dentzel, enhardi par leur opposition,
répliqua que la Convention prononcerait sur le sort de
Delmas et nomma Serviez commandant en second avec
le titre provisoire de général. Delmas, furieux, ameuta
ses amis, et Dentzel fut, en pleine séance du Conseil,
couvert d'insultes. Mais les chefs de corps et la Société
des Jacobins de Landau approuvèrent Dentzel. Les chefs
de corps, assemblés avec la permission de Laubadère,
écrivirent au député qu'ils voyaient avec indignation
la représentation nationale outragée dans sa personne,
que la Convention et ses délégués étaient l'unique point
de ralliement, qu'il méritait la confiance publique, qu'il
devait veiller jusqu'au bout à la conservation de la
place et réprimer la cabale montée par Delmas, Treich,
Forel, Hardouin et Victor Laudier. Les Jacobins de Landau protestèrent pareillement. Ils prièrent le représentant de punir les « cabaleurs astucieux » et déclarèrent
que Dentzel montrait le patriotisme le plus pur, qu'il
faisait régner dans la ville la concorde et la fraternité,
qu'il avait encouragé les soldats, visité les postes, risqué
sa vie, et que le club donnerait pour lui ses biens et son
sang. Dentzel l'emportait On reconnut Serviez comme

---

[1] Cf. sur Delmas *Wissembourg*, 189. Sa suspension fut approuvée
le 3 septembre par Carnot et Prieur qui écrivaient à Dentzel : « Votre
conduite ferme à l'égard du citoyen Delmas est digne d'un républicain » (*Rapport* de Dentzel, 35).

successeur de Delmas. Le fougueux Hardouin, dénoncé au conseil de défense qu'il avait nommé un *Comité autrichien*, fut traduit au tribunal militaire et incarcéré.

Mais Delmas avait informé ses amis et compatriotes, les représentants Ruamps, Borie et Milhaud. Treich écrivait que Dentzel voulait réunir tous les pouvoirs, qu'il était hostile aux volontaires, qu'il groupait autour de lui les officiers de ligne qui soupiraient après l'avancement, qu'il était prêtre, et « ce mot renfermait tout ». De Wissembourg, Ruamps, Borie, Milhaud, combattirent Dentzel à coups de lettres et d'arrêtés. Ils nommèrent Treich général de brigade[1]. Ils affirmèrent qu'eux seuls étaient commissaires de la Convention près l'armée du Rhin, que leurs délibérations sur les faits militaires étaient les seules valables, et forts de la loi, soutenant que tout arrêté devait être signé de deux représentants au moins, ils décidèrent que Delmas reprendrait ses fonctions de commandant en second, que Serviez serait suspendu et mis provisoirement dans une maison de sûreté, ainsi que toutes les personnes suspectes. Ils comptaient, ajoutaient-ils, sur la fermeté de Laubadère pour faire respecter leur décision. Enfin, le 24 septembre, Ruamps envoyait à Laubadère un décret du 29 août qui rappelait Dentzel à Paris : « Dentzel, disait-il, n'a pas plus d'autorité dans la ville que Louis XVII à Paris », et il ordonnait au général de réintégrer Delmas et de suspendre tous les partisans du *prêtre*.

Le 28 septembre, Laubadère, considérant la loi comme

---

[1] Treich en voulait à Landau, parce que les Jacobins de l'endroit l'avaient rayé pour avoir dénoncé faussement le brave Gilot ; cf. sur ce bizarre et vilain personnage, outre son *mémoire* qui est plein de faussetés, les *Bataillons de volontaires de la Corrèze*, par de Seilhac, 1882, p. 142 et 163.

sa « boussole », signifia sèchement à Dentzel que ses pouvoirs étaient « finis à Landau ». Il réintégra Delmas dans son commandement et mit aux arrêts de rigueur Serviez, Demestre et les chefs de corps Laval, Du Fort, Legros. Une insurrection qu'il qualifiait d' « élan patriotique » éclata dans la garnison. Delmas parcourut la ville en triomphateur, escorté de ses amis qui criaient sous les fenêtres de Dentzel : « à la guillotine le représentant ! » Les soldats se portèrent à la prison et délivrèrent Hardouin. Ils se constituèrent en Société populaire et Hardouin, Forel, les membres du Comité de salut public excitèrent contre Dentzel ce club improvisé.

Le lendemain, 29 septembre, nouveaux et violents discours de Physiophile et de Misobasile dans la grande église. On traita Dentzel de *tyran* et de *roi de Landau* ; on proposa de lui couper la tête et de mettre les chefs de corps au cachot ; on courut à la maison du représentant ; on escalada les murs du jardin où il se promenait ; un grenadier lui porta un coup de sabre qu'il para de la main ; sans un officier du 8ᵉ de la Haute-Saône, le conventionnel eût été assassiné. Mais Laubadère fut averti par Hardouin et par Dentzel : Hardouin redoutait les conséquences de l'émeute qu'il avait déchaînée ; Dentzel, craignant pour sa sûreté personnelle, criait à la violation de la représentation nationale et, dans un billet écrit à la hâte, sommait le gouverneur de le protéger. Laubadère se rendit chez Dentzel. Sa présence ne put dissiper l'attroupement. Il eut l'idée de faire battre la générale et chacun gagna son poste. Laubadère passa devant les bataillons ; il leur dit que Dentzel était rappelé par un décret de la Convention, qu'on devait respecter le caractère sacré dont il était revêtu, et lui-même, le sabre à la main, alla placer une garde à la porte du conventionnel.

Mais, dans sa proclamation, il ne blâma pas la conduite des soldats et laissa le soupçon planer sur les chefs de corps : « Vous craignez, disait-il à la garnison, les communications que peuvent avoir les personnes suspendues ; je vous promets de faire disparaître vos inquiétudes. »

Dentzel se renferma dans son logis et ne siégea plus au Conseil de défense. Mais les troubles ne cessèrent pas. Le 18 octobre, en prévision d'un bombardement, Laubadère ordonnait de dépaver les rues sous quarante-huit heures et de mettre les pierres contre les murs des maisons, dans les cours et les jardins. Trois jours plus tard il annonçait que quiconque était incapable de porter les armes[1] quitterait Landau sur-le-champ. Mesure irréfléchie et d'ailleurs impraticable ! L'assiégeant aurait-il ouvert le passage aux Landauviens ? En réalité, Laubadère voulait se débarrasser des gens les plus riches, qui s'étaient attachés à Dentzel. Mais les habitants protestèrent qu'ils s'étaient pourvus de vivres pour six mois et que le commandant n'avait pas le droit de les chasser. Le Conseil général jura que les citoyens qui s'étaient « approvisionnés à la sueur de leur front », ne se laisseraient pas arracher de leur domicile. Les femmes se réunirent sur la place et crièrent qu'elles ne s'en iraient que si la citoyenne Delmas partait la première. Les officiers, les soldats firent cause commune avec la population et refusèrent de se séparer de leurs maîtresses. Un grand nombre de militaires et de bourgeois se rendirent à l'hôtel-de-ville, où Laubadère délibérait avec le Conseil général. Ils exigèrent que les chefs de corps détenus par ordre de la Convention fussent incon-

---

[1] Ou, comme il disait, ceux dont le bras n'est point accoutumé à porter le fer tyrannicide.

tinent relâchés. Vainement Laubadère répliqua qu'il devait respecter les décisions de l'Assemblée et qu'il était personnellement responsable de leur exécution, qu'il donnerait aux pétitionnaires toute satisfaction qui dépendrait de lui, lorsque la séance serait levée. On lui répondit qu'on saurait, sans lui, délivrer les prisonniers; on se porta chez les chefs de corps, on les pressa de rompre leurs arrêts, on leur mit de gré ou de force leur habit et leurs bottes. On les entraîna chez Laubadère aux cris de *Vive la République!* Laubadère céda. Il assura que ses intentions avaient été calomniées, qu'il ne voulait expulser personne et qu'il comptait que les citoyens de Landau lui indiqueraient d'eux-mêmes les bouches inutiles : il se doutait qu'on ne les indiquerait pas. Puis il convoqua la garnison et la pria d'émettre ses vœux sur les officiers qu'il avait suspendus. Le 55e régiment d'infanterie et le 22e de cavalerie redemandèrent leurs chefs à l'unanimité. Les autres corps, à l'instigation de quelques ambitieux, les laissèrent aux arrêts.

Un singulier incident augmenta le désarroi. Le bruit courait parmi les soldats qu'une garnison qui n'avait pas de vivres pour deux mois était tenue de se rendre à discrétion. Ils désirèrent que l'état réel des subsistances fût constaté. Laubadère s'inclina. Des commissaires furent nommés pour visiter les magasins. Ils trouvèrent, par hasard, quelques sacs remplis de déchet et de recoupe. Ils crièrent aussitôt qu'il y avait des *ordures* dans les sacs. De toutes parts, on répétait que Landau était trahi, vendu. Enfin, les commissaires terminèrent la vérification des vivres ; ils déclarèrent que les approvisionnements ne feraient pas défaut et la garnison fut rassurée.

Le 28 octobre commençait le bombardement qui fut

très violent et dura quatre jours et trois nuits. Le maire
Schattenmann plaça son fourrage par petits tas dans sa
cour, et le recouvrit de planches sur lesquelles il mit
deux pieds de fumier. Son exemple ne fut pas suivi. La
plus grande partie des fourrages devint la proie des
flammes. Les habitants durent jeter au dehors ce qu'ils
avaient dans leurs greniers, et le foin se mêlant à la boue
des rues dépavées, on ne pouvait plus marcher qu'avec
une extrême difficulté. Mais la population civile déploya
le plus grand courage. Les obus prussiens avaient trois
trous qui lançaient du feu : quand on vit qu'ils n'éclataient pas, on osa s'en approcher, les lever, les plonger
dans des baquets d'eau. Des bombes avaient embrasé
des magasins de vin ; les soldats enfoncèrent les tonneaux et s'enivrèrent du liquide qui coulait à flots et
leur montait jusqu'aux genoux : seuls les Landauviens
éteignirent l'incendie. Plusieurs furent tués, d'autres
blessés. Le brave Klee, qui était de garde au haut du
clocher, aperçut sa maison qui brûlait ; « chacun, dit-il,
doit faire son devoir », et il continua d'annoncer à Laubadère les mouvements de l'ennemi : il reçut de la Convention une indemnité de dix mille francs.

Tant que dura le bombardement, le péril commun fit
oublier les dissentiments particuliers et réunit tous les
esprits. La discorde renaquit dès que le canon prussien
eut cessé de tonner. Dentzel ne renonçait pas à ressaisir
son influence. Le jour où la garnison délivrait les chefs
de corps, il s'était rendu chez Laubadère pour jurer au
général, en présence de Delmas, qu'il n'avait pris aucune
part à l'insurrection. Mais on savait qu'un de ses affidés,
capitaine au 3e bataillon du Bas-Rhin, Schneegans, avait
traversé les lignes de l'assiégeant, et l'on avait surpris
des billets de ce Schneegans qui mandait à Dentzel d'en-

voyer à Paris une adresse signée des soldats, d'adopter le tutoiement et dans ses lettres à la Convention de déblatérer contre les riches et les accapareurs, de louer hautement les braves défenseurs de la patrie. Hardouin, Forel, Treich et les membres du Comité de salut public résolurent de prévenir les rapports de Dentzel et de dépêcher un des leurs à Paris. Forel se chargea de cette mission et tenta plusieurs fois de franchir le cordon d'investissement. Mais il fut arrêté à la porte de la ville. Vainement il protesta qu'il faisait l'espion. Les partisans de Dentzel l'accusèrent de trahison : un homme à grandes moustaches et au costume jacobin, qui ne savait pas un mot d'allemand, pouvait-il pratiquer l'espionnage ? Dentzel reconquit son ascendant. La Montagne avait jusqu'alors dominé dans Landau. La Plaine prit sa revanche et culbuta la Montagne. Un membre du Comité de salut public fut l'auteur de cette révolution : Victor Laudier, converti, ramené par son frère Hugues, changea soudain d'opinion et dénonça violemment ses anciens amis.

Le 22 novembre, au moment où commençait la séance du Conseil de défense, les deux battants de la porte s'ouvrirent avec fracas et l'on vit entrer une foule de soldats, des fantassins du 55e et les cavaliers tirailleurs commandés par Blanchard. Laubadère et quelques membres s'élevèrent contre cette affluence et déclarèrent que le Conseil délibérait toujours en secret. Mais les adhérents de Dentzel demandèrent à grands cris que les séances fussent dorénavant publiques et ajoutèrent qu'il fallait éclairer tous leurs frères d'armes. Victor Laudier dénonça Laubadère, Delmas et le Comité de salut public. Laubadère, disait-il, avait arbitrairement dépouillé Dentzel de l'autorité que doit avoir un représentant du peuple ; il avait suspendu les chefs de corps sur une lettre de Ruamps qui ne pouvait savoir ce qui se passait dans une place assiégée. Delmas avait entretenu des rapports avec les Prussiens et permis à deux dragons du 16e régiment de rester deux jours au quartier-général du prince royal[1]. Forel avait, à diverses reprises, essayé de traverser de nuit les avant-postes, sous un déguisement, pour se rendre à Wissembourg, où étaient les Autrichiens ; il avait qualifié de « sainte insurrection » l'émeute du 25 septembre : il avait projeté d'assassiner Dentzel. Enfin, le Comité de salut public, ce Comité « ténébreux » que protégeait Laubadère, ne se composait que de traîtres.

Ces paroles de Victor Laudier excitèrent un tumulte effroyable. Laubadère fut menacé, ainsi que Delmas. Les partisans de Dentzel eurent le dessus. Ils firent décider que les scellés seraient apposés sur les papiers des généraux et les membres du Comité de salut public, Forel, Hardouin, Treich, Grasset, à l'exception de Victor Laudier, leur dénonciateur, mis aussitôt en état d'arrestation. Forel fut enfermé dans la cage de fer ; mais cette cage de fer, dont on fit grand bruit, n'était pas plus une cage de fer qu'un *violon* ou prison n'est un violon à jouer ; c'était un local petit et incommode, mais plus sec et plus sain que les cachots de la Conciergerie[2]. On pria Dentzel de reprendre ses fonctions de représentant. On réintégra les chefs que Laubadère avait suspendus.

---

[1] Le fait était vrai, mais mal interprété. Un Prussien, prisonnier à Landau, avait reçu naguère quelque argent de ses camarades ; les deux dragons portèrent sa quittance aux avant-postes et furent, à leur retour, arrêtés par une patrouille ennemie. (*Mém.* de Laubadère, 109.)

[2] Legrand (A. G.) ; Laval, *encore une diatribe sur la prétendue cage de fer de Dentzel.*

On déclara qu'en raison des circonstances, et contraire-
ment à l'arrêté qui défendait d'accueillir les trompettes
ennemis, quatre membres du Conseil recevraient les
parlementaires. Laubadère s'opposait à cette résolution et refusa de la signer. Mais le soir même se présentait un trompette prussien ; malgré Laubadère et
Delmas, quatre membres du Conseil allèrent au devant
de lui.

La séance du 23 novembre fut aussi tumultueuse que
la précédente. On fit de nouveau le procès de Laubadère
et de Delmas. Une voix qui sortait de la foule cria :
A bas la tête de Laubadère ! Dedon, capitaine d'artillerie,
répondit : « Qu'on arrête ce coquin! » Mais le coupable
échappa. Ce Conseil, dit un témoin, n'était qu'un chaos
où l'on ne pouvait s'entendre.

Dentzel triomphait. Il n'abusa pas de la victoire. Le
24 novembre, il donna le baiser fraternel aux généraux.
Cinq jours plus tard, Laubadère reconnut dans une lettre
publique l'innocence des chefs et officiers suspendus.
Les deux partis jurèrent de ne plus avoir d'autre ennemi que les Prussiens.

La place était toujours bloquée, et les Prussiens n'épar-
gnaient ni promesses ni menaces pour brusquer le dénouement. Le 22 novembre, le prince royal offrit à
Laubadère une capitulation honorable : les lignes de
Wissembourg étaient prises ; Fort-Louis avait dû se
rendre ; les armées françaises se repliaient derrière
Strasbourg et Saverne ; Landau n'avait plus l'espoir
d'être dégagé ou ravitaillé. Laubadère ne répondit pas. Le
27 novembre, le prince royal lui écrivit encore : il allait
quitter le commandement, et son successeur ne ferait
pas de conditions aussi favorables. Cette fois, Laubadère
répondit : « Nous ne voulons ni ne pouvons capituler,

disait-il, tant que l'état de nos munitions et de nos subsistances fournit à notre courage les moyens de se signaler. »

Knobelsdorf remplaça le prince royal à la tête des troupes d'investissement. Le 2 décembre, il informait Laubadère de la victoire que le duc de Brunswick avait remportée à Kaiserslautern. L'armée qui venait débloquer Landau, était aussi complètement battue, dispersée et ruinée que l'armée qui tentait naguère de délivrer Valenciennes. Laubadère prolongerait-il une résistance inutile ? N'imiterait-il pas le général Ferrand qui rendit Valenciennes après la défaite de ses secours ? Laubadère répliqua que le succès des Prussiens ne changerait rien à son inébranlable résolution de défendre Landau jusqu'au bout : une capitulation déshonorante lui serait, ainsi qu'à sa garnison, plus cruelle que la mort.

Mais Laubadère craignait de n'être pas secouru. Les vivres s'épuisaient. Le vin était hors de prix. On vendait de la détrempe de bois ou de vieux cuirs pour de la bière. Il écrivit, le 8 décembre, sur un morceau de linge le billet suivant que l'espion Schwenninger cousit dans la doublure de son habit : « Tous mes efforts deviendront bientôt superflus, si vous ne venez bientôt nous délivrer de nos ennemis ; ils sont sans doute moins à redouter pour nous que l'époque de la fin de nos approvisionnements de bouche ; mais hâtez-vous de venir. » Et Dentzel ajoutait : « Je me joins avec instance au général d'autant plus que Landau est dans la dernière nécessité d'avoir des secours ; aux armes, mes frères, à notre secours ! » Mais l'espion fut pris, et le billet découvert.

Convaincus que Landau manquait de vivres, les Prus-

siens réitérèrent leurs sommations. Le 14 décembre, un
Hohenlohe qui se trouvait dans leur camp, envoyait à
Laubadère une lettre flatteuse. Il avait, disait-il, servi la
France et tenu garnison à Landau ; il aimait le pays où
il avait longtemps vécu ; il engageait donc Laubadère à
capituler et à hâter le rétablissement de l'ordre. Pourquoi
tarder? Des défilés et deux armées séparaient Landau
du reste de la France. Pourrait-on conduire des troupes
et des canons par des chemins que le mauvais temps
avait rendus impraticables ?

Laubadère répondit très noblement. Puisque Hohenlohe avait servi en France et à Landau, il devait garder
des Français et de cette place une assez bonne opinion.
La garnison croyait qu'il était possible de conduire des
troupes et des canons partout où les appelait l'intérêt de
la République ; le bruit de l'artillerie ne lui laissait aucun doute sur l'intervalle qui séparait Landau des
armées françaises ; elle serait digne de la confiance nationale ; elle savait que sa résistance faisait sa gloire et
lui valait même l'estime des ennemis. « Cessez donc,
concluait Laubadère, de me parler de capitulation et de
traité ; il n'en existe aucun entre le devoir et le déshon-
neur ; je défends la cause de l'humanité entière, vous dé-
fendez celle des rois ; la mienne prépare le bonheur du
globe, la vôtre en a toujours fait le tourment ; qui de
nous deux a le plus de droit à des succès ? »

Knobelsdorf ne se rebuta pas. Il s'adressa non plus au
général, mais à la garnison, à *Messieurs* les soldats. Il
leur disait que les armées de la Convention avaient été
repoussées ; le canon qu'on entendait, était celui des
alliés qui poursuivaient le vaincu ou qui célébraient leur
triomphe par des salves de réjouissances et Knobelsdorf invitait la garnison à lui faire connaître le vœu de

la majorité qui saurait sans doute « se soustraire au
pouvoir arbitraire de quelques exaltés ». La garnison
fut indignée. Les délégués des régiments écrivirent à
Knobelsdorf qu'ils auraient toujours confiance dans les
lumières de leurs chefs, qu'ils ne pouvaient ni ne devaient entretenir un commerce de lettres avec le général ennemi et qu'ils lui renverraient désormais ses mes-
sages sans y répondre.

Comme devant Mayence, les Prussiens recoururent à
la ruse. Ils furent imprimer à Mannheim une proclamation datée de Sarrebrück et signée du général Vincent
ainsi que des représentants Ehrmann, Soubrany et Richaud. Les soldats de la liberté, y disait-on, avaient tenté
de voler au secours de leurs frères et de resserrer avec
eux les liens d'une fraternelle amitié [1] ; mais des obstacles imprévus avaient arrêté leur ardeur ; les défenseurs de Landau sauraient juger leur situation et
« sauver la valeureuse garnison d'une perte inévitable,
surtout lorsque des intérêts plus pressants appelaient
l'attention du peuple vers l'intérieur de la République
où les Anglais, par la plus noire des trahisons, excitaient ses enfants à déchirer son sein par tous les
désordres du fanatisme. » On essaya même de cor-
rompre Dentzel : il avait, lui mandait-on, le cœur bien
placé ; il était né en Allemagne ; on lui donnerait cent
mille florins, ainsi qu'à Laubadère, si tous deux précipitaient la capitulation. Mais l'espion qui porta cette
lettre et la fausse proclamation, était ce Schwenninger
à qui Laubadère et Dentzel avaient confié leur billet
du 8 décembre : il avait, pour échapper à la mort,

---

[1] Ces expressions étaient tirées mot pour mot de la lettre écrite le
8 décembre par Laubadère et Dentzel.

promis aux Prussiens tout ce qu'ils exigeaient de lui ;
une fois à Landau, il révéla la vérité[1].

Un obscur littérateur de cette fin de siècle, Laukhard,
servait dans le corps d'investissement. Il avait connu
Dentzel à l'Université de Halle. On le chargea de sonder
le conventionnel, et un matin, Laukhard entra dans la
ville en se donnant comme déserteur. Mais dès le premier entretien il comprit que Dentzel resterait fidèle au
devoir et à l'honneur[2]. Il profita de l'occasion pour dé-
serter réellement et courir de nouvelles aventures.

Landau fut débloqué le 23 décembre. Mais les factions
ne désarmèrent pas et la délivrance de la place n'avait
pas éteint leur fureur. On se dénonça derechef avec
acharnement. Chaque parti s'attribuait l'honneur de la
résistance et rejetait toutes les fautes sur ses adversaires ; à les entendre, les uns et les autres s'étaient cachés dans les casemates pendant le bombardement et nul
n'avait rempli son devoir. Les ennemis de Dentzel l'em-
portèrent d'abord. Lacoste et Baudot avaient, à la recommandation de Ruamps, tiré de prison Misobasile Forel
et les membres du Comité de salut public. Ils chargèrent
Barbat, chef de brigade du 55e régiment, de faire une
enquête sur les événements de Landau, et Barbat, ajou-
tant foi aux accusations de Forel, de Hardouin et de
Treich, imagina que Dentzel avait ourdi traîtreusement
une grande conspiration dont les chefs de corps étaient
les fauteurs et les adhérents. Lacoste et Baudot, persuadés que « la royauté faisait mouvoir ses agents durant
le blocus de Landau », ordonnèrent l'arrestation des chefs
de corps et des partisans les plus résolus de Dentzel. Le

---

[1] Cf. le *mémoire* de Laubadère (pièces justificatives) et Wagner, 205,
208, 245.

[2] Laukhard, iv, 35.

conventionnel, ses belles-sœurs, sa servante même, furent envoyés à l'Abbaye. Tous les officiers du 22e cavalerie et du 55e infanterie furent destitués, et ceux qui, pendant le siège de Landau, combattaient à l'armée du Nord ou se trouvaient au dépôt de Schlestadt, apprirent un jour avec le plus profond étonnement qu'ils devaient quitter le service pour avoir participé à un horrible complot dans une ville où jamais ils n'avaient mis les pieds. Lacoste et Baudot allèrent plus loin : ils arrêtèrent trente-neuf citoyens de Landau qu'ils accusaient d'avoir crié *Vive le roi !* Tous passaient néanmoins pour de francs républicains; quelques-uns avaient été blessés au bombardement; d'autres avaient vu brûler leurs maisons; on les enferma dans les prisons de Phalsbourg. C'étaient Forel et Hardouin qui, de Paris, dénonçaient leurs ennemis. N'avaient-ils pas, avant leur départ de Landau, fait condamner à mort trois soldats de la garnison, parce que l'un, au sortir d'un bon déjeuner et dans les fumées du vin, disait aux deux autres que la République, déchirée par de pareilles factions, ne pourrait pas tenir et que la France lassée se donnerait un roi? Mais les prétendus conspirateurs publièrent l'apologie de leur conduite. A l'instigation de Saint-Just qui conservait du ressentiment contre Lacoste et Baudot, les dénonciateurs Forel, Hardouin, Treich et les généraux Laubadère et Delmas furent arrêtés à leur tour. Les meneurs des deux partis étaient tous sous les verrous. Ils ne recouvrèrent la liberté qu'après le 9 thermidor. Ainsi se termina la grande querelle de Landau. Les écrits, mémoires, libelles qu'elle a suscités, sont nombreux et qui voudrait les feuilleter aujourd'hui [1] ? Ils offrent pourtant quelque

[1] Cf. sur le siège de Landau, outre la *Geschichte der Stadt und*

intérêt au psychologue. Tous ces hommes se haïssent
et s'accusent ; ils ne rêvent que complots ; ils ne voient
autour d'eux que trahisons ; ils suspectent la moindre
démarche, le moindre mot, et sûrement il n'y avait à
Landau ni conspirateur ni traître. Mais tous désiraient
dominer ; tous étaient atteints de cette maladie du soupçon qui s'étendait alors sur la France entière et qui sé-
vira toujours dans notre pays au milieu des revers.

Bundesfestung Landau de Birnbaum, 1830, p. 351 et suiv. le *Landau*
de Levrault (1859, p. 108, 111) et les notes de Legrand (A. G.), le
Rapport de Dentzel, le *Mémoire de Laubadère sur la conspiration de
cette place*, le *Mémoire* de Treich, la *Réfutation par les habitants de
Landau, de quelques-unes des faussetés qui composent le mémoire de
Treich* (signé Gillet et Fried), la *Réponse sommaire aux calomniateurs
de Dentzel* (témoignages d'habitants de Landau assurant que des
Prussiens leur ont dit que, sans le « prêtre », Landau serait rendu) ;
l'*Exposé de la conduite* de Serviez ; *La pure vérité sur tous les événements qui ont eu lieu pendant le blocus de Landau*, par Hugues Laudier ; le *Journal des événements les plus remarquables qui ont eu lieu
pendant le blocus de Landau*, par Blanchard.

CHAPITRE IX

LE PALATINAT

Après avoir débloqué Landau, Hoche s'était emparé de Germersheim dont la possession lui assurait les lignes de la Queich et lui ouvrait le Palatinat. Puis il entra dans Spire. « Les ennemis fuient avec une telle vitesse, écrivaient Lacoste et Baudot, qu'il est impossible de les rejoindre ; mais, si les hommes échappent, les magasins restent. » Ils confisquèrent au profit de la République les marchandises de toute sorte qui remplissaient la douane. Ils ordonnèrent de transporter à Landau le vin, l'eau-de-vie, les comestibles, les fourrages, qu'on avait trouvés dans les maisons de l'évêque et des chanoines. Ils firent briser les cloches, fondre les ciboires et autres « instruments de sottise », six mille cierges et les statues des saints, les métaux qui décoraient ou composaient

les monuments de la cathédrale. L'épouvante était
partout. Les plus riches habitants du Palatinat se sau-
vaient en hâte. Les émigrés français se dispersaient :
quelques-uns, désespérés, se brûlaient la cervelle sur
les routes [1].

Mais Germersheim et Spire ne suffisaient pas au
Comité de salut public. Il décida le 1er janvier 1794 que
dix mille hommes de l'armée du Rhin reprendraient
Fort-Louis ; qu'un détachement de l'armée de la Moselle, renforcée de dix mille hommes de l'armée des
Ardennes, se posterait à Kaiserslautern ; que le reste
des deux armées poursuivrait l'ennemi, lèverait des
contributions de toute espèce et tenterait d'emporter
Mannheim.

René Moreaux fut chargé, avec sa division encore in-
tacte, d'occuper Kaiserslautern, cet *infâme* Kaiserslautern, comme le nommait Hoche, ce fameux poste de
Kaiserslautern, comme l'appelaient Lacoste et Baudot.
Le 1er janvier 1794, Moreaux entrait dans la ville. Six
jours plus tard, il chassait le colonel Szekuli de Kreuznach. Le duc de Brunswick craignit que les Français ne
prissent leurs quartiers d'hiver dans le Palatinat. Sa
situation, dit un de ses officiers, devenait critique, si les
Français poussaient plus avant, et déjà ses régiments
envoyaient leurs bagages à Mayence. Mais le général
Lindt, avec ses Saxons, et Rüchel, avec cinq bataillons
et dix escadrons, accoururent à Kreuznach ; une vive
canonnade s'engagea ; dans la nuit du 8 janvier, Moreaux
reculait sur Kaiserslautern. Le dernier combat eut lieu
à Kirchheim-Bolanden où Saint-Cyr commandait. Les
Prussiens assaillirent le village au milieu du jour. Mais

____

[1] *Mon.*, 3 et 9 janvier 1794.

quelle fut leur surprise en voyant des arlequins, des
pierrots et des scapins se jeter à leur rencontre ! C'était
la compagnie franche des chasseurs du Louvre. Les
jeunes artistes qui la composaient, se préparaient à
jouer la comédie au moment de l'attaque et n'avaient
pas pris le temps de quitter leur costume de théâtre.
Après avoir échangé quelques coups de fusil, Français
et Prussiens se mirent à rire et burent ensemble [1].

Il fallait s'arrêter. Les conventionnels enlevaient tout,
étoffes, laines, cuirs, fourrages, bétail, et puisaient dans
le Palatinat, disait Baudot, comme dans un magasin
ouvert aux besoins de la nation : le Comité n'avait-il
pas ordonné de pressurer le pays et d'expédier le butin
sur l'intérieur ? Mais ils ne purent, de leur aveu, prévenir le pillage et les dilapidations. Les *commissaires à
grippe* faisaient leur main et commettaient les plus affreux brigandages. Hoche lui-même, Hoche qui parlait
d'abord sur un ton léger et plaisant de sa « tournée dans
les petites chapelles », Hoche qui commandait deux mille
voitures pour évacuer tout ce qu'il trouvait d'utile dans
le Palatinat, Hoche dut avouer que les cruels et rapaces
agents de la République vexaient, violentaient à outrance
les habitants. Il vit la misère des campagnes portée aux
extrémités les plus déplorables par les exactions des
commissaires. Il vit les paysans, pris de rage, tirer sur
ses ordonnances. Il craignit d'exciter une révolte et de
nationaliser la guerre. « Doit-on, s'écriait-il, arracher à
la mère la farine destinée à nourrir l'enfant ? Le cœur
humain se soulève au récit de ce qu'ont fait des commissaires qui disaient avoir des pouvoirs illimités et

----

[1] Strantz, 263 (article déjà cité de la *Zeitschrift für Kunst, Wis
senschaft und Geschichte des Krieges*; Saint-Cyr, I, 217.

qui en usent. Le tableau du plus horrible combat n'est point aussi déchirant [1] ! »

L'armée suivait l'exemple de ces *coquins*. « Les soldats, écrit Hoche, ont du mal, ils boivent, et ivres, se livrent parfois à des excès ; des hussards, dragons ou chasseurs possèdent cinq mille livres en or. » Tous étaient d'ailleurs harassés. Une foule de volontaires de la première réquisition retournaient dans leurs foyers sans permission. Après avoir dit que les troupes souffriraient plus de l'inaction que de la marche et que la vue de l'ennemi les délasserait de leurs fatigues, Hoche reconnaissait qu'il fallait leur donner relâche et repos. « Songe à la saison », mandait-il à Boucholte, et il priait le Comité d'avoir pitié de ses pauvres camarades [2].

Enfin, la rivalité des deux généraux éclatait de plus belle, et Hoche se plaignait de l' « intrigue des armées » et des « petites cabales » qui font naître les grandes dissensions. Le 28 décembre, à Landau, les cinq représentants, Saint-Just, Le Bas, Dentzel, Lacoste, Baudot, arrêtaient que Hoche poursuivrait les opérations militaires jusqu'à nouvel ordre du Comité de salut public. Mais Saint-Just faisait tout pour dépouiller de sa gloire le vainqueur du Geisberg et prétendait que Pichegru seul avait repoussé les envahisseurs et délivré l'Alsace. Fort de la protection de Saint-Just, Pichegru s'attribuait l'honneur de la campagne. Il répandait le bruit qu'il avait rallié les troupes débandées et il envoyait à Paris, sans l'autorisation de Hoche, des officiers et des courriers qui tambourinaient ses succès. Il était entré le premier

---

[1] Hoche à Boucholte, 26 février 1794 (A. G.). Cf. Remling, *Die Rheinpfalz*, I, p. 438-573. « Le butin, a dit Legrand, fut très considérable, mais la dilapidation qui s'en fit le fut encore davantage. »

[2] Rousselin, II, 43 ; Hoche à Boucholte, 5 janvier 1794 (A. G.).

à Landau, en compagnie des représentants et, le 28 décembre, il adressait à Bouchotte cette dépêche laconique: « je m'empresse de t'annoncer que Landau est débloqué; j'y suis depuis une heure; le général Hoche te donnera des détails ». Bouchotte répéta que Pichegru était entré le premier dans Landau, qu'il commandait l'armée du Rhin à Lauterbourg, qu'il la commandait à Wœrth, qu'il l'avait reçue inférieure en nombre, presque *détraquée*, et qu'au milieu de tant d'embarras, il avait tout rétabli, livré mille petits combats, déployé la plus remarquable constance et que, plein de vertu et de républicanisme, il parlait peu de ses actions. Hoche répondit par un simple exposé des faits. Que le Comité feuillette le registre d'ordre et de correspondance des deux armées : il verra qui commandait à Frœschwiller, qui commandait à Wœrth, à Soultz, à Wissembourg, qui avait ordonné la prise de Lauterbourg, de Germersheim, de Spire, l'attaque des gorges d'Annweiler, la marche sur Landau, sur Kaiserslautern et sur Kreuznach. « Tu as été trompé, marquait-il à Bouchotte, Pichegru n'a point commandé à Wœrth où il n'a été qu'une demi-heure ; il n'était pas à Haguenau lorsque les troupes de la République y sont entrées, puisque le même jour et au même instant il m'écrivait d'Oberbronn à sept lieues de là ; il n'était pas à la bataille de Wissembourg, puisqu'il était encore le lendemain à Haguenau, à huit lieues en arrière. » Il était outré. « F....., s'écriait-il, j'enrage quand je vois tout le monde trompé par des bougres qui ne valent pas quatre sols et qui veulent se faire valoir ! » Lacoste et Baudot approuvèrent Hoche et le défendirent hautement. Le Comité de salut public affirmait que Pichegru était actif et intelligent. Pichegru actif, protestaient Lacoste et Baudot, mais il ignorait les positions de son armée et n'était connu que dans son quartier-général qu'il plaçait toujours à quatre lieues des troupes ! Pichegru intelligent ; mais il était de l'avis de tout le monde et donnait dans le même jour et au même instant des ordres contradictoires ! Pichegru patriote ; oui, mais un patriote *froid*, *inanimé* dont la présence éteint l'ardeur des soldats au lieu de l'enflammer !

Il fallut éloigner Pichegru qui ne cachait plus sa jalousie et s'efforçait d'entraver les opérations. Ne disait-il pas à Gaume, un de ses aides-de-camp : « On me préfère à moi qui suis jacobin, un garde-française, un cordelier ! Si jamais je rencontre ce bougre-là, je lui passe mon épée au travers du corps ! » Malgré ces menaces, Hoche alla voir Pichegru. Il revint frémissant de colère, et lorsque son état-major l'interrogea sur les résultats de l'entrevue : « Croiriez-vous que je n'ai pu tirer de Pichegru ni un oui ni un non sur aucune de mes propositions ? Il a été impassible. Je l'ai apostrophé de la belle façon, et tout autre aurait senti son sang bouillir dans ses veines. Ses joues ne se sont pas colorées ! Et Saint-Just le protège ! » Durant une semaine, Pichegru ne répondit pas aux lettres de Hoche. « Il semble très affecté, écrivait le jeune général aux représentants, que vous m'ayez déféré le commandement ; il ne m'a pas donné de ses nouvelles depuis six ou huit jours », et il se plaignait que l'armée du Rhin ne fût pas militairement organisée ; chacun avait son parc et ses canons ; on traînait des pièces de 16 et de 12, des obusiers de 8 ; faudrait-il bientôt du 48 ? Il finit par déclarer qu'il ne ménagerait aucun de ceux qui, par leur mollesse, trahiraient les intérêts de la République ; il annonça que les deux armées ne formeraient plus qu'une seule armée, l'armée d'*entre Rhin et Moselle*, et que les états-majors et les administrations de tout genre seraient désormais réunis ; il somma chacun d'être à son poste, et, brièvement, sèchement, il notifiait à Pichegru : « Le général Pichegru voudra bien venir sur-le-champ prendre le commandement de son armée dont le quartier-général est provisoirement à Neustadt. » Pichegru, de plus en plus ulcéré, accusa Hoche de « froideur ». Dès le 6 janvier, le Comité de salut public décidait de le remplacer par Michaud et de le proposer à la Convention comme successeur de Jourdan [1].

Bien qu'il eût protesté modestement qu'il n'avait ni talents, ni connaissances, Michaud entra le 14 janvier en fonctions. Il était indépendant de Hoche et ce dernier dut, non sans amertume, proclamer que les deux armées seraient divisées à l'avenir, de même qu'elles l'étaient avant l'expédition de Landau [2].

Michaud avait ordre de garder le Rhin dans toute son étendue et de veiller notamment à la sûreté de Germersheim ; il devait attaquer Mannheim et s'emparer de Fort-Louis et de Kehl. Fort-Louis était aisé à prendre ; comme disait Hoche, on n'avait pas besoin d'un Vauban pour prendre Fort-Vauban. Le 18 janvier, à l'instant où Michaud s'approchait avec les troupes d'investissement, il voyait Fort-Louis en feu : les Autrichiens se retiraient et faisaient sauter les remparts ; tel était, mandait

---

[1] *Mon.*, 2 janvier 1794 ; Lacoste et Baudot au Comité, 3 janv. (A. G.) ; Hoche à Bouchotte, au Comité, à Lacoste et Baudot, à Pichegru (Rousselin, II, 44-47) ; Véridel, 2 ; Soult, *Mém.*, I, 99, etc. Hoche garda rancune à l'armée du Rhin ; « elle est toujours la même, écrivait-il à Debelle le 27 vendémiaire an IV (Rousselin, II, 226), ne faisant rien, ne voulant jamais profiter du succès des autres ».

[2] Rousselin, II, 53.

Michaud à Bouchotte, le délire des stipendiés des despotes ! Mais il refusa d'assaillir Mannheim et Kehl ; sa cavalerie était dans le délabrement le plus affligeant ; ses troupes manquaient des objets de première nécessité ; il les voyait épuisées, avides du repos qu'elles espéraient après le déblocus de Landau, et le représentant Lémane, de son chef, leur assignait déjà leurs quartiers d'hiver. *Prends les cantonnements*, répondit Carnot à Michaud [1].

Hoche avait, comme Michaud, reçu l'ordre d'agir. Carnot lui prescrivait de marcher sur Trèves et de se saisir des magasins que les Autrichiens avaient établis dans cette ville. Mais Hoche exposa, le 25 janvier, que l'expédition serait difficile, que les pluies abondantes empêchaient l'armée d'avancer et de reculer, que les torrents creusaient et détruisaient les chemins praticables aux voitures, que les maladies augmentaient, que l'artillerie légère renvoyait au parc ses pièces qui manquaient de canonniers. Trois jours plus tard, nouvelles et plus fortes objections : les subsistances faisaient défaut ; il y avait un pied de neige dans la campagne ; l'armée du Rhin, dont le concours était indispensable, n'arrivait pas.

Pourtant, sur l'injonction de Carnot qui lui commandait derechef de « poursuivre l'ennemi jusqu'à entière destruction », Hoche se mit en marche. Les grands coups, disait le conventionnel, seraient frappés dans la Belgique ; mais les armées de la Moselle et du Rhin combineraient leurs mouvements avec celles du Rhin et des Ardennes. René Moreaux conduisait la droite, formée des trois divisions Hatry, Desbureaux et Mo-

[1] *Mon.*, 23 janvier 1794 ; mémoire de Michaud, 26 janvier ; Carnot à Michaud, 29 janv. (A. G.).

reaux ; il se dirigerait sur Trèves par Saint-Wendel et emporterait Pellingen et la Montagne Verte, tandis que Hoche mènerait la gauche par Grevenmaker vers Sainte-Marguerite. Déjà l'armée du Rhin venait relever celle de la Moselle dans ses positions. Déjà Moreaux atteignait Saint-Wendel, et une brigade de son avant-garde, la brigade de Saint-Cyr, poussait sur Birkenfeld.

Mais les obstacles que Hoche avait prévus grandissaient de jour en jour. Le froid était excessif. Les chevaux, quoique ferrés à crampon, s'abattaient sur la glace. La neige tombait à gros flocons et pénétrait les caissons d'artillerie. Pas de bois pour faire du feu. On trouva des soldats gelés à leur poste. Les volontaires, fatigués par trois mois de bivouac, désertaient en foule, et, comme à la fin de 1792, déclaraient qu'ils avaient pris les armes pour délivrer le territoire, et non pour conquérir au nom du Comité. Le régiment des carabiniers et le 5ᵉ régiment d'infanterie, ci-devant Navarre, protestaient qu'ils n'iraient pas plus loin, qu'ils voulaient jouir au moins pendant six semaines du repos que les généraux leur avaient promis après le déblocus de Landau. Toute l'armée prétendait que le Comité s'était engagé, par une lettre du 1ᵉʳ janvier 1794, à lui donner des cantonnements, lorsque le sol de la République serait purgé d'ennemis. La division Hatry perdait la moitié de son effectif. Des bataillons ne comptaient plus que cent hommes [1].

---

[1] État des forces de l'armée de la Moselle, au 19 février 1794 : *division Lefebvre* : 1ᵉʳ chasseurs à cheval et détachements des 6ᵉ, 12ᵉ, 18ᵉ, 19ᵉ ; 7ᵉ, 13ᵉ, 16ᵉ, 17ᵉ infanterie légère : bataillon des chasseurs de Reims, légion de la Moselle, chasseurs de la Meuse, comp.-franches de Gérard, de l'Observatoire, de Billard, de Guillaume ; 2ᵉ comp. des Sans-culottes, 2ᵉ compagnie de chasseurs du 96ᵉ rég. ; 1ʳᵉ, 3ᵉ, 4ᵉ comp. des chasseurs du Louvre, tirailleurs de Nancy, compagnies-

L'indiscipline renaissait. De toutes parts le général en chef recevait des plaintes sur l'insubordination et les excès du 7e régiment de hussards. Vainement Moreaux rappelait les troupes à leur devoir, rendait ses lieutenants responsables du désordre, leur enjoignait d'arrêter ceux qui s'écarteraient des rangs pour piller ; vainement Hoche menaçait les mauvais sujets de les éloigner du champ de bataille, comme des lâches qui ne méritaient pas d'être placés devant l'ennemi.

Le service des vivres et des fourrages se ralentissait, et, disait Baudot, la plume des administrateurs n'était pas aussi valeureuse que la baïonnette des soldats. Le commissaire Archier avait été mis en prison. Ses principaux agents étaient malades, ou, comme lui, expiaient leur négligence ou leurs prévarications sous les ver-

franches de Metz et de Saint-Maurice ; 2e bat. du 40e, 2e bat. du 55e, 1er Haute-Saône, 2e du 102e, 2e Rhône-et-Loire, 1er Vosges ; 26e et 30e comp. d'artillerie à cheval. — *Division Championnet :* 2e Doubs, 2e bat. du 71e, 9e de Paris, 1er bat. du 103e, 3e Haut-Rhin, 5e Meuse, 19e Paris, 1er Cher, 2e bat. du 30e, 6e Vosges, 2e bat. du 47e, 5e Moselle, 4e cavalerie. — *Division Morlot :* 7e Meurthe, 4e Moselle, 2e bat. du 43e, 1er bat. du 1er, 3e Meuse, 6e Meurthe, 1er Haut-Rhin, 2e bat. du 17, 4e Côte-d'Or, 3e Bas-Rhin, 3e Loiret, 3e Puy-de-Dôme, 1er et 14e dragons. — *Division Paillard :* 4e de la République, 2e Puy-de-Dôme, 7e Rhône-et-Loire, détachements du 7e hussards et du 9e chasseurs, de la 1re et 2e div. de gendarmerie. — (A Sarrebrück) : 1er bat. du 5e rég., détachement du 89e et du 5e Bas-Rhin. — *Division Moreaux :* 1er bat. du 81e, 2e Loiret, 2e bat. du 99e, 1er Lot, 1er Ardennes, 1er bat. du 44e, 1er du 30e, 5e Orne, 4e Haute-Saône, 2e bat. du 54e, 6e Haute-Saône, 10e cavalerie, 9e chasseurs. — *Division Desbureaux :* 2e et 3e Moselle, 4e Meurthe, 2e Haute-Marne, 4e Var, 1er Meuse, 5e Drôme, 7e Haute-Saône, 5e Seine-et-Oise, 2e bat. du 8e, 2e Seine-et-Marne. — *Division Hatry :* 4e Manche, 3e Côte-d'Or, 1er bat. du 13e, du 27e, du 24e, 2e bat. du 33e, du 13e, du 103e, du 2e, 8e dragons. — *Artillerie :* 1er Yonne et 2e Cher. — Corps détachés : 11e cavalerie, 1er et 2e carabiniers, légion de la Moselle cav., 3e hussards, 4e bat. de Paris. Force effective : 76,489 ; force active : 47,665.

rous. Les chefs manquaient. Une division fut commandée pendant quatre jours par un simple adjoint à l'état-
major, puis par un chef de bataillon. L'armée de la
Moselle n'avait plus que dix officiers-généraux ; les
autres étaient blessés — Taponier, Dubois, La Sabatie,
Mermet — ou souffrants — Vincent, Ormeschville, Ba-
jet, Blondeau, Jacopin ; d'autres, trop vieux, comme
Grangeret, succombaient à la fatigue. Hoche fit une
chute de cheval et dut garder le lit.

Carnot se ravisa. On lui avait appris que les soldats
ne voulaient plus marcher et que les Autrichiens faisaient de grands préparatifs de défense. Il reconnut
que l'expédition de Trèves serait hasardeuse et que
mieux valait employer les semaines qui s'écouleraient
avant l'ouverture de la campagne, à reposer les troupes,
à les équiper, à les réorganiser. L'armée de la Moselle eut
permission de regagner la frontière et de prendre ses
cantonnements, comme l'armée du Rhin. Elle accueillit
cette nouvelle avec les plus vifs transports d'allégresse.
La brigade de Saint-Cyr se traînait vers Trèves dans un
morne silence lorsqu'elle reçut l'ordre de rebrousser
chemin ; elle poussa des cris de joie qui se prolongèrent
de la queue à la tête des colonnes durant plus d'une
heure ; sans cette mesure, affirme Saint-Cyr, aucun général n'aurait pu, quelques jours plus tard, conserver
de troupes sous les drapeaux.

L'arrêté du Comité, écrivait Hoche à Bouchotte, « est
grand et sage ; il était nécessaire, et, te le dirai-je, je
conduisais mes braves frères à Trèves, avec les larmes
aux yeux et le plus profond chagrin dans le cœur [1] ».

<hr>

[1] Carnot à Hoche, 17 janvier ; Hoche à Bouchotte, 25 janv., etc.
(A. G.); *Die Franzosen im Saargau*, 242 ; Rousselin, II, 64, 66, 67,
72 ; Saint-Cyr, I, 219-220 ; Soult, *Mém.*, I, 101, etc.

L'armée cantonna sur les bords de la Sarre et de la Blies. « Pour vaincre, mandait Hoche, il lui manque seulement des souliers ; elle a le reste. » Mais il ne demeura pas longtemps au milieu de ceux qu'il avait menés à la victoire. Il venait d'épouser à Thionville la fille du garde-magasin Dechaux. Il étudiait la carte de l'Allemagne et croyait bientôt recommencer le « branle » lorsque le 10 mars il fut remplacé par Jourdan et envoyé à l'armée d'Italie. Il partit le 18. « Le service de la République, notre mère commune, disait-il dans une proclamation aux troupes, m'appelle ailleurs ; continuez à bien mériter d'elle ; le nom du nouveau chef que vous avez, a déjà frappé votre oreille ; avec lui, vous ne pouvez qu'anéantir les tyrans coalisés contre notre sainte liberté. » Et il écrivait au club de Thionville : « La volonté nationale de laquelle le Comité de salut public de la Convention nationale est l'organe fidèle, m'appelle à défendre la patrie ailleurs que dans ces lieux. C'est à regret que je m'éloigne d'une armée que j'aime et de citoyens qui m'ont accordé leur estime ; mais les hautes destinées de la République doivent être remplies, et trop heureux celui qui a le bonheur d'y concourir ! Je laisse dans vos murs, citoyens, ce qu'après mon pays, j'ai de plus cher au monde. Je ne le verrai qu'après avoir combattu les vils satellites du despotisme. Vous avez entendu mon serment de vivre républicain ; je le renouvelle en vos mains et vous promets de ne rentrer dans mes foyers qu'après avoir vu les fiers enfants de la République française triompher de nouveau. [1] »

A peine arrivait-il à Nice qu'il fut arrêté, puis trans-

---

[1] Rousselin, II, 76 ; Hoche à ses frères et concitoyens de Thionville réunis à la Société populaire. 29 ventôse an II (A. N. DXLII, 6).

féré sous bonne et sûre garde à Paris. Le Comité avait « la preuve que Hoche était un traître ». En vain le général marquait à Bouchotte qu'il savait obéir et qu'il périrait mille fois plutôt que d'enfreindre les ordres qu'il recevait de Paris. En vain, Lacoste et Baudot écrivaient qu'il aurait évidemment plus de mérite encore s'il aimait moins la gloire et s'il « venait à mieux connaître la mesure du gouvernement », mais qu'il ne songeait qu'à accomplir les desseins du Comité. Depuis son retour à Paris, Saint-Just, rancuneux et vindicatif, le battait en brèche. Le Comité se défiait de ce général au ton impérieux qui déclarait exiger de ses subalternes une soumission absolue et indiscutée. Il avait pris parti pour Pichegru contre Hoche ; Pichegru, disait Barère à la Convention, possédait la confiance et avait, avec une admirable modestie, avec une vertu toute républicaine, obéi à son lieutenant de la veille et exécuté en sous-ordre les plans qu'il avait conçus. Bouchotte ne cessait d'exalter le rival de Hoche, et lorsque ses agents se plaignaient que Pichegru eût pris pour aide-de-camp le capitaine d'artillerie Abbatucci, parent de Paoli et d'ailleurs attaché à l'armée de la Moselle, le ministre répondait qu'un homme choisi par Pichegru n'était sûrement pas incapable ; « nous autres patriotes, ajoutait-il, — en se servant des mêmes expressions que Barère — nous estimons beaucoup Pichegru et sa modestie républicaine, et nous y avons confiance ». Enfin, Bouchotte et Carnot faisaient à Hoche un reproche qui se résumait en deux mots : *Trèves* et le *Palatinat*. Hoche, répétait Bouchotte, n'avait pas entamé l'expédition de Trèves ; il avait laissé maladroitement échapper un succès certain et qui n'eût pas coûté cher ; il n'avait pas épuisé le Palatinat, car il gémissait du dénûment de son armée et il annonçait naguère que le pays contenait en abondance des « matières » de tout genre ! Carnot n'était pas moins amer. Lui aussi s'irritait que Hoche n'eût pas osé s'emparer de Trèves et pressurer les populations rhénanes. Il l'accusait de désobéissance, et s'il ne le tançait pas ouvertement, il mandait son opinion à d'autres en termes rudes et menaçants. « Le moment est manqué, écrivait-il à Lacoste et à Baudot, et l'ennemi fait marcher des corps considérables de troupes pour prévenir le coup qu'il était si facile de lui porter : les besoins des armées n'existeraient pas si l'on eût opéré dans le Palatinat conformément aux arrêtés du Comité ; mais on n'a presque rien tiré de ce pays. » Et il disait à Michaud : « Ce n'est pas d'aujourd'hui que le Comité s'aperçoit que les généraux ne trouvaient d'inexécutable que ce qu'ils voulaient. Si les arrêtés du Comité eussent été ponctuellement exécutés, il ne resterait plus rien à prendre dans le Palatinat. Les armées de la Moselle et du Rhin ont bien mérité de la patrie, mais elles l'eussent servie plus fructueusement encore si les rivalités et les petites intrigues de quelques généraux n'eussent diminué l'ardeur magnanime du soldat. Il est temps que l'autorité confiée aux mandataires du peuple cesse d'être méconnue ; il est temps que les chefs de la force armée sachent qu'elle est essentiellement obéissante et que lorsqu'elle a des ordres à exécuter, elle doit s'occuper des moyens d'y réussir et non de les éluder ; il est temps enfin que les généraux apprennent qu'une responsabilité terrible pèse sur la tête de ceux qu'une erreur involontaire n'excuserait pas. [1] »

[1] Carnot, Collot d'Herbois, Saint-Just à Lacoste et Baudot, 25 février ; cf. le Comité à Michaud, 29 janv.; Mourgoin et Delteil à Bouchotte, 11 janv. et réponse de Bouchotte ; Bouchotte à Hoche, 7 fé-

Le 11 avril, Hoche fut conduit dans la prison des Carmes. Il écrivit à Robespierre dont il craignait de « perdre l'estime » et le pria de rendre au vainqueur de Frœschwiller et du Geisberg l'occasion de servir la République : « si la vie que je n'aime que pour ma patrie, m'est conservée, je croirai avec raison que je la tiens de ton amour pour les patriotes. » Mais l'accusateur public, Fouquier-Tinville, garda la lettre que le général l'avait chargé de transmettre à Robespierre. Hoche ne sortit de prison que le 17 thermidor, grâce à Lacoste qu'il nomma son libérateur [1].

vrier et réponse à une lettre du 15 février (A. G.) ; *Mém.* de Barère, 1842, II, 170-172. « Saint-Just nous dénonça Hoche comme ne suivant que ses propres idées... le Comité était irrité de la désobéissance, de l'orgueil et de la rivalité haineuse de Hoche... Ce général était fidèle à la patrie, mais absolu dans ses volontés et affectait l'indépendance à l'égard des plans du Comité ». L'ordre d'arrestation de Hoche est signé de Carnot et de Collot d'Herbois (Hamel, *Robespierre*, III, 499 et Bergounioux, *Vie de Hoche*, 56). La lettre qui charge de l'arrestation les représentants près l'armée d'Italie est signée par Collot d'Herbois, Carnot, Barère, Robespierre et Billaud-Varenne ; elle a été commencée par Carnot et terminée par Robespierre (*Amateur d'autographes*, 16 août 1865). Mais Carnot et Robespierre n'ont pas signé le second arrêté qui envoie le général à la maison des Carmes (Aulard, *Études et leçons sur la Révolution française*, 1893, p. 205).

[1] Rousselin, II, 97, et Hamel, *Robespierre*, III, 501. Carnot s'est vanté en disant dans sa réponse au rapport de Bailleul sur le 18 fructidor (p. 146), qu'il a « sauvé la vie à Hoche avec beaucoup de peine, du temps de Robespierre » et qu'il l'a « fait mettre en liberté immédiatement après le 9 thermidor ».

CONCLUSION

Telle fut la campagne de 1793. Qui ne croyait, lorsqu'elle s'ouvrit, au triomphe des coalisés? Que de fois, après la prise de Mayence, et jusqu'à la fin du mois d'octobre, les Austro-Prussiens eurent l'occasion de mettre en déroute les armées républicaines ! Dès cette époque, l'Allemagne pouvait venger les affronts qu'elle avait reçus de Louis XIV et qu'elle n'a jamais oubliés. Mais la Prusse et l'Autriche n'étaient plus alliées que de nom. Chacune s'efforçait, selon le mot de Thugut, d'attraper l'autre et de s'attribuer la part du lion [1]. Le cabinet de Berlin aimait mieux laisser l'Alsace aux Français que de la voir passer sous le joug de l'Empereur.

Sans doute il était impossible que la conduite de la guerre ne souffrît de la mésintelligence inévitable de Brunswick et de Wurmser qui différaient de caractère.

---

[1] Zeissberg, I, 171.

Le duc, réservé, prudent à l'excès, mesurait tout, pesait tout, comparait tout, n'agissait que d'après les principes et invoquait à chaque instant la méthode. Wurmser, plus partisan que général, préférait les coups de main aux entreprises savamment combinées ; il ne tenait aucun compte des difficultés ; il avait une confiance inébranlable dans ses propres idées, et les avis de son entourage ne pouvaient le faire changer de résolution.

Sans doute Wurmser commit des fautes. Il occupait une trop grande étendue de terrain[1]. « Un coup d'œil jeté sur la carte, écrivait Mack, prouve qu'une armée ne peut, à cette époque si tardive de l'année, s'aventurer jusqu'à Haguenau et se flatter de l'espoir d'y rester en quartiers d'hiver[2]. » Et quand il aurait eu raison de s'établir sur la Moder, ne devait-il pas se résigner, se soumettre au désir de Brunswick? « Nous dépendons absolument de Brunswick, disait Waldeck, et il faut faire pour le moment tout ce qu'il voudra jusqu'à la réduction de Landau[3]. » Si Wurmser opérait sans le duc et poussait seul une pointe en Alsace, il serait un jour ou l'autre obligé de lâcher prise. S'il abandonnait Haguenau pour se retrancher derrière la Sauer, il se liait plus étroitement aux Prussiens et les forçant à partager son destin, obtenait d'eux les plus puissants efforts. Mais il ne sut pas plier sous la nécessité. Il refusa de quitter les rives de la Moder et de la Zorn. Par suite, au lieu de saisir

---

[1] Lui-même le reconnaît; « in einer extendirten Lage » (Wagner, 202).

[2] Zeissberg, II, 120 ; cf. le mémoire de Langeron : « Il fit une série de fautes et de faux mouvements qui rendirent inutiles ses premiers succès ; il aurait dû faire ce que Brunswick lui conseillait avec tant de raison, un mouvement rétrograde, et se retirer sur la Sauer. »

[3] Vivenot, *Herzog Albert von Sachsen-Teschen*, 1866, II, 534.

l'offensive et d'assaillir l'adversaire avec vigueur, il garda la défensive et se laissa continuellement attaquer. L'activité passive qu'il imposait à ses troupes les ruina, les épuisa en détail. Que de peines horribles pour demeurer maître d'un village, et, comme dit un émigré, que de sang inutilement versé dans de trop nombreuses occasions [1] ! Enfin, Wurmser intrépide, persévérant, luttant avec un entêtement héroïque contre les obstacles, eut tort, après Frœschwiller, de se rebuter, de se livrer au désespoir, et il montra dans la reculade autant d'abattement qu'il montrait naguère de témérité dans l'agression ; après avoir supplié les fuyards de faire volteface et mêlé les jurons aux prières, il sanglotait et pleurait de même qu'un enfant.

Mais les Prussiens ne le soutinrent pas. Ils le lâchèrent, et, suivant l'expression familière de Waldeck, le laissèrent le bec dans l'eau. Ne pas engager l'armée dans des entreprises décisives, et lorsqu'il fallait en découdre, s'exécuter de mauvaise grâce, ne jamais réussir qu'à demi, ne pas user de ses avantages, épargner l'ennemi ou ne lui porter que de légers coups dont il pût se relever aisément, telles furent les instructions que Frédéric-Guillaume, Manstein, Lucchesini, envoyèrent à Brunswick.

Le duc concevait bien qu'une pareille façon de guerroyer nuisait à sa réputation, qu'elle compromettait grandement et ternissait son honneur militaire. Un général ne doit-il pas aller de l'avant et avoir cœur au métier? Mais on sait l'incurable faiblesse de son caractère. Au lieu de donner sa démission, en franc et loyal soldat, dès les premiers jours d'août, Brunswick conserva

---

[1] D'Ecquevilly, I, 290 et 302.

le commandement ; il consentit à devenir l'instrument
des politiques, à s'asservir aux ordres qui lui venaient
de Manstein, à ne plus agir, comme il disait, d'après ses
idées et ses propres vues, à ne plus « faire le bien ».
Aussi, le 26 décembre 1793, puis le 6 janvier 1794, écrivait-il à Frédéric-Guillaume que « ses forces d'esprit et
de courage ne résistaient plus à des situations si fâ-
cheuses », qu'il demandait son rappel, que l'armée devait être dirigée par un homme en qui le monarque pût
placer toute sa confiance. Aussi le voit-on, aux dernières
semaines de décembre, à l'instant suprême de la campagne, se jeter dans la mêlée comme s'il était pris de
remords. Le général timide et circonspect ne respire
plus que l'audace. Il ne regarde plus, l'épée au côté,
se dérouler sous ses yeux le malheur de son allié. Il
dégaîne ; il occupe Lembach ; il propose de défendre
Wissembourg, coûte que coûte ; il tient tête aux vainqueurs du Geisberg ; il s'efforce de conjurer la catas-
trophe qui menace les débris de l'armée impériale ; il
opère une admirable retraite et Wurmser reconnaît
bientôt que le duc a fait en somme ce qu'il a pu, qu'il a
été « tracassé et contrarié » par Manstein [1].

Mais il était trop tard pour prêter assistance, et Brunswick s'avouait amèrement qu'il assumerait la responsabilité de toutes les fautes et que la critique retomberait
sur lui seul. Pourquoi les Prussiens ont-ils fait la sourde
oreille lorsque les Autrichiens sollicitaient leur appui ?

---

[1] Zeissberg, II, 37. Cf. dans Massenbach, I, 363, les deux lettres
de Brunswick au roi. « La retraite de Brunswick, dit Langeron, fut
un chef-d'œuvre de ce général, plus habile que loyal », et Saint-Cyr
déclare que Hoche n'était pas assez expérimenté pour entraver les
Prussiens et « l'emporter sur l'habileté d'un général tel que Brunswick ».

Pourquoi sont-ils restés au mois d'octobre immobiles et comme endormis dans leurs camps de Mattstall et de Wœrth? Pourquoi n'ont-ils lancé vers le défilé de Saverne que le détachement de Weimar qui s'est contenté d'une rapide chevauchée à travers les bois? Pourquoi n'ont-ils pas aidé le général Hotze à s'emparer de la Petite-Pierre et des passages des Vosges? Pourquoi se sont-ils bornés, après un court bombardement, à bloquer Landau? Pourquoi Brunswick n'a-t-il pas, au sortir de l'affaire de Kaiserslautern, ébranlé délibérément ses troupes victorieuses et au lieu de se plaindre des housardailles de Wurmser, au lieu de garder l'attitude d'un vaincu, au lieu d'envoyer quelques bataillons, marché crânement au secours de ses alliés avec toutes ses forces? Il ne recevait de Manstein, dans les premières semaines de décembre, que des lettres vagues et contradictoires. Tantôt on lui disait que le roi ne conserverait sur le Rhin qu'un minimum d'armée; tantôt on lui mandait qu'il serait nécessaire d'agir vigoureusement l'année suivante. Brunswick devait prendre sur lui de livrer bataille ; le roi, Manstein, Lucchesini lui auraient pardonné certainement une victoire qui leur assurait un subside de vingt-deux millions pour la campagne prochaine. Mais le duc n'était pas homme d'initiative, et l'irrésolution du cabinet prussien le rendit encore plus irrésolu [1].

Wurmser avait donc raison d'attribuer le désastre à l'inaction des Prussiens. « Ils m'ont, disait-il, toujours leurré ; ils m'ont laissé en plan ; ils m'ont, durant toute la campagne, refusé leur coopération. » Les Français eurent la partie belle. Il suffisait, pour délivrer l'Alsace,

____

[1] Häusser, I, 525.

d'accabler les Autrichiens. Les Prussiens ne comptaient pas ou presque pas. Braves, aguerris, disciplinés, les Impériaux firent des prodiges. Mais que pouvaient leur vaillance et leur opiniâtreté contre une multitude d'assaillants ? Après avoir donné près de trente combats, ce n'étaient plus ces hommes calmes, décidés, remplis de vigueur et de santé, qui s'emparaient le 13 octobre des lignes de Wissembourg. A bout de forces, rendus, énervés, abrutis par la fatigue, ils ne se défendaient plus que mécaniquement et en automates. Ils succombèrent. Les généraux français qui les attaquaient, étaient des bouchers d'hommes ; ils avaient des soldats plein les mains, et peu leur importait le nombre de ceux que les balles couchaient par terre tous les jours ou que fauchaient la maladie, l'extrême lassitude des bivouacs et la rigueur de la saison. Sans cesse rafraîchies et renouvelées, sans cesse approvisionnées, sans cesse électrisées, sans cesse dirigées, comme dit un contemporain, par des moyens violents, injustes, atroces, révolutionnaires et archirévolutionnaires, les armées républicaines devaient à la longue avoir raison des Autrichiens et les écraser sous leur avalanche. Hoche n'avouait-il pas que la *quantité* des troupes qui lui furent confiées avait déterminé la victoire[1] ?

[1] Cf. Wagner, 272-284 (*Kurze Geschichte des Feldzugs* attribuée à Wurmser) ; Soult, *Mém.*, I, 86 (« les Prussiens laissèrent les Autrichiens se débattre et sortir, comme ils le pourraient, de leur position ») ; note de Legrand (A. G.) ; Rousselin, II, 99 ; *Meine Wanderung durch die Rhein = und Maingegenden*, 109 (l'auteur ignore les causes de la retraite des alliés ; mais ce qui est sûr, dit-il, c'est que « nicht der überlegene Muth der Franzosen die Ursache davon war ») ; Mallet du Pan, I, 352 : « Les plans de tactique sont à pure perte contre un ramas immense de troupes flottantes et irrégulières dont le débordement impétueux constitue la véritable force » ; *Uebersicht*, II, 42, « die zahllose Horde der Tirailleurs ».

Les officiers prussiens assuraient, après la campagne,
que les généraux républicains feraient bien de rendre
des actions de grâces au seul et véritable auteur de leur
succès..., à Louis XIV. Suivant eux, les Hoche, les
Pichegru et leurs lieutenants s'inspiraient des plans que
le grand roi avait fait dresser pour la défense des frontières. Comment, s'écriaient-ils, des hommes qui tail-
laient naguère un frac ou une robe ronde ou qui ma-
niaient le rabot, pourraient-ils autrement se mettre à la
tête des bataillons, exécuter des manœuvres, choisir des
positions qui ne sont nullement méprisables ? Non, ces
généraux éphémères n'agissaient pas d'eux-mêmes et
d'après leurs propres lumières. C'étaient les manuscrits
d'un Villars et d'un Vauban qui commandaient les Français. Pour être général, il suffisait de lire, d'obéir aux pré-
ceptes des maîtres de l'art, de consulter les mémoires
gardés dans les cartons des archives. Les chefs des armées républicaines ressemblaient à ces gens qui n'ont
pas étudié la médecine, mais qui guérissent les malades
parce qu'un grand médecin leur a révélé les remèdes.
Louis XIV, ajoutaient subtilement ces officiers spirituels
et raffinés, Louis XIV fait ainsi le malheur de sa race ;
les plans qu'il a conçus et les moyens qu'il a pris pour
fermer aux étrangers l'entrée de la France, la ferment
aujourd'hui à ses arrière-petits-fils [1].

Quoi qu'aient dit les Prussiens, il n'y eut dans cette
campagne d'Alsace ni plan, ni règle, ni méthode. Du
18 novembre au déblocus de Landau, les armées répu-

---

[1] *Uebersicht*, I, 4-7 ; voir le mémoire de Langeron (A. E.) suivant
lequel les victoires des républicains sont dues au Comité de la guerre
qui joint à une connaissance parfaite du théâtre des opérations
« celle de la collection des excellents mémoires faits par les généraux
de Louis XIV et de Louis XV, et par leur état-major ».

blicaines ne livrèrent qu'une seule bataille. On ne s'efforçait pas d'occuper telle ou telle position ; on ne se retranchait que très rarement ; on ne faisait de la pointe du jour jusqu'à son déclin que se fusiller, que se canonner, et on recommençait le lendemain, après avoir passé la nuit où l'on se trouvait. Pousser en avant et refouler l'adversaire, tel était le mot d'ordre. Un général se contentait de dire à ses lieutenants : « tu te placeras ou tu te garderas militairement », et ses instructions ne renfermaient que des formules vagues et sonores dans le goût du temps : « Il faut demain préparer les violons et danser la carmagnole, accorde tes instruments pour que nous puissions chanter bientôt le *Çà ira* sur le glacis de Landau. » La principale, l'unique disposition, c'était d'assaillir l'ennemi sur tous les points pour le tenir en suspens, mais d'opérer vigoureusement sur un seul et de renforcer la division chargée de l'attaque essentielle et réelle par de considérables détachements tirés des autres divisions [1].

Ce fut une lutte étrange qui déroutait Wurmser et Brunswick, mais qui présageait les campagnes si promptes, si foudroyantes des années ultérieures. Les moyens de transport manquaient ; mais, disait Hoche, « les Français doivent faire la guerre d'une manière leste et révolutionnaire ». On vécut sur le pays. On ne traîna plus après soi d'immenses convois de bagages. On supprima les tentes ; la plupart des soldats ne savaient pas les tendre et quelques-uns n'en avaient jamais vu. L'armée bivaquait ou cantonnait dans les villages ou encore élevait à la hâte des baraquements de terre et de

---

[1] Cf. une lettre de Pichegru à Bouchotte (*Mon.*, 17 déc.) ; mémoire de Girardon ; note de Legrand (A. G.) ; Soult, *Mém.*, I, 230.

feuillage. Lorsque nous lisons qu'elle campe à tel endroit, il faut comprendre qu'elle est postée en cet endroit.
Tous les détails de la castramétation devenaient inutiles.
Le général en chef marquait en gros la position ; les
généraux de division prescrivaient les mouvements des
brigades qu'ils avaient sous leurs ordres ; à défaut du
général de division qui ne pouvait être partout, un officier d'état-major indiquait le lieu où les troupes seraient
établies « le plus militairement possible ». Souvent les
chefs de corps, voire des officiers, faisaient arrêter les
hommes où il leur plaisait, presque toujours sur l'emplacement qu'ils jugeaient le meilleur pour livrer ou accepter le combat. Il arrivait même que de simples soldats, accoutumés à la guerre, désignaient leur campement de leur propre impulsion et parfois beaucoup mieux
qu'un officier du génie, tout frais émoulu de l'école[1].

Mallet du Pan a très bien dit que de cette époque daterait dans l'histoire de l'art militaire la rapidité des
mouvements. Il assure que des soldats toujours agissants, toujours pleins d'élan, animés par l'espoir d'enfoncer un ennemi circonspect, prennent l'habitude de la
témérité. « *Célérité* et *impétuosité* sont pour eux les deux
éléments de la guerre. » Comment redouteraient-ils un
adversaire qui n'a jamais la supériorité du nombre et
qui se tient constamment sur la défensive ? Ils voient
Wurmser retranché derrière ses redoutes, assailli vingt-
huit fois en cinq semaines et finissant par subir une
défaite qui rappelle Rossbach. Ils voient Pichegru, ancien sergent d'artillerie, et Hoche, naguère caporal aux
gardes françaises, tous deux devenus généraux en chef,
attaquer journellement durant plus d'un mois et arra-

[1] Note de Legrand (A. G.).

cher une victoire éclatante. « Ne peut-on s'attendre,
conclut Mallet du Pan, à un excès d'enthousiasme dans
ces troupes et à l'opinion la plus exagérée de leur irrésistible intrépidité [1] ? »

[1] Mallet du Pan, *Mém.*, p. Sayous, 1851, II, p. 27 ; cf. le *Mém.* de
Langeron (A. E.) qui, lui aussi, compare la déroute de Wissembourg
à celle de Rossbach et regarde comme la principale cause du désastre non seulement la lenteur et la circonspection des Autrichiens, mais la prodigieuse activité des Français, leur audace et leur
ténacité.

FIN.

NORD
STRASBOURG
HAGUENAU
LIECHTENAU
Kehl
Blietersdorff
Otterdorff
Wintersdorff
Neuhausel
Reschwoog
Heigelsheim
Sessingen
Greffern
Schwartzach
Scherzen
Bihel
Gambshurst
Bischoffsheim
Durrheim
Lings
Litzenheim
Avenheim
Botterweyer
Zuerthoff
Hofthourst
Koersch
Wuilfett
Eckerfen
Mar-Ien
Behurst
Ritersbourg
Guldchir
LIXHEIM
Brouviller

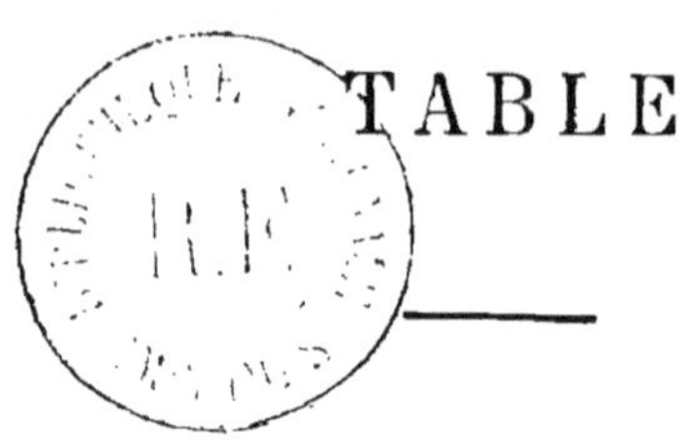

TABLE

CHAPITRE Ier

SAVERNE

CHAPITRE II

BITCHE ET FORT-LOUIS

CHAPITRE III

SAINT-JUST ET LE BAS

CHAPITRE IV

KAISERSLAUTERN

CHAPITRE V

L'ARMÉE DU RHIN

CHAPITRE VI

FRŒSCHWILLER

CHAPITRE VII

LE GEISBERG

CHAPITRE VIII

LANDAU

CHAPITRE IX

LE PALATINAT

CONCLUSION

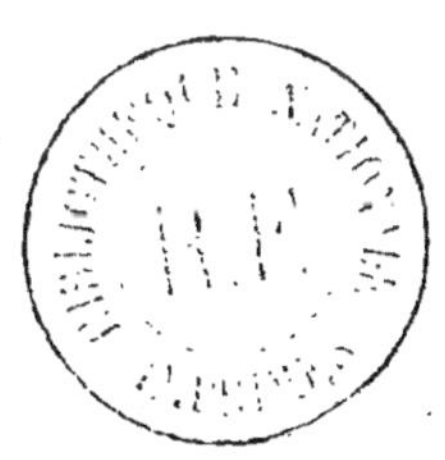

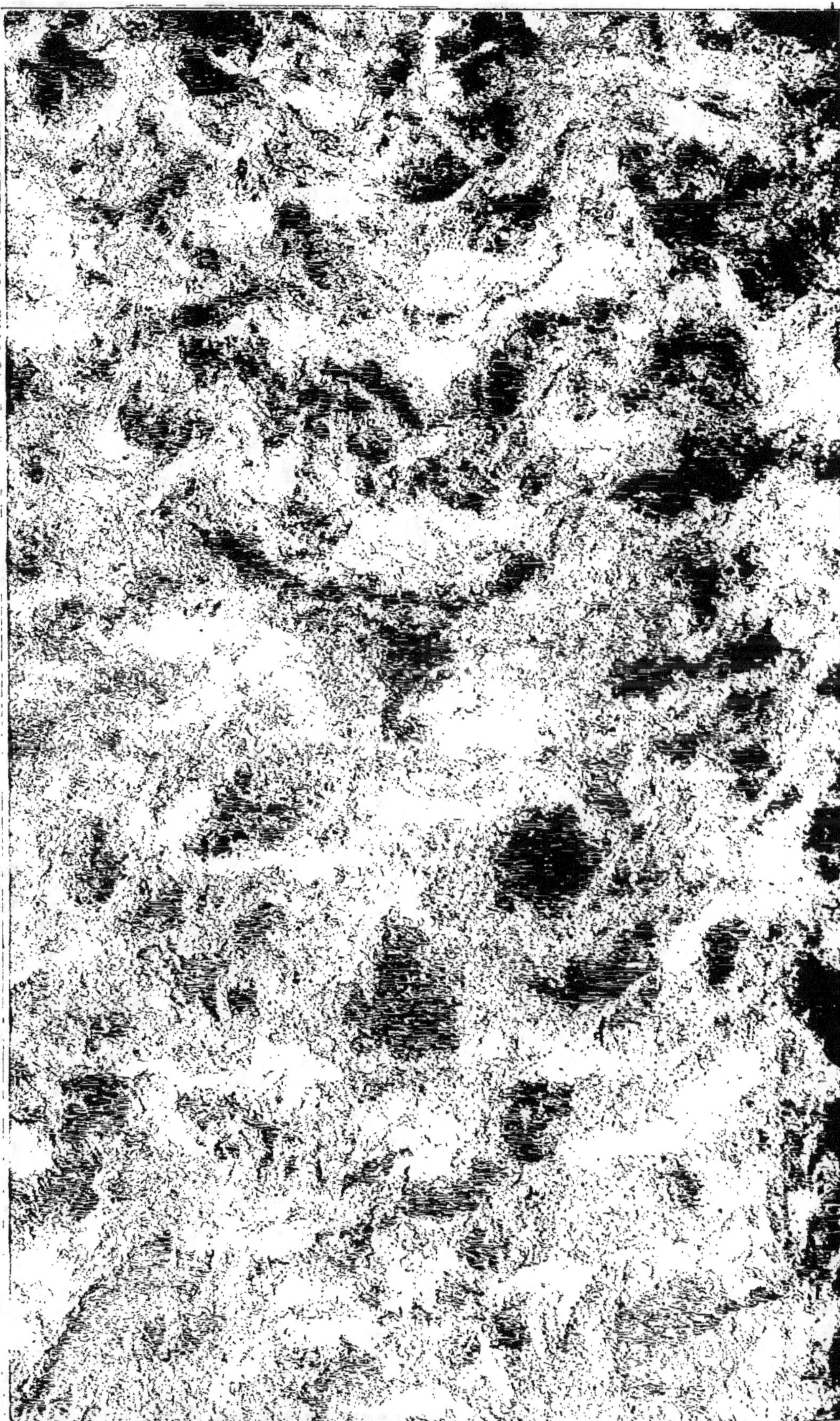

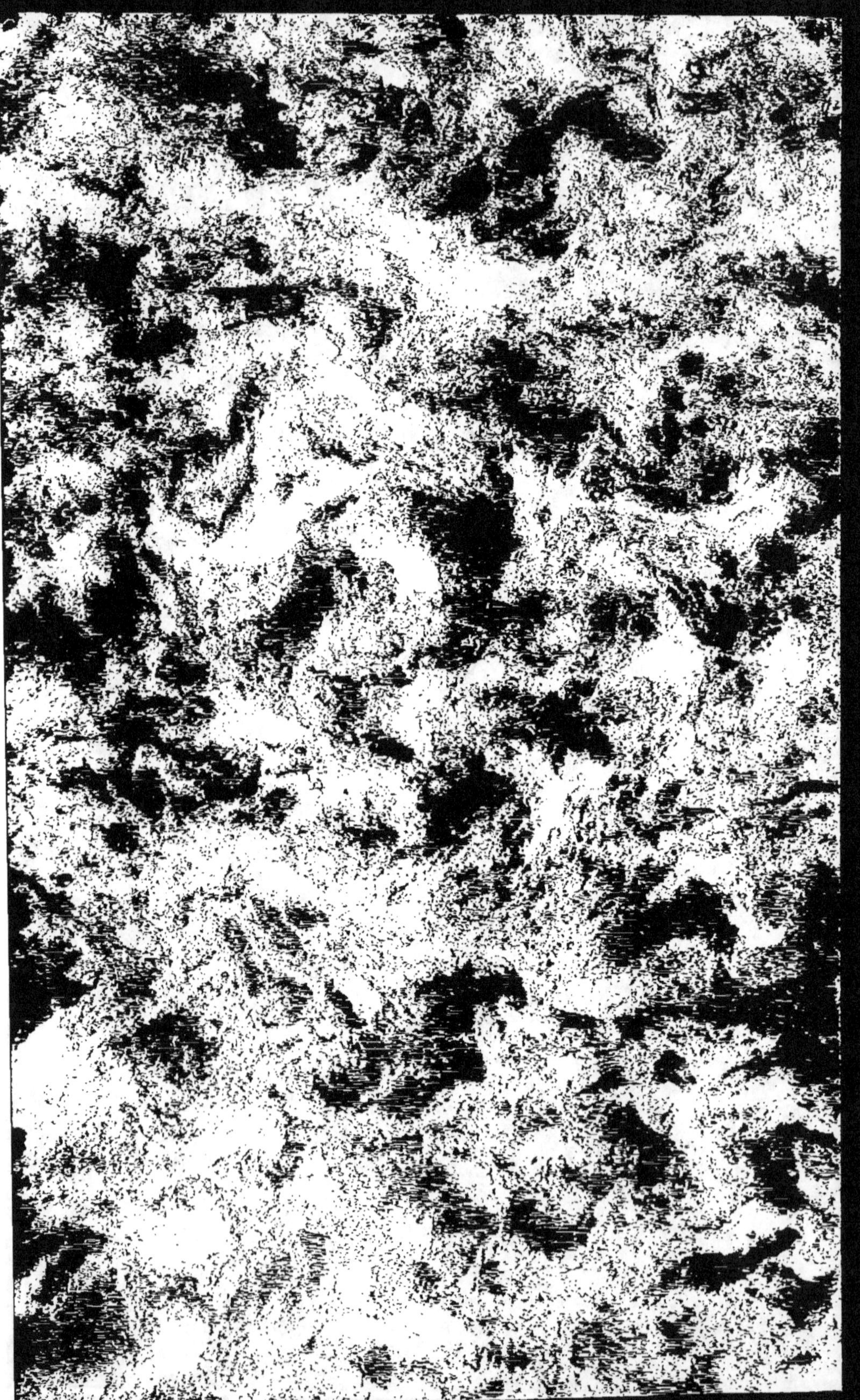